SANTALI BEAKORON

SAMAṄOK̓KANA

Alakjạ̃ṛĩ Murmutạkinren dulạṛiạ

Bạbu James J. Murmu

Ar

Onko sanam so̱maj do̱ro̱diạko
o̱ko̱e do̱ ạḍi khicạ umạrrege
sermapuriko dukạn lahaen.

SANTALI BEAKO̱RO̱N

PART-II

Based on P. O. Bodding's
Materials for a Santali Grammar

Alakjã̱ṛĩ Murmu
Ṛaghunath Hãsdak̓

Kiạ Jharna So̱no̱do̱r Kạmiṭi

GYAN

ISBN: 978-81-212-1995-2

Published, 2020

Published by

Gyan Publishing House
5, Ansari Road
Daryaganj, New Delhi-110002
Phone: 011-47034999, 9811692060
www.gyanbooks.com
E-mail: books@gyanbooks.com

Printed at: G. Print Process, Delhi.

Noa puthi do̱ latar reak̇ ṭhikạnare hõ̱ ńam daṛeak̇a :
Kiạ Jharna So̱no̱do̱r Kạmiṭi
Ato - Choṭa Durgạpur
P.O. Ạrjunpur,
Via - Hirạnpur
Jilạ-Sahebgõ̱ńj, Jharkhanḍ - 816 104
Mob : 09560921782. **07061573428.** 09868305015

O̱NO̱LIA̱KINAK̓ ONOROM

Alakjạṛĩ Murmu

Man Alakjạ̃ṛĩ Murmu do̱ noa dhuṛi dhạrti reak̓ pạhil marsal do̱ 05.10.1955 hilạk̓e ńe̱lleda. Uniak̓ bukạ do̱ topawakana-Ato Choṭa Durgạpur (Je̱ṭke̱ Durgạpur), (phe̱ḍ-Hirạnpur), Ḍak Oṛak̓-Ạrjunpur, Jilạ Sahebgõ̱ńj (S.P.), Jharkhaṇḍ. Nui ac̓ babawak̓ ńutum do̱ Jạdu Murmu ar go̱go̱ do̱ Mạni Soren. Man Alakjạ̃ṛĩ do̱ Muṇḍli Misạn (Tinpahaṛ) kho̱n Miḍil khan Miṭris Biḍạu do̱ Guihạjuṛi (Ḍumkạ) kho̱ne pas oḍokleda. Inạ tayo̱m ko̱le̱j do̱ Sahebgo̱ńjreye paṛhaolena. Laha se̱c̓ paṛhaok̓a me̱nte, nui do̱ Bharo̱t reak̓ Rajdhạni Dilli se̱c̓e dạṛ he̱c̓lena. Dillire paṛhao baṛakate, nui do̱ no̱ṇḍe̱ge *Ministry of Defence*re mit̓ *civilian* lekate so̱rkari kạmireye bo̱lo̱ena.

Man Alakjạ̃ṛĩ Murmu do̱ mit̓ so̱maj susạriạge. Uni do̱ Goṭa Bharo̱t Santal Bhạlại ar Le̱gcar Bạisi (Nãwã Dilli) sãote hõ joṛaoe tahẽ̱kana. Kạṭic̓ kho̱nge nui do̱ Santali sãohe̱t̓re ạḍi mo̱n tahẽ̱ he̱c̓akantaea. Onatege nui do̱ ạḍi lekan so̱maj ranakap̓ bisại cetan Santali ar Hindi sakamkore ạḍi lekan daman-daman o̱no̱lkoe o̱l ạguet̓a.

Nit hạbic̓te Man Alakjạ̃ṛĩ Murmu ho̱ṭe̱te o̱lakan noako puthi chapa so̱do̱rakana - *"Pạrsi do̱ So̱maj Reak̓ Ạrsi"*, *"Pạrsi do̱ Ame Sãohãmea"* ar Hinditeak̓ *"Samae Ka Huṅkar"*.

Bisại **Sakam**

1

SABAD TO̱NO̱L/JOṚA SABAD *(COMPOUND)*

Sabad To̱no̱l se̱ Joṛa Sabad do̱ Iṅgrạjite *Compound* ar Hindite do̱ समासko metak̓kana. Joṛa Sabad reak̓ mo̱to̱b do̱ *khaṭo̱*. Barea sabad mit̓ ṭhen o̱lkate mit̓ mane hō̱ hoyok̓kana. Ko̱m sabadte ḍher maney e̱m daṛeak̓ kathage *Joṛa Sabadko* metak̓a.

Ro̱ṛ reak̓ mo̱tlo̱b do̱ noa kana je barea kho̱n jạsti sabad tala reak̓ cho̱nd cinhạ se̱ tayo̱m joṛao o̱co̱k̓lenkhan, ona barea sabad milạukate mit̓ṭe̱n sạdhin sabad benaok̓kana, ona do̱ Joṛao Sabadanak̓ sabadko metak̓kana.

Santalire aema joṛao sabad menak̓a, me̱nkhan ro̱ṛe̱t̓kanre hō̱ babon bujhạu daṛeak̓kana je noa do̱ Joṛao Sabad kana me̱nte.

Ado̱mak̓ do̱ Ńunum-Ńunum milạukate, ado̱mak̓ do̱ Gunum-Gunum milạukate, ado̱mak̓ do̱ Ńunum-Gunum milạukate, ado̱mak̓ do̱ Gunum-Ńunum milạukate, ado̱mak̓ do̱ mit̓ sabadge bar dhao milạukate, ado̱mak̓ do̱ Kạjnum-Kạjnum milạukate, ado̱mak̓ do̱ Ujnum-Ujnum milạukate ar ado̱mak̓ do̱ eṭak̓-eṭak̓ sabad bar dhao he̱ckate hō̱ Joṛa Sabad benaok̓kana.

No̱ṇḍe̱ mit̓ mit̓te pạrtul e̱mo̱go̱k̓ tuluc̓ lạiạgo̱k̓a :-

1. Ńunum-Ńunum – Okaṭak̓ barea sabadre banarge judi Ńunum *(Noun)* tahe̱nkhan, to̱be̱ ona do̱ Ńunum-Ńunum Joṛa Sabadko metak̓a. Ar ona banar sabad talare ḍe̱s *(-hyphen)* cinhạ lagaok̓a. Pạrtul :-

hanhar-hō̱ehar, eṅga-apa, go̱go̱-baba, era-ho̱po̱n, siń-ńindạ, dak̓-daka, khe̱t-baṛge, dahe-tabe̱n, sim-sukri, me̱ro̱m-bhiḍi, daka-utu, thạri-bạṭi, cando-boṅga, thana-pulis eman.

Noare *ar* cinhạ baṅ lagaoakana. Ona ocoḱkate khaṭo rupre ayatre beoharoḱkana. Noate kom kathate jạsti katha roṛogoḱ reaḱ ponthage Joṛa Sabad reaḱ asol josteť do. Ayatre beoharkate miť-bar pạrtulbo ńela :-

(i) Lokhonren *hanhar-hõeharkin* hečakana.

(ii) Som do *siń-ńindạ* ačaḱ khete horhoetaea jemon bele hoṛo aloko kombṛoetae.

2. Gunum-Gunum – Okaṭaḱ Joṛa Sabadre banarge judi Gunum sabad tahenkana, tobe ona do Gunum-Gunum Joṛa Sabadko metaḱa. Ar ona do ḍes *(- hyphen)* cinhạ hotete begaroḱa, pạrtul :-

araḱ-poṇḍ, jojo-haṛhať, lạṭu-kạṭič, jeleń-osar, hende-poṇḍ, usul-copoť, lelha-boka, lelha-dundhi, hende-esel, reaṛ-lolo, kãṛã-khoṛda eman. Ayatre beoharkate miť-bar pạrtul emogoḱkana :-

(i) Gạrbhu do edrete *araḱ-poṇḍe* beńgeť baṛaeda.

(ii) *Usul-copoť* ṭạṇḍire bol gateḱ do baṅ jutuḱa.

3. Gunum-Ńunum – Okaṭaḱ Joṛa Sabad mod khon pạhilaḱ do Gunum tahẽna ar dosaraḱ do Ńunum, ona do Gunum-Ńunum Joṛa Sabadko metaḱa. Pạhilaḱ Gunum sabad do dosaraḱ Ńunum sabad reaḱ gune lạieťkana. Onakin sabad talare ḍes *(-hyphen)* cinhạ do baṅ lagaoḱa. Pạrtul :-

berelul, sebelul, hạriạṛsạṛi, sosunum, araḱgại, kombṛoseta, katjibạmahajon, reaṛdaḱ, jojojạnum, tạpispạuṛạ, peṭečhoṛo (*peṭeč* do Ńunum hõ kana ar Kạjnum hõ), *jeleńhoṛ, khaṭohoṛ, gocohoṛ* (hoṛ lahare goco hečakante Gunum reaḱe kạmieťkana), *cimạṛjel* eman. Disạ dohoe jạruṛkana je Ńunum lahare Ńunum hečlenkhan Gunum reaḱ hõe kạmia. Ona do ayat reaḱ bhao lekate bujhạuḱa. Noṇḍe noa hõ disại jạruṛkana je banar sabad talare ḍes *(-hyphen)* baṅ lagaore hõ eṇḍege sor-sor ol sodoṛ jạruṛkana, milạukate miťṭen sabad leka do baṅ. Ayatre laṛcaṛkate noṇḍe emogok̇kana :-

(i) Noa do *sebelul* kana, kom damte do bale ạkriṅa.

(ii) Noa do *hendeṭukuċ* kana, alom joṭeda.

4. Ṅunum-Gunum – Okaṭak̇ Joṛa Sabad mod khon pạhilak̇ do Ṅunum kana ar dosarak̇ do Gunum kan, ona do Ṅunum-Gunum Joṛa Sabadko metak̇a. Noakin sabad talare ḍes *(- hyphen)* cinhạ do baṅ tahena, bickom enḍege sor-sor ol sodor hoyok̇a :-

ulbele, joṇḍragadar, simeṅga, simkaloṭ, kohṇḍakecak̇, meromboda (noṇḍe jạti *(gender)* uduk̇ak̇ Ṅunum sabad tayom heċlenkhan Ṅunum reak̇ gune lạieť̇kana, *merom* motote do noa baṅ bujhạuk̇kana je merom doe eṅga kana sey boda kana.), pạrtul :-

(i) Haṭ khoċ *ulbeleń* kiriń ạguia, ente nes do ul baṅ jolentalea.

(ii) Nes do *joṇḍragadar* bogetele jom nạwạiana.

5. Kạjnum-Kạjnum – Okaṭak̇ Joṛa Sabadre miť̇ jạt reak̇ Kạjnum sabad bar dhao dohṛalenkhan, ona do Kạjnum-Kạjnum Joṛa Sabadko metak̇a, ona do ḍes *(- hyphen)* cinhạte begar tahenkana, pạrtul :-

calak̇ - calak̇; heċ-heċ; tahen-tahen; landa-landa; dạṛ-dạṛ; capať̇-capať̇; rak̇-rak̇; khudạu-khudạu; taṛam-taṛam eman. Ayatre beohar :-

(i) *Taṛam - taṛamtele* laṅga cabaena, ente ạḍi sạṅgiń hor kana.

(ii) *Dạṛ-dạṛtele* laṅga cabaena, enhõ kombṛo do bale saṗ daṛeadea.

6. Ujnum-Ujnum – Okaṭak̇ Joṛa Sabadre miť̇ jạt reak̇ Ujnumge bar dhao dohṛawakana, onage Ujnum-Ujnum Joṛa Sabad doko metak̇a ar ona banar sabad talare ḍes *(- hyphen)* cinhạ tahena, pạrtul :-

oka-oka; thoṛa-thoṛa; cet'-cet'; apnar-apnar; ale-ale; aben-aben; ape-ape; okoe-okoe eman. Ayat :-

(i) Laċ jalate *oka-oka* bạń calaoakana.

(ii) *Thoṛa-thoṛage* dakabo joma, ente isin dakarepe heċakana.

(iii) *Aben-abenge* galmaraoleben, adoben lạialea nãhãk̓.

7. Kạjnum Gunum-Kạjnum Gunum *(Adverb-Adverb)* – Okaṭak̓ banar sabadre pạhilak̓ ar dosarak̓ mit̓ jạtanak̓ Kạjnum-Gunum sabad bar dhao dohṛalenkhan Joṛa Sabad benaok̓kana, onage Kạjnum Gunum-Kạjnum Gunum Joṛa Sabadko metak̓kana, pạrtul :-

bại-bại; usạra-usạra; cogoṛ-cogoṛ; kubuṅ-kubuṅ; sor-sor; coṭ-coṭ; dhạṛuk̓-dhạṛuk̓; kheṛot'-kheṛot' eman. Ayat :-

(i) *Coṭ-coṭte* dạṛme ar baṅkhanko sap̓mea.

(ii) Mohon do merom kaṭae capat̓ joskedea, onate merom do *kheṛot'-kheṛot'e* dạṛkeda.

8. Judạ Mane Lạlạiak̓ – Okaṭak̓ Joṛa Sabad hoṭete banar sabad milạukate apnarak̓ judạ-judạ mane baṅ lạikate eṭak̓ maney lại, onage judạ mane lạlạiak̓ Joṛa Sabadko metak̓a, pạrtul :-

Marań Buru (Cando Boṅga); Jaher Era (Cando Boṅga); Mõṛẽko-Turuiko (Cando Boṅga); Gosãe Era (Cando Boṅga); jeleń hoṛ (bíń); ot uṭạ (sukri); binṭhi dạl (jel); ńindạ daṛanko (bhut, ḍạn) eman. Ayat :-

(i) Teheń ńindạ Dhuni do *jeleń hoṛko* joṭet̓ledea, onatey bạgiat̓bona.

(ii) Ale do Sugiak̓ lumti-baretok̓re *binṭhi dạlko* utuat̓lea.

Joṛa Sabadre adomak̓ noṅkan Joṛa Sabadko menak̓a, one oka do banar sabad talare okoakan Chond cinhạ *-te, -re, -ak̓, reak̓* do baṅ tahẽna. Ona ocok̓kate Joṛa Sabad benaok̓kana ar

Rạghunath Hãsdak̕

Man Rạghunath Hãsdak̕ak̕ bukạ topa dọ Ato Pạriạṛdaha, Ḍak Oṛak̕–Bạliạḍaṅgal, (Phẹḍ-Mahespur), Jilạ-Pakọṛ, Jharkhaṇḍ-814 111. Uniak̕ janam dọ 06.03.1974 hilạk̕ hoelena. Man Rạghunath Hãsdak̕ ac̕ babawak̕ ńutum dọ Mạńjhi Hãsdak̕ ar gọgọak̕ ńutum dọ Surujmuni Mạṛḍi. Nuiak̕ ọl-paṛhao dọ ato iskul khọnge ẹhọp̕lena, Miḍil iskul dọ Bạliạḍaṅgal khọn, khan Miṭris Biḍạu dọ Amṛapaṛa *High School* khọne pas oḍokleda. *Inter* dọ *S.P. College Dumka* ar IGNOU khọn dọ BA (Hindi). Man Rạghunath Hãsdak̕ dọ teheń-gapa mit̕ cecet̕ mahasọege.

Rạghunath Hãsdak̕ dọ jọtọ lekan lipite Santali puthiko dọe paṛhao baṛaet̕kan tahẽkangea, mẹnkhan asọkaete onako reak̕ banan *(spelling)* ńẹlte dọ ạḍi kis-kise ạikạuet̕kan tahẽkana.

Tinre Rạghunath mahasọe dọ P. O. Boḍiṅ sãoteye opromena, khane ńẹlkeda je P. O. Boḍiṅma tis sedaere cọ ona Santali aṛaṅ ar urgạn gọṛhọn babọtmae ọl cukạuakat̕. Mẹnkhan Rạghunath Mahasọeak̕ bhabna dọ niạge je cedak̕ ẹntere hõ Man P. O. Boḍiṅak̕ uduk̕ ḍahar dọ baṅbon pańjaet̕kana. Nõk̕õe noako uihạrkatege nẹ hạli Man Rạghunath Hãsdak̕ dọ Bhasa Bigyan cetanre kuṛpaṛe kạmikana.

Nẹ hạli Man Rạghunath Hãsdak̕ dọ Santali reak̕ Aṛaṅ ar Urgạn Gọṛhọn cetanreye kạmikana.

ONOṚ

Santali dọ mit̕ẹn ạḍi mare ar ạḍi kisãṛ pạrsige. Mẹnkhan jẹmọn mit̕ṭẹn rọhọe dare dọ ọktẹ nạpitre dak̕ ar khọtko baṅ lagao idiak̕khan, ona dare dọ dhọrage mit̕ din kalre gujuk̕ chaḍa ar jãhãn upại dọ bạnuk̕taea.

Santali pạrsi cetanre kạmiakat̕ puthiko dọ ạḍi kọmgea ar kạmiakanre hõ onako ọnọl dọ pạrsi bigyan dharate ạḍi licạṛ machage aṭkarok̕kana. Nõk̕õe noako hudis-bundiskatege Santali Beakọrọn, Part-I dọ laha machate chapa sọdọrakana. Noa Part-I puthire asọl-asọlak̕ bisạiko dọ menak̕a - *Santali Pạrsi Reak̕ Harọpmala; Santali Ucrạn Beste Hoe Ocoere Bẹhạṭiṅõk̕ ar Hạṭiṅõk̕ Harọp; Santali Harọpmalare Beoharakan Harọpko Reak̕ Ucrạn Gun; Lạṭin Santali Reak̕ asọl-asọl Niạmko; Beakọrọn Reak̕ Majtẹt̕; Ńunum; Ujnum; Gunum; Kạjnum-Gunum; Kạjnum; Jokṛao Sabad; Pukṛạuk̕ Sabad; Hahaṛa/ Duk/ Bhabna/Hulạs-Rạskạ/Bhaṛo/Haso/Sarhao; Jirạuk̕ Cinhạ ar Lạṭu Akhor Reak̕ Laṛcaṛ; Mit̕ Sabad Reak̕ Aema Mane; ar Aṅjọmre Mit̕, Mane Judạ.*

Nit noa amak̕ tire menak̕ Santali Beakọrọn, Part-II hõ chapa sọdọrenre ạḍi rạskạ reak̕ kathage! Disạimabon je noakin banar puthirege ọnọlọakin dọ pạrsi baḍọhi Man P. O. Boḍiṅ, oka lekae lạiakat̕, uniak̕ ona khọnd rọnd paṅjakatege noa puthi dọkin sapṛaoakada.

Pạrsi bigyan dọ ạḍi maraṅ ar ạḍi gạhir bisại kana. Noa reak̕ dọ ạḍi gọṭẹn hạṭiń sẹ ḍarko menak̕a. Noa dọ noa iạte rọṛọgọk̕kana ẹnte mit̕ṭẹn pạrsi sagaṛ ẹkẹn kạhniko ar õnõṛhẽko mọtọte dọ ọhọge laga laha daṛelena, bickọm ona lạgit̕ dọ jọtọ lekan ọnọlko reak̕ jạruṛ paṛaok̕kana. Ar ẹnte noa hõ sạrigea je oka pạrsi reak̕ pạrsi bigyan *(linguistics)* dharate Beakọrọn *(Grammar)* eman baṅ tahẹnkhan, ona pạrsi dọ ẹkẹn bolige *(dialect)* lekhak̕a.

Lạị pusṭạukak̓ dọ niạge je asọkaete Santali lẹgcarre gam-kạhni, kudum, bhenta, phẹn, lạị ạgu katha emanko dọ moca upạr moca abo sọmajre cal idik̓ reak̓ ạri menak̓a. Rạskạ reak̓ katha je onako dọ nit hõ abo sọmaj talare enka jivẹt̓ge dọhọ ạguakana. Ona khọn hõ rạskạ dọ niạge je onako dọ aboren sẹn lahaen namjạdi sọmaj dọrọdiạ ar sãohẽdiạko asọkate jọtọko Man Sṭephan H. Murmu, Nunku Soren, M. M. Ṭuḍu ar Dhirendranath Baskey eman dọ onako jinis akoak̓ puthikoreko sọdọr oṭoakada. Noako lạgit̓ dọ onkokoak̓ puthi khọn hõ gọṛọ hataoakana. Noa lạgit̓ onko boṅga talaen manọtanko ạḍi-ạḍi gun man ar johar sarhao ẹmakokana!

Noa puthire beoharakan Santali Phọnṭ (Boṅga benaoren maraṅ kạrigọl : Samar M. Soren (BD) ar sãotenko. Noa puthiren sajao-saprao kạrigọl : Piṭạr S Ṭuḍu (Baṅgladẹs) ar sanamko ạḍi ạdi gun manao johar ar sarhao ẹmakokana.

Hoe daṛeak̓a pasẹc̓ cọ noa puthire okakore tar antarakan khan, dayakate onako dọ ạliṅ bạpuṛic̓ hạbic̓ sẹṭẹrtabonpe, jẹmọn onako dọ darae lekhakore sudhạr daṛeak̓.

Johar sẹlẹt̓,

Ạliṅ dọ,

Alakjạ̃ṛĩ Murmu

Rạghunath Hãsdak̓

Tạrik : 2 February, 2020

Pakọṛ, Santal Pargana

FOREWORD

Santali is a very old and rich language. It has been included in the 8th Schedule of Indian Constitution in the year 2003. It has been observed that a very few works have been done towards the upliftment of the language. Among many reasons, ignorance of the native speakers of the language is the main reason. Anyway, the importance of teaching grammar in Santali language is an ongoing debate. Where on one hand theorists and practitioners have felt that its significance in language learning cannot be mitigated, on the other hand it is seen as nothing but a set of arbitrary rules and merely an exercise in naming parts of a sentence; something that can easily be done away with.

Grammar has a positive and real effect on all the four skills of language learning is being gradually recognised. Although the benefits of grammar on teaching and improving writing skills have been better accepted, its impact on reading, listening and speaking is also now being seen to be prominent.

Enhanced communication skills call for a high degree of grammatical competence. Communicative proficiency involves knowledge and application of grammar and use of appropriate vocabulary of the language to convey meanings in a socially acceptable way. This is also the reason why grammar teaching is considered imperative and has found its way into language teaching labs.

The Word Grammar means different things to different people. To the ordinary citizen, it connotes to correctness or incorrectness of the language that he or she speaks. To a school student, it means an analytical and terminological study of sentences. Knowledge of grammar helps the student in the correction of mistakes and improvement of written work. Grammar is a sure ground of reference when linguistic habits fail us. So grammar is indispensable for the student.

What is grammar? According to Fromkin et al.(1990:12): "The sounds and sound patterns, the basic units of meaning such as words and the rules to combine them to form new sentences constitute the grammar of a language. These rules are internalized and subconsciously learned by native speakers." In brief, grammar represents one"s linguistic competence. Grammar, therefore, includes many aspects of linguistic knowledge: the sound system (phonology), the system of meaning (semantics), the rules of word formation (morphology), the rules of sentence formation (syntax), and the vocabulary of words (lexicon). Why is grammar taught; What is the role of grammar in language teaching and when, to what extent, and how should grammar be taught to language learners?

Grammar lays the groundwork for effective communication. Just as an improperly configured telephone wire can cause static during a phone conversation, improper grammar can likewise affect the meaning and clarity of an intended message.

Some common errors are with sentence structure, subject/verb tense, punctuation, spelling, and other basic mechanics and parts of speech. Even something as simple as a misplaced comma can completely change the meaning of a sentence. For example: "Let"s eat Grandpa." vs. "Let"s eat, Grandpa."

Grammar makes written content more readable and in turn more interesting. If it is necessary to repeatedly reword sentences while reading, the flow becomes disrupted and involvement in the story halted.

Keeping in view the above, we have recently published the grammar book on Santali entitled - SANTALI BEAKỌRỌN PART-I. This Grammar Book deals with the following basic subjects - *Santali Alphabet; Importance of Diacritical*

Marks in Santali; Definition of Grammar; Noun; Pronoun; Adjective; Adverb; Verb; Conjunctions; Particles; Interjection; Punctuation and the use of Capital letters; Homography; and Homonyms.

We are very much gratitude and proudly acknowledge that these Grammar Books have been written based on the great Santali linguist P. O. Bodding's Materials for a Santali Grammar. Further, we acknowledge and gratitude to the great Santali lovers and writers - Stephan H. Murmu, Nunku Soren, M. M. Tudu ar Dhirendranath Baskey.

We would also very much thankful to Gyan Publishing House, New Delhi for publishing this book.

Last but not least, we are also very much thankful to Samar M. Soren (E - Cottage: langauge resource hub, Bangladesh) who has designed the Santali Font (Boṅga) for this book and also thankful to Peter S. Tudu who has done DTP work of this book.

Date : 2 February, 2020
Pakor̤, Santal Pargana

Alakjā̤r̤ī Murmu
Ra̤ghunath Hãsdak̓

Unuduk̔

Cho̱nd reak̓ cinhạ ho̱te̱tege ona reak̓ ńutum hõ do̱ho̱akana.

9. Upkạr Cho̱nd Joṛa Sabad – Okaṭak̓ Joṛa Sabad tala reak̓ *-te* o̱co̱k̓kate Joṛa Sabad benaok̓kan, onage Upkạr Cho̱nd Joṛa Sabad do̱ko metak̓a. Ona talare ḍe̱s *(- hyphen)* cinhạ do̱ baṅ tahe̱na, pạrtul :-

(i) *jo̱mgo̱ċ* (jo̱mte gujuk̓) (ii) *do̱ngo̱ċ* (do̱nte gujuk̓)

(iii)*le̱be̱t̓go̱ċ* (le̱be̱t̓te gujuk̓) (iv) *ńũgo̱ċ* (ńũte gujuk̓)

(v) *limbạt̓go̱ċ* (limbạt̓te gujuk̓) (vi) *dalpoṇḍ* (dalte poṇḍ)

(vii) *dalguṇḍạ* (dalte guṇḍạ) (viii) *sap̓o̱ṛe̱ċ* (sap̓te o̱ṛe̱ċ)

(ix) *ruạjạbun* (ruạte jạbun) (x) *lo̱kuṛbạṅ* (lo̱te kuṛbạṅ)

(xi) *jo̱mbi* (jo̱mte bi) (xii) *ạtugo̱ċ* (ạtute go̱ċ)

(xiii) *ńũrhạgo̱ċ* (ńũrhạte go̱ċ) (xiv) *mak̓kuṭrạ* (mak̓te kuṭrạ)

(xv) *dạṛlaṅga* (dạṛte laṅga) (xvi) *kạmilaṅga* (kạmite laṅga)

(xvii) *pe̱ṭe̱ċkuṭrạ* (pe̱ṭe̱ċte kuṭrạ)

10. Salak̓ Cho̱nd Joṛa Sabad – Okaṭak̓ Joṛa Sabad talare lạgit̓ Cho̱nd cinhạ o̱co̱k̓kate Joṛa Sabad benaok̓kan, onage Salak̓ Cho̱nd Joṛa Sabad do̱ko metak̓a, pạrtul :-

simgudṛi (sim lạgit̓ gudṛi); dak̓ka/daka/dakaeoṛak̓ (dakae lạgit̓ oṛak̓); ṭikiṭoṛak̓ (ṭikiṭ lạgit̓ oṛak̓); dakaṭukuċ (dakae lạgit̓ ṭukuċ); girjạoṛak̓ (girjạk̓ lạgit̓ oṛak̓); gitiċoṛak̓ (gitiċ lạgit̓ oṛak̓); utukarahi (utui lạgit̓ karahi); kũibaber (kũi lạgit̓ baber); parko̱mbaber (parko̱m lạgit̓ baber); gạigoṛa (gại lạgit̓ goṛa); sukribãṛã (sukri lạgit̓ bãṛã) eman. Ayat:-

(i) *Dak̓kaoṛak̓* bạnuk̓tabona, ne̱s do̱bon benaogea.

(ii) Ṭisạnre *ṭikiṭoṛak̓rege* ṭikiṭ do̱ ńamok̓a.

11. Oaris Cho̱nd Joṛa Sabad – Oaris Cho̱nd Joṛa Sabad do̱ tala reak̓ *--ak̓, reak̓* Cho̱nd cinhạ o̱co̱k̓kate okaṭak̓ Joṛa Sabad benaok̓kan, onage Oaris Cho̱nd Joṛa Sabad do̱ko metak̓kana, pạrtul :-

(i) *parkomkuthạ* (parkom reak̉ kuṭhạ)

(ii) *jonok̉muṭhi* (jonok̉ reak̉ muṭhi)

(iii) *kolomṭhipi* (kolom reak̉ ṭhipi)

(iv) *ulsakam* (ul reak̉ sakam)

(v) *kohṇḍajo* (kohṇḍa reak̉ jo)

(vi) *simil* (sim reak̉ il)

(vii) *kaḍabohok̉* (kaḍawak̉ bohok̉)

(viii) *simiċ* (simak̉ iċ)

(ix) *bohokup̉* (bohok̉ reak̉ up̉)

(x) *sermaipil* (sermaren ipil)

(xi) *sarjombaha* (sarjom reak̉ baha)

(xii) *rimildak̉* (rimil reak̉ dak̉)

(xiii) *joṇḍraphoṭ* (joṇḍra reak̉ phoṭ)

12. Somoe Joṛa Sabad – Okaṭak̉ Joṛa Sabad hotete tayom reak̉ sabad do pạhilak̉ sabad reak̉ gune lạiet̉kana, ona do somoe lekatey lạiet̉kana, pạrtul :-

daṛebhor; juạnbhor; koṛabhor; kạmibhor; dinbhor; jạruṅbhor; jivet̉bhor; monbhor eman.

Noṇḍe mit̉ṭen eṭak̉ lekanak̉ Joṛa Sabad emogok̉kana – *oṛak̉bhor; atobhor; laċpereċ; mẽt̉pereċ; oṛak̉pereċ* eman.

Latarre emakan Joṛa Sabadko do Kạjnum-Gunum ar Gunum reak̉e kạmia :-

Kạjnum-Gunum – *ṭaṅ-ṭaṅ; ṭaṅ-ṭuṅ; ṭuṅ-ṭuṅ; ṭaṛaṅ-ṭaṛaṅ; ṭaṛaṅ-ṭuṛuṅ; ṭiṛiṅ-ṭiṛiṅ; ṭuṛuṅ-ṭuṛuṅ.*

kebe-kebe; kib-kibi; kub-kubu; kaba-kobo; keb-kebe; kibạ-kabe; kibo-kobo; kobo-kobo; kobok̉-kobok̉; kabak̉-kobok̉; kạbui-kạbui; koboe-koboe; kibại-koboe; kạbuċ-kạbuċ; kubuċ-kubuċ; kabaṛ-koboṛ; kabaṛ-koboṛ; kibiṛ-kibiṛ; kaboṛ-koboṛ;

kubuṛ-kubuṛ; kubuṅ-kubuṅ eman.

gas-gas; gus-gus; gis-gis; gus-gus; gasar-gasar; gasar-gusur; geser-geser; gisir-gisir; gisor-gosor; gosor-gosor; gasar-gosor; gisor-gosor; gasraṫ-gosroṫ; gisroṫ-gosroṫ; gasaċ-gusuċ; geseċ-geseċ; gisiċ-gisiċ; gisoċ-gosoċ; gusuċ-gusuċ; gisiṅ-gusuṅ; goso-goso; gisạ-gase eman.

hej-heje; hij-hiji; hoj-hojo; huj-huju; haja-hojo; heje-heje; haja-hojo; hojo-hojo eman.

lac-laca; lec-lece; loc-loco; lạcuk̇-lạcuk̇; lacak̇-lucuk̇; laca-loco; lece-lece; licạ-lace; lico-loco; locok̇-locok̇; locok̇-locok̇ eman.

kar-kur; ker-ker; kor-kor; kạruċ-kạruċ; kạruṛ-kạruṛ; kạruṛ-bạruṛ; kạruċ-bạruċ; karaċ-karaċ; karaċ-kuruċ; kereċ-kereċ; kere-kere; kereċ-kereċ; kiriṛ-kiriṛ; kiro-koro; kirạċ-koroċ; kirạṫ-koroṫ; koro-koro; koroċ-koroċ; koroṫ-koroṫ eman.

Noako sanam do adom ṭheċ do Gunum reak̇e kạmiạ, adom ṭheċ do Kạjnum-Gunum, adom ṭheċ do Kạjnum reak̇. Noa ayat reak̇ jạruṛok̇ lekatey khoja. Menkhan asolre do Joṛa Sabad kana.

Nonḍe ayat reak̇ jạruṛok̇ lekate miṫ bar pạrtul emogok̇kana :-

(i) *koroṫ-koroṫ* (Kạjnum-Gunum/*Adverb*) – Ram do sukri *koroṫ-koroṫe* dalkedea.

(ii) *kor-kor* (Kạjnum/*Verb*) – Sime *kor-korok̇kana.*

(iii) *keb-kebe* (Kạjnum/*Verb*) – *Keb-kebey* duṛupakana.

(iv) *hej-heje* (Kạjnum/*Verb*) – *Hej-hejey* duṛupakana.

(v) *kiriṛ-kiriṛ* (Kạjnum/*Verb*) – Alom *kiriṛ-kiriṛok̇a.*

(vi) *lec-lece* (Gunum/*Adj.*) – Khạclạk̇ *lec lecegea.*

(vii) *lec lece* (Kạjnum-Gunum/*Adv.*) – Khạclạk̇ *lec lece* ṅelok̇kana.

(viii) *lec lece* (kạjnum/*Verb*) – Khạclạk̇ *lec lecek̇kana.*

(ix) *ṭaṅ-ṭaṅ* (Gunum/*Adj.*) – Rahaṛ do *ṭaṅ ṭaṅgea.*

(x) *ṭaṅ-ṭaṅ* (Kạjnum/*Verb*) – Ghạṇṭi *ṭaṅ ṭaṅokkana.*

(xi) *ṭaṅ-ṭaṅ* (Kạjnum-Gunum/*Adv.*) – Ghạṇṭi *ṭaṅ ṭaṅ* saḍekkana.

(xii) *karaċ-kuruċ* (Gunum/*Adj.*) – *Karaċ kurujok* hoṛ do alope delawakoa.

(xiii) *karaċ kuruċ* (Kạjnum/*Verb*) – *Karaċ kurujokkanae.*

(xiv) *karaċ kuruċ* (Kạjnum-Gunum/*Adv.*) – Uni do *karaċ kuruċe* mohṇḍaena.

Noṇḍe Joṛa Sabad banar Ńunum kanre hõ Chond reak cinhạ dharate judạ-judạ reak Chond Joṛa Sabad hoyokkana.

simgudṛi (sim lạgit gudṛi) – Salak Chond Joṛa Sabad

Noṇḍe *lạgit'* chond cinhạ karonte Salak Chond Joṛa Sabad kana.

simgudṛi (simak gudṛi) – Oaris Chond Joṛa Sabad .

Noṇḍe inạ sabad joṛa metakme *simgudṛi* talare *reak, -ak* cinhạ karonte inạ sabad joṛage Oaris Chond Joṛa Sabad benaoena.

gạigoṛa (gại lạgit goṛa) – Salak Chond Joṛa Sabad .

gạigoṛa (gạiak goṛa) – Oaris Chond Joṛa Sabad .

Disạ doho jạruṛkana je banar sabadge judi Gunum tahenkhan ar ona do *ar*te joṛaoakan khan, ona do Joṛa Sabad baṅ lekhaka ar ona banar sabad milạukate hõ Gunumgeye kạmia. Noa do ayatre laṛcaṛkatege beste do bujhạuka :-

Kạ̃ṛạ̃-khoṛda - *kạ̃ṛạ̃-khoṛda* hoṛ do okoe hõ bako beṅget'akoa

Noa ayatre *kạ̃ṛạ̃-khoṛda* do *hoṛ* reak gune lạiet'kana. Onate *kạ̃ṛạ̃-khoṛda* do Gunum kana. Onkage *reṅgeċ-nacar, boge-bạṛiċ, kom-bisi, reṅgeċ-tetaṅ, kala-kạli* emanko do noa dol reak̇ Joṛa Sabad kana. Mẹnkhan adọm jọkhẹċ dọ banar sabad milạukate eṭak̇ mane hõe lạigea, jeleka :– *arak̇-poṇḍ* (edre) – Lukhi dọ edrete *arak̇-poṇḍe* bẹṅgẹt̕ạṅkana.

13. Lekha Joṛa sabad (द्विगु समास) - Okaṭak̇ Joṛa Sabad hotọte pạhilak̇ sabad dọ lekha reak̇e kạmikana ar dosar sabad reak̇ lekha gune lạiet̕kana, onage Lekha Joṛa Sabad dọko metak̇a. Jeleka :- *ponkona/pononkona, cạriạkõṇḍ, pẹkona* eman.

14. Begar Chọnd Joṛa Sabad *(Ablative Compound)* - Okaṭak̇ Joṛa Sabad hotẹte tala reak̇ "khọn" *(Conjunctions)* ọcọk̇akan baḍaeok̇kan, onage Begar Chọnd Joṛa Sabad dọko metak̇a. Jeleka -*jivẹt̕ṭuạr/janamṭuạr, jạtlelha, jạtkãṛã, jạtkuṛhiyhạ* eman.

ẠKIL BHAṄJAO - 1

A. Ṭọyọt̕kate jobab ẹmọk̇me :-

1. Latarre ẹmakan Joṛa Sabad mod khọn Sọmọe Joṛa Sabad dọ okaṭak̇ kana?

   (a) hanhar-hõehar (b) Juạnbhor (c) arak̇-poṇḍ (d) sebelul

   (e) Noako mod khọn oka hõ baṅ.

2. Latarre ẹmakan Joṛa Sabad mod khọn Oaris Chọnd Joṛa Sabad dọ okaṭak̇ kana?

   (a) simić (b) eṅga-apa (c) lạṭu-kạṭiċ (d) arak̇gại

   (e) Noako mod khọn oka hõ baṅ.

3. Latarre ẹmakan Joṛa Sabad mod khọn Salak̇ Chọnd Joṛa sabad dọ okaṭak̇ kana?

   (a) simgudṛi (b) thana-pulis (c) lelha-boka

   (d) reaṛdak̇ (e) Noako mod khọn oka hõ baṅ.

4. Latarre ẹmakan Joṛa Sabad mod khọn Kạjnum Gunum-Kạjnum Gunum Joṛa Sabad dọ okaṭak̇ kana?

   (a) siṅ-ṅindạ (b) hẹndẹ-ẹsẹl (c) bại bại (d) tạpispạurạ

(e) Noako mod khon oka hõ baṅ.

5. Latarre ẹmakan Joṛa Sabad mod khon Upkạr Chond do okaṭak' kana?

   (a) Jahẹr Era (b) sor-sor (c) reaṛ-lolo (d) dalguṇḍạ

   (e) Noako mod khon oka hõ baṅ.

6. Latarre ẹmakan Joṛa Sabad mod khon Judạ Mane Joṛa Sabad do okaṭak' kana?

   (a) daka-utu (b) Mara Buru (c) jeleṅhor (d) hẹndẹ-poṇḍ

   (e) Noako mod khon oka hõ baṅ.

7. Latarre ẹmakan Joṛa Sabad mod khon Ujnum-Ujnum Joṛa Sabad do okaṭak' kana?

   (a) apnar-apnar (b) sim-sukri (c) kãṛã-khoṛda

   (d) era-hopon (e) Noako mod khon oka hõ baṅ.

8. Latarre ẹmakan Joṛa Sabad mod khon Kạjnum-Kạjnum Joṛa Sabad do okaṭak' kana?

   (a) dahe-tabẹn (b) ulbele (c) coṭ-coṭte

   (d) landa-landa (e) Noako mod khon oka hõ baṅ.

9. Latarre ẹmakan Joṛa Sabad mod khon Ńunum-Gunum Joṛa Sabad do okaṭak' kana?

   (a) thạri-bạṭi (b) usul-copoť (c) ulbele (d) arak'gại

   (e) Noako mod khon oka hõ baṅ.

10. Latarre ẹmakan Joṛa Sabad mod khon Gunum-Ńunum Joṛa Sabad do okaṭak' kana?

   (a) reaṛ-lolo (b) bẹrẹlul (c) sim-sukri (d) khẹt-baṛge

   (e) Noako mod khon oka hõ baṅ.

11. Latarre ẹmakan Joṛa Sabad mod khon Gunum-Gunum Joṛa Sabad do okaṭak' kana?

   (a) gogo-baba (b) hạriạṛsạṛi (c) dạṛ-dạṛ (d) arak'-poṇḍ

(e) Noako mod khọn oka hõ baṅ.

12. Latarre ẹmakan Joṛa Sabad mod khọn Ńunum-Ńunum Joṛa Sabad dọ okaṭak̉ kana?

(a) hanhar-hõehar (b) jọmgọċ (c) simiċ (d) daṛebhor

(e) Noako mod khọn oka hõ baṅ.

13. Latarre ẹmakan Joṛa Sabad mod khọn Lekha Joṛa Sabad dọ okaṭak̉ kana?

(a) aben-aben (b) cạriạkõṇḍ (c) sebelul (d) Maraṅ Buru

(e) Noako mod khọn oka hõ baṅ.

14. Latarre ẹmakan Joṛa Sabad mod khọn Ńunum-Ńunum Joṛa Sabad dọ okaṭak̉ kana?

(a) jọjojạnum (b) bẹrẹlul (c) taṛam-taṛam (d) gọgọ baba

(e) Noako mod khọn oka hõ baṅ.

15. Latarre ẹmakan Joṛa Sabad mod khọn Gunum-Ńunum Joṛa Sabad dọ okaṭak̉ kana?

(a) arak̉gại (b) ulsakam (c) ạtugọċ (d) lac-laca

(e) Noako mod khọn oka hõ baṅ.

16. Latarre ẹmakan Joṛa Sabad mod khọn Begar Chọnd Joṛa Sabad dọ okaṭak̉ kana?

(a) ṭaṅ-ṭaṅ (b) jạt kuṛhiyhạ (c) kạmilaṅga (d) tahẹn-tahẹn

(e) Noako mod khọn oka hõ baṅ.

B. Ọlkate jobab ẹmọk̉me :-

1. Sabad Tọnọl sẹ Joṛa Sabad dọ cẹt̉ko metak̉a?
2. Ńunum-Ńunum Joṛa Sabad dọ cẹt̉ko metak̉a? Pạrtul sẹlẹt̉ lạime.
3. Gunum gunum joṛa sabad dọ cẹt̉ko metak̉a? Pạrtul sẹlẹt̉ lime.
4. Gunum-Ńunum Joṛa Sabad dọ cẹt̉ko metak̉a? Pạrtul sẹlẹt̉ lạime.

5. Ńunum-Gunum Joṛa Sabad do̱ ce̱t́ko metak̉a?
   P̣artul se̱le̱t́ lạime.
6. Kạjnum-Kạjnum Joṛa Sabad do̱ ce̱t́ko metak̉a?
   P̣artul se̱le̱t́ lạime.
7. Ujnum-Ujnum Joṛa Sabad do̱ ce̱t́ko metak̉a?
   P̣artul se̱le̱t́ lạime.
8. Kạjnum Gunum-Kạjnum Gunum Joṛa Sabad do̱ ce̱t́ko metak̉a? P̣artul se̱le̱t́ lạime.
9. Judạ Mane Joṛa Sabad do̱ ce̱t́ko metak̉a?
   P̣artul se̱le̱t́ lạime.
10. Upkạr Cho̱nd Jo̱ra Sabad do̱ ce̱t́ko metak̉a?
    P̣artul se̱le̱t́ lạime.
11. Salak̉ Cho̱nd Joṛa Sabad do̱ ce̱t́ko metak̉a?
    P̣artul se̱le̱t́ lạime.
12. Oaris Cho̱nd Joṛa Sabad do̱ ce̱t́ko metak̉a?
    P̣artul se̱le̱t́ lạime.
13. So̱mo̱e Joṛa Sabad do̱ ce̱t́ko metak̉a? P̣artul se̱le̱t́ lạime.

2

LEKHA
(NUMBER)

Lekha do̱ onako metak̔a, okaṭak̔ ho̱te̱te do̱ lekha reak̔ *(number)* babo̱t baḍaeok̔kan. Santalire lekha do̱ pe̱ haṭiṅre haṭiṅ daṛeak̔a, jeleka :- (i) Mit̔ Lekha; (ii) Bar Lekha; ar (iii) Saṅge Lekha. Mit̔ Lekha reak̔ sabadre lekha reak̔ Tayo̱m Joṛao *(Numeral Suffix)* lagao hõ̱ lagao daṛeak̔a ar se̱ baṅ hõ̱ baṅ lagao daṛeak̔a.

Santalire mit̔ lekha baḍae lạgit̔ sabadre jãhãn lekha cinhạ do̱ baṅ tahe̱nkana, jeleka :-

kaḍa, ḍaṅgra, bhiḍi eman.

Ho̱ṛ Ujnum *(Personal Pronoun)* reak̔ Tayo̱m Joṛao rupre Bar Lekha *(Dual Number)* reak̔ lekha cinhạ *-kin* ar Saṅge Lekha *(Plural Number)* reak̔ cinhạ *-ko* lagaok̔a, pạrtul :-

Bar Lekha - *kaḍa**kin**, ḍaṅgrakin, bhiḍikin* eman. *(-**kin**)*

Saṅge Lekha - *kaḍa**ko**, ḍaṅgrako, bhiḍiko* eman. *(-**ko**)*

Santalire Lekha baḍae lạgit̔ hõ̱ Jivianak̔ *(Animate)* ar Be̱jivianak̔ *(Inanimate)* rup tahe̱nkana.

Jivianak̔ rup reak̔ Isạra Ujnum *(Demonstrative)* reak̔ mit̔ lekha lạgit̔ - ***-i*** Tayo̱m Joṛao lagaok̔a, pạrtul :-

*nu-**i** = nui;* *un-**i**=uni;* *hun-**i**=huni*
*in-**i**=ini;* *hin-**i**=hi;* *hạn-**i**=hạni* *hin-**i**=hini;*

Ar Jivianak̔ rup reak̔ Niṭ Ujnum *(Definite Pronoun)* reak̔ Niṭ Lạlạiak̔ Tayo̱m Joṛao ***-ic̔*** lagaok̔a. Ar noako cetanre e̱men ona do̱ e̱ke̱n Eṭak̔ Ho̱ṛ *(Third Person)* reak̔ ***-m*** lekha lạgit̔ge ṭhika, pạrtul :-

ić - ponḍić; hendeyić; sãoṛãyić eman.

Hoṛ Ujnum *(Personal Pronoun)* lạgit́ sanam lekhare noṅka hoyoḱa :-

Jivianak̓ *(Animate)*		
Mit́ Lekha	Bar Lekha	Saṅge Lekha
un-i	*un-kin*	*on-ko*
erokić	*erokkin*	*erokko*

Bejivianak̓ *(Inanimate)*		
Mit́ Lekha	Bar Lekha	Saṅge Lekha
on-a	*ona-kin*	*ona-ko*
Nonḍenak̓	*Nonḍenak̓kin*	*Nonḍenak̓ko*

Santali pạrsi baṅ baḍae hoṛko noa disạ dohoe jạruṛtakoa je hõeharea ar hanharea se ajhnarea ar bahõeharea reak̓ sạgại jãhãe sãoge tahenma, Santali ạri-cạli reak̓ goṛhon lekate mit́ eṭak̓ko manot udug lạgit́ beakoron reak̓ ạn kãṛgokate bar lekha cinhạ – *-ben, aben, -liṅ, ạliṅ* rupko beohareta. Noa do mamohõeharea talare hõko galmaraoa, pạrtul :-

(i) *Cekayenaben bạhu?*

(ii) *Ruạk̓kanaliṅ.*

(iii) *Bokome lạiat́liṅạ, haṭteben senlena.*

Judi mit́ eṭak̓ić talare bar hoṛ jãhãnak̓ babotkin galmaraok̓khan selet́ rupkin *(inclusive)* beohara, pạrtul :-

Haṭrelaṅ ṅapamoḱa.

Noa reak̓ selet́ rup do *–laṅ, -talaṅ* kana. Noa rup do tinre jãhãe hoṛ tardhame se dhamkaoere Mit́ Lekha se Bar Lekha reaḱ sẹlẹť rup *(inclusive)* reaḱko laṛcaṛeťkana, pạrtul :-

(i) *Hapẹlaṅ ńẹlmea.* (ii) *Dalmealaṅ.*

(iii) *Ẹkkallaṅ gọċ utạrmea.* (iv) *Ẹkallaṅ huṛuṅmea nãhãḱ.*

(v) *Ẹkallaṅ ṭaṭhẹmea nãhãḱ.* (vi) *Ẹkkallaṅ mukạrmea nãhãḱ.*

(vii) *Ẹkkallaṅ humạḱmea nãhãḱ.*

(viii) *Ẹkkallaṅ ghatramea nãhãḱ.*

Santal sọmajre Họṛ họpọn akoren koṛa sẹ kuṛi tinreko baplakoa, tọbẹ koṛa ar kuṛi sẹċrenko talare miť lekan sọmbọnd benaoḱkana. Ar noa sọmbọnd dọ balaya sọmbọnd sẹ balaya sạgạiko metaḱkana. Noa balaya sạgại talare miť lekan họhọ sạgại reaḱ ạn bandhaoakana. Ona dọ bar họṛ balayakin ńapamlenkhan -***bo/bon*** sabadko beohareťkana. Ona dọ Saṅge Lekha reaḱ rup kana. Hapṛamko noa reaḱ karọn dọ noṅkako lạiakada - *"Tinre miť koṛa ar miť kuṛi bapla tọnọltekin tọl midoḱkante unkin dọ bạhu-jãwãekin hoyoḱkana, tọbẹ noṅkare ẹkẹn unkin mọtọ dọ baṅkin miť ṭhẹjọḱkana, bickọm banar gharọńjkin tọl miť ṭhẹċeda. Onate unkin sãote ạkin khọn lạṭuko sãote gapalmaraore bana họṛ metaḱme jãwãe sẹ bạhu hõkin ńum sẹlẹdọḱa, ar noṅkan gapalmaraore unkin dọ Bar Lekha -ben kathakin beohara. Jọs dọ niạge je jãwãe mọtọye galmaraoḱre hõ, uni dọ aċ bạhu hõ galmaraoreye sẹlẹdea aċ eskar dọ baṅ. Cedaḱ je nukin dọ bapla tọnọltekin tọlente miť họṛ dọ ar baṅkin tahẽlena, bickọm miť họṛmọ ar miť mãyãmankin hoyena. Onate* -***ben*** *katha dọ beohartege hoyoḱtaea, noṅkage bạhu hõ. Inạkate balaya họṛko hõ bạhu, jãwãe ar bạhu-jãwãeren gọ-babaḱko sọṅgẹkate galmarao hoyoḱtakote saṅgẹ lekha* ***bo/bon*** *katha beohar hoyoḱtakoa. Noa dọ Santal sọmaj reaḱ ạdi napae lẹgcar kana."* Pạrtul :-

Bạhu-jãwãe gọ-babaḱko sãote :-

Gọ-baba - *Tisre cọben hẹċakan jãwãe?*

Jãwãe - *Holaliń hẹċkana gọ/ba.* (Metaḱme aċ bạhu hõ

songekate galmarao hoyoktaea.)

Balayako talare- *Henda hǫ sumdhi, cet leka menak barabona? Hẽ hǫ sumdhi, Cando Baba dayate nią hąli dǫ sanamkobon napae baṛagea.* (Metakme koṛa-kuṛi se bạhu-jãwãe ar unkinren go-babakko songekate galmarao hoyoktaea.)

Hoṛmo hạṭiń hõ benit katha sodor lạgit Sańge Lekhare sodorokkana, pạrtul :-

(i) *Goṭa hoṛmo hasoyedińkana.*

(ii) *Jańgako, tiko, deako, bohokko hasoyedea.*

(iii) *Caṇḍbolkoreye tunum baṛakedea.*

(iv) *Oṛakkoregey kạmi baṛaeda.*

Inạ chaḍa eṭak lekate hõ sańge lekha rup beoharokkana, pạrtul :-

(i) *Noakorege minạńa.*

(ii) *Alope okakotektabona.*

(iii) *Eńgat-apat cetko mena?*

(iv) *Nãwã peṛako hecena.*

(Noa ayatre Sańge Lekha rup beoharakana.)

Adomak nońka hõ beoharokkana, one oka do Sańge Lekha rupre beoharokkan ar ona do bejivianak ar jivianak jinis babotre galmaraoka, pạrtul :-

Hoṛoko, jonḍrako, tuṛiko, tilmińko sanam ạgu cabaetabonpe.

Jivianak :–

(i) *Hoṛko, Dekoko, Sahebko jarwaena.*

(ii) *Gạiko, ḍańgrako, kaḍako, meromko menakkotalea.*

Adomak Sańge Lekha nońka hõ beoharokkana, one oka

do̱ saṅge kho̱n miṫ ho̱ṛ metaere hõ̱ saṅge se̱ bar lekha rup hõ̱ beoharoḱkana, pạrtul :-

(i) *Miṫ ho̱ṛ hijuḱben.*

(ii) *Miṫ ho̱ṛ calaḱpe.*

(iii) *Miṫ ho̱ṛ do̱kin go̱ċena.*

(iv) *Miṫ ho̱ṛ do̱ko go̱ċena.*

(v) *Miṫ ho̱ṛ menaḱkinạ.*

(vi) *Bar ho̱ṛ do̱ Asamteko calaoena ar no̱ṇḍe̱ tinạḱ co̱ko tahẽ̱akan.*

(vii) *O̱ko̱eben dalkedea, am se̱ uni?*

Ado̱maḱ lekha cinhạ sabadre Saṅge Lekha rupko lagaoḱkana ar ona do̱ Ho̱ṛ Ujnum *(Personal Pronoun)* ar Isạra Ujnum *(Demonstrative Pronoun)* - ***ko*** do̱ joṛaoḱkana, pạrtul :-

(i) *Apeko calaḱpe.*

(ii) *Alekoko saṗkeṫlea.*

(iii) *Akokoko ro̱po̱ṛena.*

(iv) *Gidrạko do̱ onkoko tạnkhi bhe̱drekin do̱ho̱kakoa.*

(v) *Boṅga do̱ neko go̱ċ ho̱ṛkoge tinạḱ haṛam buḍhiko go̱ċakan, enkokobon bakhẽ̱ṛakoa.*

(vi) *Onko kul-tạruṗ do̱ko seta kantakoa.*

(vii) *Onkoko uni koṛa do̱ko tiạḱ baṛa ocoeyea.*

(viii) *Alekoaḱ racare menaḱkoa.*

Do̱l reaḱ *(collection)* ṭhạrwạ do̱ jivianaḱ Saṅge Lekha rupre laṛcaroḱkana, pạrtul :-

phạdko jarwaena; barea phạdko lạṛhạiena; sendra phạdko bo̱lo̱ena birte.

Be̱jivianaḱ jinisre do̱ **Bar Lekha** *(Dual Number)* se̱ **Saṅge**

Lekha *(Plural Number)* reak̓ rup do̱ bae hataoet̓kana. e̱nhõ̱ Santali reak̓ gun lekate Bar Lekha ar Saṅge Lekha reak̓ rup hõ̱e hataoet̓kangea, pạrtul :-

(i) *Ona darekin magme.*

(ii) *Ona nahelkin ạgu daraeme.*

(iii) *Ona pukhrikin do̱ o̱ko̱eak̓ kana?*

(iv) *Ona khe̱tkin do̱ o̱ko̱eak̓ kana?*

(v) *Ona dareko do̱ o̱ko̱eak̓ kana?*

(vi) *Ona khe̱tko do̱ o̱ko̱eak̓ kana?*

Mit̓ lekan Be̱niṭ ar Hạk̓ṭiń Lekha *(Indefinite & Distribute Plural)* rup bar dhao dohṛalekhan se̱ sabad bar dhao dohṛalekhan Hạk̓ṭiń Lekha benaok̓kana, pạrtul:-

(i) *Ato-atore menak̓a.*

(ii) *Lac̓-lac̓te hasoedekana.*

(iii) *Co̱ṭ-co̱ṭteye uḍạuena.*

(iv) *Pạṇḍu-Pạṇḍuko ho̱ho̱aekana.*

Santalire ***bar*** kho̱n ***isi*** hạbic̓ reak̓ sabadre -***ea*** Tayo̱m Joṛaokate Bar Lekha *(Dual Number)* ar Saṅge Lekha *(Plural Number)* reak̓e kạmiet̓kana, pạrtul :-

(i) *bar+**ea** = barea*

(ii) *pe̱+**ea** = pea*

(iii) *pon+**ea** = ponea*

(iv) *isi+**ea** = isia*

No̱ṇḍe̱ -*e* do̱ -*y* reak̓ lekae kạmiet̓kana.

Disạ do̱ho̱ : Noa -***ea*** tayo̱m joṛao iạte latarre bibro̱n e̱mo̱go̱k̓kana :-

Santalire -***ea* Tayo̱m Joṛao** *(Suffix)* lagaokate sạgại reak̓e baḍae ocoet̓bona. Noa reak̓ pạrtul latarre e̱mo̱go̱k̓kana :-

(i) *dada+ea* = *dadaea (dadaya)*
(ii) *ạji+ea* = *ạjiea (ạjiya)*
(iii) *hili+ea* = *hiliea (hiliya)*
(iv) *hõehar+ea* = *hõeharea (hõehareya)*
(v) *hanhar+ea* = *hanharea (hanhareya)*
(vi) *bahõehar+ea* = *bahõeharea (bahõehareya)*
(vii) *ajhnar+ea* = *ajhnarea (ajhnareya)*
(viii) *goṅgo+ea* = *goṅgoea (goṅgoya)*
(ix) *kaka+ea* = *kakaea (kakaya)*
(x) *kạki+ea* = *kạkiea (kạkiya)*
(xi) hatom+ea = *hatomea (hatomeya)* *(hatom ar homon)*
(xii) *mamo+ea* = *mamoea (mamoya)*
(xiii) *kumạ+ea* = *kumạia (kumạya)*
(xiv) *goṛom+ea* = *goṛomea (goṛomeya)*
(xv) *bala+ea* = *balaea (balaya)*
(xvi) *teńaṅ+ea* = *teńaea (teńaya)*
(xv) *dhạuli+ea* = *dhạuliea (dhạuliya)* *(teńaya reak̕ge eṭak̕ rup)*
(xvi) *ńata+ea* = *ńatea*
(xvii) *saḍge+ea* = *saḍgea (saḍgeya)*
(xviii) *hirạm+ea* = *hirạmea (hirạmeya)*
(xvx) *tata+ea* = *tataea (tataya) (goṛomoa ar goṛom gidrạ)*
(xx) *jiạ+ea* = *jiạea (jiạya) (goṛom ouḍhi ar goṛom gidrạ)*
(xxi) *haga+ea* = *hagaea (hagaya)*

(Noa sạgại do kaka goṅgo boeha lạgit̕ kana. Netar do noa baṅ lekage ańjomok̕kana.)

ẠKIL BHAŃJAO - 2

A. Ṭoyoť'kate jobab emoḱme :-

1. Hoṛ Ujnum *(Personal Pronoun)* reaḱ Tayom Joṛao rupre Bar Lekha reaḱ Lekha cinhạ do okaṭaḱ kana?

   (a) ko (b) kin (c) le (d) pe (e) Noako modre oka hõ baṅ.

2. Hoṛ Ujnum *(Personal Pronoun)* reaḱ tayom joṛao rupre saṅge lekha reaḱ lekha cinhạ do okaṭaḱ kana ?

   (a) kin (b) liń (c) ko (d) pe (e) Noako modre oka hõ baṅ.

3. Jivianaḱ rup reaḱ Isạra Ujnum *(Demonstrative)* reaḱ miť lekha rup do okaṭaḱ tayom joao lagaoḱkana?

   (a) i (b) kin (c) ko (d) le (e) Noako modre oka hõ baṅ.

4. Bejivianaḱ rup reaḱ Isạra Ujnum *(Demonstrative Pronoun)* reaḱ miť lekha rup do okaṭaḱ tayom joṛao lagaoḱkana ?

   (a) le (b) a (c) pe (d) ko (e) Noako modre oka hõ baṅ.

5. Jivianaḱ rup reaḱ Niṭ Ujnum *(Definite Pronoun)* reaḱ miť lekha tayom joṛao do okaṭaḱ kana?

   (a) kin (b) liń (c) ko (d) ić (e) Noako modre oka hõ baṅ.

6. Bejivianaḱ rup reaḱ Niṭ Ujnum *(Definite Pronoun)* reaḱ miť lekha tayom joṛao do okaṭaḱ kana?

   (a) aḱ (b) ko (c) kin (d) liń (e) Noako modre oka hõ baṅ.

7. Hoṛ Ujnum *(Personal Pronoun)* reaḱ jivianaḱ rup reaḱ miť lekha sabad do okaṭaḱ kana ?

   (a) unkin (b) uni (c) onko (d) onaṭaḱ

   (e) Noako modre oka hõ baṅ.

8. Bejivianaḱ rup reaḱ miť lekha sabad rup do okaṭaḱ kana?

   (a) ona (b) onakin (c) onako (d) nui

   (e) Noako modre oka hõ baṅ.

9. Bejivianaḱ rup reaḱ bar lekha sabad rup do okaṭaḱ kana?

(a) ona (b) onakin (c) onako (d) onko

(e) Noako modre oka hō̱ baṅ.

10. *"onakin"* sabadre noa baḍaeok̓kana je be̱jivianak̓ kana, noa sabadre nokanak̓ okaṭak̓ haro̱p beoharakana je noa ho̱te̱te be̱jivianak̓ kana me̱nte baḍaeok̓kana ?

(a) on (b) kin (c) a (d) on (e) Noako modre oka hō̱ baṅ.

11. *"Uni"*re okaṭak̓ haro̱p ho̱te̱te miṭ̓ lekha jivianak̓ kana me̱nte baḍaeok̓kana?

(a) u (b) i (c) n (d) un (e) Noako modre oka hō̱ baṅ.

12. *"Noako"*re okaṭak̓ haro̱p ho̱te̱te be̱jivianak̓ sage lekha kana me̱nte baḍaeok̓kana?

(a) ako (b) no (c) ko (d) noko (e) Noako modre oka hō̱ baṅ.

13. "*Hạni*" reak̓ be̱jivianak̓ sabad do̱ okaṭak̓ hoe daṛeak̓a?

(a) uni (b) unkin (c) onko (d) hana

(e) Noako modre oka hō̱ baṅ.

14. *"Unkin"* reak̓ be̱jivianak̓ sabad okaṭak̓ hoe daṛeak̓a?

(a) onko (b) onakin (c) onaṭak̓ (d) onako

(e) Noako modre oka hō̱ baṅ.

B. O̱lkate jobab e̱mo̱k̓me :-

1. Santali beakoro̱n lekate lekha do̱ ce̱ṭ̓ko metak̓a? Pạrtul se̱le̱ṭ̓ lạime.
2. *"Oṛak̓koreṅ kạmi baṛaeyeda."* Noare *"ko"* saṅge lekha laṛ caṛakana. Cedak̓?
3. *"Hoṛoko bale ge̱ṭ̓akada."* Noare saṅge lekha leka beoharakana. Cedak̓ ?
4. *"Cekaenaben bạhu?"* Noa ayatre beoharkan *"ben"* sabad do̱ Ho̱ṛ ho̱po̱nak̓ ạri-cạli lekate ce̱ṭ̓ reak̓e lạieda ar okaṭak̓ lekha reak̓ baḍaeok̓kana?

5. *"Henda hoṇ sumdhi, cet́ leka menak̓bona?"* Noṇḍe balayakin galmaraokana. Noa ayatre *"bon"* sabad laṛcaṛakana. Cet́ nukinak̓ galmarao do suhigea? Judi suhigekhan cedak̓?

6. *"Jaṅko, tiko, deako, bohok̓ko hasoeyidiṅkana."* Noa ayatre *"ko"* saṅge lekha laṛcaṛakana. Cet́ noa do suhigea? Cedak̓?

3

JẠTI
(GENDER)

Sabad reak̉ oka Ńunum hoṭeṭe Ạṇḍiạ Jạti se Eṅga Jạti reak̉ katha baḍaeok̉kan, ona do JẠTIKO metak̉kana. Santal somajre somajiạ neo-dhorom purạu jokheċ bhenta kathako beohara. Noa katha hoṭeṭe hõ Jạti reak̉ baḍaeok̉kana, jeleka :-

(i) bhạriạ (koṛa gidrạ) (ii) dipil (kuṛi gidrạ)

Santal somajre Jạti do ekẹn jiviankorege beoharok̉a. Bejiviankore do baṅ. Ona lekate Santalire Jạti do bareak̉a; pạhilak̉ do Ạṇḍiạ Jạti *(Masculine Gender)* ar dosarak̉ do Eṅga Jạti *(Feminine Gender)*.

Hindi pạrsikore do Kạjnum *(Verb)* hoṭeṭe Jạti reak̉ baḍaeok̉kana. Menkhan Santalire do Kạjnum hoṭeṭe do Jạti baṅ baḍaeok̉kana, jeleka pạrtulbo ńela – Eṅga Jạti lạgiť do Kạjnum कर hoṭeṭe करती hoyok̉a ar Ạṇḍiạ Jạti lạgiť do करता hoyok̉kana.

Abo Santaliren bhasa/pạrsi pạṇḍitko niạ barea jạtite bako tirpitlena, onate arhõ barea Jạtiko juṭuċada, ar ona do noage:-

Cạkrạ Jạti ar miťṭen do *Banar Jạti* (*Common Gender)* kana. Metak̉me Santalire nitok̉ joṭoṭe ponea goṭeċ hoyena :-

1. Ạṇḍiạ Jạti *(Masculine Gender)*

2. Eṅga Jạti *(Feminine Gender)*

3. Cạkrạ Jạti *(Common Neuter Gender)*

4. Banar Jạti (*Common Gender)*

Noṇḍe latarre miť miťte joṭo Jạti reak̉ bibron pạrtul em tuluċ emogok̉kana :-

1. **Ạṇḍiạ Jạti *(Masculine Gender)*** – Oka sabad hoṭẹte Ạṇḍiạ Jạti baboṭ baḍaeok̓kan, ona dọ Ạṇḍiạ Jạtiko metak̓a. Pạrtul :-

koṛa, bheḍa, bạkrạ, kala, ḍaṅgra, bacha, ṭạmnạ, hạtạuṛa, ḍhana, ḍubhạ eman.

Santalire Jạti benao lạgit̓ jãhãn niạmre ṭehaḍ bạnuk̓a. Adọmak̓ sabadre -***a*** lagao lekhač Ạṇḍiạ Jạti reak̓ baḍaeok̓a ar adọmak̓ sabadre dọ -***i*** lagaolenkhan Eṅga Jạti reak̓ baḍaeok̓a. Mẹnkhan noa dọ jaoge baṅ hoyok̓a. Adọmak̓ Ńunum sabad lahare Jạti lạlạiak̓ sabad lagaokate hõ benaok̓kana, adọmak̓ dọ Ńunum tayọmre Jạti lạlạiak̓ sabad lagaokate hõ benaok̓gea. Jạti lạlạiak̓ adọmak̓ sabad dọ noako kana :-

eṅga, ạṇḍiạ, kalọṭ, sạṇḍi, kuḍu, pạṭhi, boda eman.

Mẹnkhan noa hõ disạ dọhọe lekkana; jaoge sabad mučạt̓re -***a*** lagaolenkhan Ạṇḍiạ Jạti dọ baṅ benaok̓kana, bickọm Eṅga Jạti hõ hoyok̓kana ar onkage jaoge sabad mučạt̓re -***i*** lagaolenre hõ Eṅga Jạti dọ baṅ benaok̓kana, bickọm Ạṇḍiạ Jạti hõ benaok̓kana. Noa reak̓ pạrtul dọ nõk̓õe :–

(i) *mạńjhi baba* - Ạṇḍiạ Jạti kana.

(ii) *mạńjhi era* - Noa dọ Eṅga Jạti kana.

Santalire janwarko lạgit̓ Ạṇḍiạ Jạti dọ noṅkako ńumkoa :-

sãṇḍ, ḍaṅgra, damkọm, kaḍa, kạḍru, kạḍi kuḍu, bạdhiạ, boda, khạsi, gaya, jhaṅkaṛ murum, ṭirạ (*ṭirạ* dọ *lumạṅ* tejo lạgit̓ hõko rọṛgea sẹko metakogea). *huker guṇḍri* eman, pạrtul :-

Jel jhaṅkaṛko bhindạṛkedea.

Nọṇḍẹ sạgại sabad hõ adọmak̓ dọ Ạṇḍiạ Jạti lạgit̓ beoharok̓kana :-

ba, baba, bạpu, apa(t), apa, apa hon, hạḍkuṛ (baba sẹč reak̓ sạgại), *nạmkuṛ* (gọgọ sẹč reak̓ sạgại), *gọṛọmba, gọṛọm baba, gọṛọm, buḍạba, haṛam, haṛamba, haṛam baba, jae dada, jae tata, korar̥ kora, jae korar̥ kora, jae korar̥ nạti kora, aja* (babaren baba), *aja nạti, da, dada, mama, mamo̱, kaka, bo̱ko̱ boeha, bo̱ko̱eha, bhại, dada bhại, saṅ bhại, so̱ṅ bhại, saṅga bhại, bhạiạdi, bhại bhagar, goṅgo, goṅgo baba, bo̱ho̱k̇ bo̱ho̱k̇ boeha, bo̱ho̱k̇ bo̱ho̱k̇ boeha ho̱po̱n, bo̱ho̱k̇ bo̱ho̱k̇ ho̱po̱n, goṅgo salaka, goṅgo bala, goṅgo hõ̱ehar, kaka bala, kaka hõ̱ehar, kaka bala, kaka khurạ, kaka goṅgo, kaka baba, maraṅo̱a, maraṅ baba, talaba, tala baba, huḍiṅo̱a, huḍiṅ baba, ho̱po̱nba, ho̱po̱n baba, maraṅ tala, huḍiṅ tala, sạñjhlạ (sạñjlạ), mạñjhlạ (mạñjlạ), maraṅ jãwãe, bhạcạt kora, bhạgnạ kora, baret, apabare, ho̱po̱n, he̱re̱l, kora ho̱po̱n, ho̱n, apaho̱n, ho̱n ho̱po̱n, ho̱n jãwãe, bạbu, beṭa, jãwãe beṭa, ṭa, kumạt, kumạ, kumạṅ, kumạ, hõ̱ehar, goṅgo hõ̱ehar, kaka hõ̱ehar, kumạ hõ̱ehar, bahõ̱ehar, teṅaṅ, ḍhạulia, saṅga (teṅaea* sạgại*), saṅgat, bo̱ko̱t jãwãe (bo̱ko̱ jãwãe), ervel kora, bala, goṅgo bala, kaka bala, mamo̱ bala, kumạ bala, bala he̱re̱l, balaea, saka, bala saka balaea, sakaea, sạḍge, sạḍgea, haga, hagaea, kaka goṅgo boeha, ho̱r̥, he̱re̱l ho̱r̥.*

Ado̱mak̇ sabad Ṅunum lahare se̱ tayo̱mre jor̥aokate Ạṇḍiạ Jạti reak̇ bạḍaeok̇kana :-

Ho̱r̥ he̱re̱l, he̱re̱l ho̱r̥, Deko he̱re̱l, he̱re̱l ho̱po̱n, Ho̱r̥ kor̥a, kor̥a ho̱r̥, har̥am ho̱r̥, ho̱r̥ har̥am, kor̥a ho̱po̱n, Muslạ kor̥a.

Janwarko lạgit̓ Ạṇḍiạ Jạti bạḍae lạgit̓ Ṅunum sabad lahare se̱ tayo̱mre lagaokate hõ̱ hoyok̇kana, jeleka :-

ạṇḍiạ pusi, pusi ạṇḍiạ, ạṇḍiạ seta, seta ạṇḍiạ, ạṇḍiạ sãk, sãk ạṇḍiạ, ạṇḍiạ potam, potam ạṇḍiạ.

Dareko lạgit̓ hõ̱ *ạṇḍiạ* sabad Ṅunum lahare lagaolenkhan Ạṇḍiạ Jạti babo̱t bạḍaeok̇kana, jeleka – *ạṇḍiạ dare, ạṇḍiạ tale, ạṇḍiạ so̱so̱* eman.

Mit̓ bar bir janwarko lạgit̓ *sạṇḍi* sabad lagaokate Ạṇḍiạ Jạti reak̇ bạḍaeok̇kana, jeleka :- *sạṇḍi o̱re̱c̓ jel, selep̓ jel, kuṭmbi selep̓ jel, badar̥ selep̓ jel, piṅcạr marak̇* eman.

2. **Eṅga Jạti** ***(Feminine Gender)*** – Oka Ńunum sabad hoṭeṭe Eṅga Jạti reaḱ baḍaeoḱkan, ona do Eṅga Jạtiko metaḱkana. Eṅga Jạti baḍae lạgit́ hõ Santalire jãhãn niṭ jạti lạlạiaḱ sabad do bạnuḱa. Adomaḱ sabad lahare do ***eṅga kaloṭ***, adomaḱ sabad mucạt́re ***-i*** tahenkhan hõ eṅga jạti reaḱ baḍaeoḱkana. Jãhãn niṭ niạm do bạnuḱa. Ar adomaḱ do sabadtet́ge Eṅga Jạti reaḱ baḍaeoḱkana, jeleka – *kuṛi, bhiḍi* eman.

Eṅga Jạti do noako kana :-

kuṛi, bhiḍi, bạkri, kạli, ḍạṅgri (gại), bạchi, ṭạmni (inanimate), hạtạuṛi, ḍhạkni (ḍhạknic-bejivianaḱ*), ḍubhi (*bejivianaḱ*), kạṅkhi (*bejivianaḱ*), maejiu* (ayo hoṛ), *ạimại, bạhu, mạku, mại, pạku, buḍhi, buḍhiạ, ayo, gại, pheṭhãṛ, guṇḍri, kạḍi* (bitkil hopon), *saṇḍharo, pạṭhi, kaloṭ, posta (hopon jel), sosam (jel eṅga), saram (mit' lekan eṅga jel), ghurạ (guṇḍri eṅga), pạntni (lumạṅ tejo eṅga), kạsi jero (mit' lekan guṇḍri eṅga)* eman.

Sạgại reaḱ Eṅga Jạti do noako kana :-

eṅgahon, go, gogo, eṅgat, eṅga hopon, goṛom ayo, goṛom go, goṛom kuṛi, buḍi go, buḍi ayo, jae didi, koraṛ kuṛi, jae koraṛ kuṛi, jae koraṛ puti, ạji (goṛom gogo), dại, didi, ạjit, kumạń hopon ạjiń, hopon ạji, goṅgo hopon ạji, kaka hopon ạji, kạki hopon ạji, hatomi hopon ạji, bahõehari ạji, ajhnari ạji, boko kuṛi, bala kuṛi, goṅgo ayo, goṅgo era, kạki, kạki gogo, kạki go, kạki eṅga, kạki ayo, kạki hanhar, maraṅ go, tala go, sạńjli go, mạńjli go, kimin, tala kimin, maraṅ kimin, huḍiń kimin, hopon go, bhạcạ (-ń, -m, -t) kuṛi, homon (boeha koṛaren kuṛi), *hatom, hatom hanhar, mamo hatom, bhạgnạ kuṛi, deo bhạgin, mạmi, mạmi hanhar, nana bhạgni, misera.*

Adomaḱ do noṅka tahenkana :-

kuṛi hopon, hopon era, era hopon, eṅga hopon, eṅga hon, hon kimin, bạhu, biṭi, ṭi, hoponera, bạhu biṭi, hanhar, kạki hanhar, hatom hahar, mạmi hanhar, ajhnar, ajhnar dại, hili, ervel kuṛi, ńatat era, ńatea, ńatea golop̀, bạṭki, chuṭki, hirạm, bala kuṛi, bala era, goṅgo bala era, kạki bala era, mamo̱ bala era, bihại, sumdhi (sumdhi do̱ ho̱ho̱jo̱ṅ reak̓ sạgại kana), *ạimại ho̱po̱n, maejiu ho̱po̱n, ho̱ṛ ạimại, kuṛi ho̱ṛ, Ho̱ṛ kuṛi, buḍhi ho̱ṛ, bo̱ko̱ kuṛi, era, boeha era, eratte̱t̓, mạṅjhi era, paranik era, Jahe̱r era, kisạ̃ṛ era, bạhu era, rạṇḍi era, he̱me̱ era* (rạṇḍi maejiu, o̱ko̱e do̱ ḍạn eman se̱ bạṛič ayo kanae me̱nteko manaoedekan), *kumbi (kusbi) era, jhạlki era, sạṇḍhin era.*

Arhõ janwarko lạgit̓ do̱ *eṅga* sabad lagaokate ar mit̓ dhaobo ṅe̱llege :– *eṅga pusi, pusi eṅga, sãk eṅga, eṅga ge̱ḍe̱, ge̱ḍe̱ eṅga, eṅga potam, eṅga sim, sim eṅga, bir sim eṅga, hako eṅga, eṅga hako, uru eṅga, eṅga uru* eman.

Dareko lạgit̓ *eṅga* sabad lagaokate hõ Eṅga Jạti reak̓ bạḍaeok̓kana :-

dare eṅga, eṅga dare, jo̱ dare eṅga, dare jo̱ eṅga, eṅga so̱so̱, baha dare eṅga eman.

Janwarko :– *mạtu marak̓, mạrtu marak̓* eman.

3. **Cạkrạ Jạti *(Neuter Gender)*** – Cạkrạ Jạti do̱ onageko metak̓kana, o̱ne̱ okaṭak̓te do̱ baba ho̱ṛ hoekate ayo ho̱ṛak̓ so̱bhabantey jive̱do̱k̓kan ar ayo ho̱ṛak̓ gun co̱lo̱n lekae beoharet̓kan se̱y ho̱ro̱k̓ bandeyet̓kan ar onkage ayo ho̱ṛ baba ho̱ṛak̓ so̱bhabante so̱majreko jive̱do̱k̓kan ar ačte̱t̓ *ayo* se̱ *baba* ho̱ṛ kanae me̱ntey me̱no̱go̱k̓kan ho̱ṛge *Cạkrạ Jạti* do̱ko metakokana. Ar ona Jạti bạḍaeokak̓ sabadge Cạkrạ Jạti do̱ko metak̓a, jeleka :– *mayo* se̱ *payo* se̱ *cạkrạ* ho̱ṛ. Noa Jạti reak̓ lekha do̱ sit̓gea.

4. **Banar Jạti *(Common Gender)*** – Oka *era-mạṅjhi era* Ṅunum ho̱te̱te banar jạti reak̓ge bạḍaeok̓kan, onage Banar Jạti *(Common Gender)* do̱ko metak̓akana, jeleka :-

boeha, bo̱ko̱t (bo̱ko̱), ho̱po̱n, koraṛ, ervel, bala, janwar, uṛič, mĩhũ, jel, seta, pusi, sukri, sim, sãk, cẽ̱ṛẽ̱, me̱ro̱m, tạrup̓, sado̱m, bana eman.

Noako sabadre lahare *ạṇḍiạ* se̱ *eṅga* baṅ lagaolenkhan baṅ dọ Eṅga Jạti reak̓ge bạḍaeok̓kan ar baṅ dọ Ạṇḍiạ Jạti reak̓ge.

Noa hõ bạḍae lekkana je sanam bẹjivianak̓ ńutum hõ banar Jạtige lekhak̓a, ẹnte Hindi leka Santalire dọ Bẹjivianak̓ Ńunumre dọ Jạti reak̓ bọndọbọs dọ bạnuk̓a, jeleka :-

sahan, kuṛki, parkọm, mạci, saekel, gạḍi, sọṛọk, kọlọm, mẹj, kapaṭ, hasa, dak̓, họe eman dọ jạti babọt baṅ bạḍaeok̓kana.

Mit̓ bar noṅkan sabad menak̓a, ọnẹ oka dọ jạtre mit̓ lekan họṛmọ halọt menak̓takoa, ọnẹ oka dọ Ḍhạu *(Abstract)* ọbọstare menak̓ko, ona judi sabad mucạt̓re *–a/ạ* menak̓khan, ona dọ Eṅga Jạti benao lạgit̓ *-i* harọp lagaok̓kana, jeleka :-

lebṛa	*- libṛi*	*khoṛda*	*- khuṛdi*
leḍha	*- liḍhi*	*thotṛa*	*- thutṛi*
laṛga	*- lạṛgi*	*guṅgṛạ*	*- guṅgṛi*
kala	*- kạli*	*pocra*	*- pucri*
ṭhuṇṭạ	*- ṭhuṇṭi*	*bạhrạ*	*- bạhri*
koṅka	*- kuṅki*	*ḍhebra*	*- ḍhibri*
phogṛa	*- phugṛi* eman.		

ẠKIL BHANJAO - 3

A. Ṭọyọt̓kate jobab ẹmọkme :-

1. *"Bhạriạ"* dọ oka jạti reak̓ sabad kana?

    (a) Eṅga Jạti (b) Cạkrạ Jạti (c) Ạṇḍiạ Jạti (d) Banar Jạti

    (e) Noako modre oka hõ baṅ.

2. *"Dipil"* dọ oka jạti reak̓ sabad kana?

    (a) Eṅga Jạti (b) Cạkrạ Jạti (c) Ạṇḍiạ Jạti (d) Banar Jạti

    (d) Noako modre oka hõ baṅ.

3. *"Mạńjhi"* dọ okaṭak̓ jạti reak̓ sabad kana?

(a) Eṅga Jạti (b) Cạkrạ Jạti (c) Ạṇḍiạ Jạti (d) Banar Jạti

(e) Noako modre oka hō̱ baṅ.

4. "*Mạṅjhi Era*" do̱ okaṭak̓ jạti reak̓ sabad kana?

(a) Cạkrạ Jạti (b) Eṅga Jạti (c) Ạṇḍiạ Jạti (d) Banar Jạti

(e) Noako modre oka hō̱ baṅ.

5. "*kuḍu*" do̱ okaṭak̓ jạti reak̓ sabad kana?

(a) Cạkrạ Jạti (b) Eṅga Jạti (c) Ạṇḍiạ Jạti (d) Banar Jạti

(e) Noako modre oka hō̱ baṅ.

6. "*era*" do̱ oka Jạti reak̓ sabad kana?

(a) Cạkrạ Jạti (b) Eṅga Jạti (c) Ạṇḍiạ Jạti (d) Banar Jạti

(e) Noako modre oka hō̱ baṅ.

7. "*bạdhiạ*" do̱ oka Jạti reak̓ sabad kana?

(a) Cạkrạ Jạti (b) Eṅga Jạti (c) Ạṇḍiạ Jạti (d) Banar Jạti

(e) Noako modre oka hō̱ baṅ.

8. "*ṭirạ*" do̱ oka Jạti reak̓ sabad kana?

(a) Cạkrạ Jạti (b) Eṅga Jạti (c) Ạṇḍiạ Jạti (d) Banar Jạti

(e) Noako modre oka hō̱ baṅ.

9. "*Jel jhaṅkaṛko bhindạṛkedea.*" Noa ayatre laṛcaṛakan "*jel jhaṅkaṛ*" do̱ oka Jạti reak̓ sabad kana?

(a) Cạkrạ Jạti (b) Eṅga Jạti (c) Ạṇḍiạ Jạti (d) Banar Jạti

(e) Noako modre oka hō̱ baṅ.

10. "*damkom*" do̱ okaṭak̓ Jạti reak̓ sabad kana?

(a) Cạkrạ Jạti (b) Eṅga Jạti (c) Ạṇḍiạ Jạti (d) Banar Jạti

(e) Noako modre oka hō̱ baṅ.

11. "*Deko he̱re̱l*" do̱ okaṭak̓ Jạti reak̓ sabad kana?

(a) Cạkrạ Jạti (b) Ạṇḍiạ Jạti (c) Eṅga Jạti (d) Banar Jạti

(e) Noako modre oka hõ̱ baṅ.

12. "*bạchi*" do̱ okaṭak̕ Jạti reak̕ sabad kana?

(a) Cạkrạ Jạti (b) Eṅga Jạti (c) Ạṇḍiạ Jạti (d) Banar Jạti

(e) Noako modre oka hõ̱ baṅ.

13. "*mayo*" do̱ o̱kaṭak̕ Jạti reak̕ sabad kana?

(a) Ạṇḍiạ Jạti (b) Eṅga Jạti (c) Cạkrạ Jạti (d) Banar Jạti

(e) Noako modre oka hõ̱ baṅ.

14. "*ervel*" do̱ okaṭak̕ Jạti reak̕ sabad kana?

(a) Ạṇḍiạ Jạti (b) Eṅga Jạti (c) Cạkrạ Jạti (d) Banar Jạti

(e) Noako modre oka hõ̱ baṅ.

15. "*cẽ̱ṛẽ̱*" do̱ okaṭak̕ Jạti reak̕ sabad kana?

(a) Ạṇḍiạ Jạti (b) Banar Jạti (c) Cạkrạ Jạti (d) Eṅga Jạti

(e) Noako modre oka hõ̱ baṅ.

B. O̱lkate jobab e̱mo̱k̕me :-

1. Jạti do̱ ce̱ť ko metak̕a? Pạrtul se̱le̱ť lạime.
2. Santali beakoro̱n lekate Jạti do̱ tinạk̕ lekana ar okako kana?
3. Ạṇḍiạ Jạti do̱ ce̱ť ko metak̕a? Pạrtul se̱le̱ť lạime.
4. Eṅga Jạti do̱ ce̱ť ko metak̕a? Pạrtul se̱le̱ť lạime.
5. Cạkrạ Jạti do̱ ce̱ť ko metak̕a? Pạrtul se̱le̱ť lạime.
6. Banar Jạti do̱ ce̱ť ko metak̕a? Pạrtul se̱le̱ť lạime.

4

Q̱KTE̱/SO̱MO̱E
(TENSE)

Kạjnum reaḱ oka rup ho̱te̱te so̱mo̱e se̱ o̱kte̱ babo̱t baḍaeoḱkan, ona do̱ o̱kte̱ se̱ so̱mo̱eko metaḱa. Ar se̱ Kạjnum reaḱ oka rup ho̱te̱te kạmi hoyoḱ reaḱ so̱mo̱e se̱ o̱kte̱ babo̱t baḍaeoḱkan, onage Q̱kte̱ do̱ko metaḱa.

Santalire Q̱kte̱ bujhạu lạgit́ latarre e̱makan Q̱kte̱ hạṭiń e̱mo̱go̱ḱkana :-

Sadharo̱n se̱ Bhạbiso̱t Q̱kte̱ *(The General or Future Tense)* – Noa Q̱kte̱ hạṭiń ho̱te̱te Mela *(General Conversation)* ar bhạbiso̱t reaḱ katha leka ạikạuḱa. Bhạbiso̱t leka hõ̱ bujhạuḱa ar Mela galmarao leka hõ̱. Kạjnum reaḱ buṭạ rupre *-a* joṛaokate noa Q̱kte̱ rup do̱ benaoḱkana, jeleka :-

Buṭạ Kạjnum ***ńe̱l***re ***-a*** Q̱kte̱ rup lagaolenkhan *ńe̱l+a = ńe̱la* hoyoḱkana. Beste bujhạu lạgit́ latar reaḱ ayatbo ńe̱la :-

(i) Gapa do̱ melań *ńe̱la.*

(ii) Biṇṭhi do̱ ạḍi *lase̱ra.*

Noa *-a* do̱ Gunum sabadre lagaokate Mela katha babo̱tre hõ̱ baḍaeoḱa.

he̱nde̱ + a = he̱nde̱a (ṭukučem jo̱ṭe̱t́ lekhač *he̱nde̱a.* (he̱ḱe̱ndea).

Eṭaḱ pạrtul :-

ńe̱lạń (Noare Kạmiạ Tayo̱m Joṛao he̱členkhan ***-a*** do̱ Jo̱r E̱maḱ Haro̱p *(Resultant)* ***-ạ***re bo̱do̱lo̱ḱa. Noa do̱ *First Person Singular Number*re tahe̱nkhan ***-a*** do̱ ***-ạ***re bo̱do̱lo̱ḱa, pạrtul :-

(i) Teheń amaḱ oṛaḱiń *ńe̱la* . (*Oṛagạń* kalo̱m do̱.)

(ii) Ayo hoṛ doko *dakaea.* (*Dakaeạń* nitok̇ do.)

(iii) Herelko doko *sia.* (*Siạń* teheń do.)

(iv) Gạrbhu do merome *gojea.* (*Gojeạń* sim teheń do.)

Ona iạte okaṭak̇ Kạjnum reak̇ rupre *-a* lagaokate oka somoye lạieťkan, onage Sadharon ar Bhạbisot Okte doko metak̇a ar noage Iṅgrạjite do *General* se *Future Tense*ko metak̇kana.

Disại lạgiť miť dhao arhõ lạiạgok̇kana se Okte beste bujhạu lạgiť *Kuṛại* babot galmaraolenge. Noa do Iṅgrạjite do *Object* ar Hindite do कर्मko metak̇kana. Noare hõ bar hạṭiń menak̇a; miť do Oko Kuṛại ar dosarak̇ do Sodor Kuṛại. Noa do Iṅgrạjite Otoṅ-Tayom *Indirect Object* ar *Direct Object*ko metak̇a ar Hindite do अप्रत्यक्ष se गौण कर्म ar dosarak̇ do प्रत्यक्ष कर्मko metak̇a. Noa Kuṛại *(Object)* do Santalire laṛcaṛ jokheċ̣ Jivianak̇ Oko Kuṛại *(Animate Indirect Object)* ar Bejivianak̇ Oko Kuṛại *(Inanimate Indirect Object)*, Jivianak̇ Sodor Kuṛại *(Animate Direct Object)* ar Bejivianak̇ Sodor Kuṛại *(Inanimate Direct Object)*ko metak̇a.

Santalire judi Kuṛại jivianak̇ tahenkhan Hoṛ Ujnum *(Personal Pronoun)* reak̇ khaṭo rup Kạjnum reak̇ buṭạ rup tayom ar Kạmiạ Ujnum lahare hijuk̇a; judi Kuṛại jivianak̇ kankhan ar ona do Sodor Kuṛại rupre Kạjnum talare hijuk̇kana, ona do Tala Joṛaobo metak̇a. Iṅgrạjite do *Infix*ko metak̇a. Judi Sodor Kuṛại bejivianak̇ kankhan tobe buṭạ Kạjnumre do eken *-a* joṛaok̇a. Sodor Kuṛại do eken Kạmiạn obosta *(Active Voice)*rege hijuk̇a.

Oko Kuṛại ar Sodor Kuṛại bạḍae lạgiť okoe/okoye sabadte kuklilenkhan, okaṭak̇ jobab ńamok̇kana, ona do Sodor Kuṛại menkatebo bujhạua. Ar judi okoe lạgiť sabadte kuklilenkhan oka jobab ńamok̇a, ona do Oko Kuṛại *(Indirect Object)* menkatebo bujhạua.

Santalire jotote gelpe goṭeċ̣ Okte *(Tense)* menak̇a. Onako do noako kana :-

1. Sadharon & Bhạbisot Okte *(General & Future Tense)*

2. Be̱ṭhikạn Hạli O̱kte̱ *(Indefinite Present Tense)*
3. Ṭhikạn Hạli O̱kte̱ *(Definite Present Tense)*
4. Lagatar Calak̓ O̱kte̱ *(Continuous Tense/Continuative Tense)*
5. Be̱ṭhikạn Go̱to̱ O̱kte̱/Be̱ṭhikạn Be̱purạu O̱kte̱ *(Indefinite Imperfect Tense)*
6. Ṭhikạn Go̱to̱ O̱kte̱/Ṭhikạn Be̱purạu O̱kte̱ *(Definite Imperfect Tense)*
7. Nit Paro̱men O̱kte̱ *(Recent Past Tense)*
8. Caba O̱kte̱ *(Anterior Past Tense)*
9. Laha Paro̱men O̱kte̱ *(Anterior Pluperfect Tense)*
10. Purạuen O̱kte̱ *(Perfect Tense)*
11. Hạli Paro̱men O̱kte̱ *(Recent Pluperfect Tense)*
12. Laha O̱kte̱ *(Anterior Tense)*
13. Ghoṭna O̱kte̱ *(Accidental Tense)*

Noako mit̓ṭe̱nkate latarre bibro̱n e̱mo̱go̱k̓kana :-

1. Sadharo̱n se̱ Bhạbiso̱t O̱kte̱ ***(General or Future Tense)*** – Okaṭak̓ Kạjnum reak̓ rupre -*a* lagaokate sadharo̱n se̱ mela galmarao se̱ bhạbiso̱t reak̓ so̱mo̱e babo̱t bạḍaeok̓kan, onage Sadharo̱n/ Mela se̱ Bhạbiso̱t O̱kte̱ do̱ko metak̓kana. Noa reak̓ oprom cinhạ do̱ -*a* kana, o̱ne̱ oka do̱ buṭạ Kạjnum reak̓ *(root word/base word)* tayo̱m jivianak̓ Ho̱ṛ Ujnum Kuṛại *(Animate Personal Pronominal Object)* lagaok̓kan. Inạ tayo̱mre -*a* O̱kte̱ cinhạ *(tense sign)* hijuk̓kana. Ona reak̓ pạrtul no̱ṇḍe̱ e̱mo̱go̱k̓kana. Iṅgrạjite noa do̱ *General or Future Tense*ko metak̓a :-

Ọktẹ *(Tense)*	Kạmi Kạmiạn *(Active Voice)*	Kạmi Kạmiạn são Oko Kuṛạ̣i *(Active Voice with Indirect Object)*	Tala Bẹkạmi Kạmiạn *(Middle & Passive)*	Apnartẹt' *(Reflexive)*
Sadharọn sẹ Bhạbisọt	*ńẹla – Oṛak'iń ńẹla.*	*ńẹlaea – Gidrạń ńẹlaea.*	*ńẹlọk'a – Buru ńẹlọk'a.*	*Ńẹljọńa – Buruń ńẹljọńa.*

2. **Bẹṭhikạn Hạli Ọktẹ** ***(Indefinite Present Tense)*** – Noa Bẹṭhikạn Hạli Ọktẹ dọ onaṭak'ko metak'kana, ọnẹ okaṭak' dọ Kạjnum reak' rup họtẹte Calak'kan Ọktẹ reak' sọmọe babọtre baḍaeok'kan. Noa Ọktẹ *(Tense)* reak' buṭạ kạjnum rupre *–et'* Kạjnum Tayọm Joṛao *(Verbal Suffix)* lagaok'kana. Noa Ọktẹ *(Tense)* reak' oprom cinhạ dọ *-ẹt'* kana. Noa reak' pạrtul nọṇḍẹ ẹmọgọk'kana :-

Kạmi Kạmiạn *(Active Voice)*	Kạmi Kạmiạn sãote Oko Kuṛại *(Active Voice with Indirect Object)*	Tala Bẹkạmi Kạmiạn *(Middle & Passive Voice)*	Apnartẹt' *(Reflexive)*
ńẹlẹt'a – Oṛak'e ńẹlẹt'a. *kạmiet'a, rọṛẹt'a.*	*ńẹlaekana – Gidrại ńẹlaekana. kạmiaekana, rak'aekana.*	*ńẹlọk'kana – Gidrại ńẹlọk'kana. kạmik'kana, ragọk'kana.*	*Ńẹljọńkana – Gidrại ńẹljọńkana. kạmijọńkana, rak'jọńkana.*

Adọmak' Kạjnum dọ nońka hõ hoyok'kana – Kạjnum reak' pạhil harọp ar Bẹhạṭińõk' Harọp sãote dohṛak'kana, jeleka –

dal ⟶ *dadal* ⟶ *dadalkanae.*

Me̱nkhan sanam Kạjnumre do̱ noṅka baṅ hoyok̓kana.

3. **Ṭhikạn Hạli O̱kte̱ *(Definite Present Tense)*** – Noa O̱kte̱ *(Tense)* do̱ onageko metak̓kana, o̱ne̱ okaṭak̓ Kạjnum reak̓ rup ho̱te̱te Hạli O̱kte̱re calak̓tege tahe̱nkan reak̓ so̱mo̱e babo̱tre bạḍaeok̓kan. Noa O̱kte̱ reak̓ buṭạ kạjnum rupre *-e̱t'kan* Kạjnum Tayo̱m Joṛao *(Tense/Verbal Suffix)* lagaok̓kana. Noa reak̓ oprom cinhạ do̱ *-e̱t'kan* kana. Noa reak̓ pạrtul no̱ṇḍe̱ e̱mo̱go̱k̓kana :-

Kạmi Kạmiạn *(Active Voice)*	Kạmi Kạmiạn sãote Oko Kuṛai *(Active Voice with Indirect Object)*	Tala Be̱kạmi Kạmiạn *(Middle & Passive)*	Apnarte̱t̓ *(Reflexive)*
ṅe̱le̱t'kana – Oṛak̓e ṅe̱le̱t'kana. *jute̱t'kana – Oṛak̓e jute̱t'kana.*	*ṅe̱laekana – Gidrại ṅe̱laekana.* *Jutaekana – Oṛak̓e jutaekana.*	*ṅe̱lo̱k̓kana – Gidrại ṅe̱lo̱k̓kana.* *jutuk̓kana – Noa hasaren ḍaṅgrae jutuk̓kana.*	*Ṅe̱ljo̱ṅkana –Gidrạṅ ṅe̱ljo̱ṅkana.* *Gidrại ṅe̱ljo̱ṅkana.* *Jutjo̱ṅkana – Hasaren ḍaṅgrae jutjo̱ṅkana.*
Noare Kạjnum reak̓ mit' akho̱r (one syllable) tahe̱nkhan, pạhil Hạṭiṅõk̓ Haro̱p sãote Be̱hạṭiṅõk̓ Haro̱p hõ dohṛak̓kana, jeleka :– ṅe̱l – ṅe̱ṅe̱l – ṅe̱ṅe̱lkạnạṅ, kanae, ṅe̱ṅe̱lae eman. Me̱nkhan sanam Kạjnumre do̱ onka baṅ hoyok̓a.			

4. **Lagatar Calak̓ O̱kte̱** ***(Continuous Tense/Continuative Tense)*** – Okaṭak̓ Kạjnum reak̓ rup ho̱te̱te lagatar calak̓ reak̓ so̱mo̱e babo̱tre baḍaeok̓kan, onage Lagatar Calak̓ O̱kte̱ *(Continuous Tense/ Continuative Tense)* do̱ko metak̓a. Noa O̱kte̱ reak̓ *(Tense)* buṭạ kạjnum rupre *-aka* tayo̱m Kuṛại Tayo̱m Joṛao *(Object Infix)* sãote jaoge *tahe̱n* joṛao tahe̱na. Noa reak̓ oprom cinhạ do̱ *-aka* ... *tahe̱n* kana. Noa reak̓ pạrtul no̱ṇḍe̱ e̱mo̱go̱k̓kana :-

Kạmi Kạmiạn são So̱do̱r Kuṛại *(Active Voice with Direct Object)*	Pạhil Ho̱ṛ Mit̓ Lekha *(First Person Singular Number)*	Dosar Ho̱ṛ Mit̓ Lekha *(Second Person Singular Number)*	Eṭak̓ Ho̱ṛ Mit̓ Lekha *(Third Person Singular Number)*	So̱do̱r Kuṛại Be̱jivianak̓ Sanam Lekhare *(Direct Object, inanimate)*

aka... tahe̱n	*-akań Saṗakań tahe̱na.* *Pạhil Ho̱ṛ (Bar Lekha) – saṗakaeliń/lań tahe̱na.* *Pạhil Ho̱ṛ (Saṅge Lekha) - Saṗakaebon/le tahe̱na.*	*-akaeme Saṗakae tahe̱nme.* *Dosar Ho̱ṛ (Bar Lekha) – Saṗakaeben tahe̱na,* *Dosar Ho̱ṛ (Saṅge Lekha) - Saṗakaepe tahe̱na.*	*-akae Saṗakaeye tahe̱na.* *Eṭak̇ Ho̱ṛ (Bar Lekha) - Saṗakaekin tahe̱na,* *Eṭak̇ Ho̱ṛ (Saṅge Lekha) - Saṗakaepe tahe̱na.*	*(i) – saṗakaeye tahe̱na* *(ii) Saṗakaelań tahe̱na,* *(iii) Saṗakaeliń tahe̱na* *(iv) Saṗakaeben tahe̱na.*

Kạmi Kạmiạn sãote Oko Kuṛạị *(Active Voice with Indirect Object)*	Pạhil Ho̱ṛ Miť Lekha *(First Person Singular Number)*	Dosar Ho̱ṛ Miť Lekha *(Second Person Singular Number)*	Eṭak̇ Ho̱ṛ Miť Lekha *(Third Person Singular Number)*	Oko Kuṛạị Be̱jivianak̇ Sanam Lekhare *(Indirect Obj., inanimate)*

aka ... tahen	*akawąliń* sapakawąiń tahena. PH (BL) - akawaťliń tahena. PH (SL) - akawaťle tahena.	-akawaťme Sapakawaťme tahena. DH (BL) - akawaťben tahena. DH (SL) Akawaťpe. tahena.	*-akawae Sapakawaeye tahena.* EH (BL) - *akawaťkin tahena.* EH (SL) - *akawaťko tahena.*	*-akawať Sapakawať tahena.* *Sapakawaťlań/ liń tahena.* *Sapakawaťliń tahena.* *Sapakawaťben tahena.*

Tala Bękąmi Kąmiąn *(Middle/Medium Passive)* reaǩ Kąmi Kąjnum são Sǫdǫr Kuṛąi dǫ *-akan tahen* são beohar nońka hoyoǩa :-

sapakan tahen menaǩa.

Noa sãote Oko Kuṛąi dǫ nońka hoyoǩa :-

sapakawan tahen menaǩa. (Indirect Object)

Santalire adǫmaǩ nońkan sabadante beohar ńęlakana :-

tahen - *calaolen tahenae.*

tahenkan - *oṛaǩrey tahenkana.*

tahenkan/tahẽkanae - *oṛaǩrey tahenkan tahẽkanae.*

tahen lągiť - *tahen lągiť dǫ bąń calaǩkana.*

5. **Bęṭhikąn Gǫtǫ Ǫktę/Bęṭhikąn Bępuṛąu Ǫktę** ***(Indefinite Imperfect Tense)*** – Okaṭaǩ Kąjnum reaǩ rup hǫtęte parǫmakan Ǫktę reaǩ bępuṛąu kąmie ląieťkan, onage Bęṭhikąn Gǫtǫ Ǫktę/ Bęṭhikąn Bępuṛąu Ǫktę *(Indefinite Imperfect Tense)* dǫko metaǩa. Noa Ǫktę reaǩ buṭą *(root)* Kąjnum rupre ***-eť'*** *tahẽkan* Kąjnum Tayǫm Joṛao *(Tense Suffix/Verbal Suffix)* lagaoǩkana. Ar ona reaǩ oprom cinhą dǫ ***-eť'*** *tahẽkan* kana. Noa reaǩ pąrtul

dọ latarre ẹmọgọk̇kana :-

Kạmi Kạmiạn *(Active Voice)*	Kạmi Kạmiạn sãote Oko Kuṛại *(Active Voice with Indirect Object)*	Tala Bẹkạmi Kạmiạn *(Middle & Passive)*	Apnartẹt̉ *(Reflexive)*
ńamẹt̉ tahẽ̱kana – Ot̉e ńamẹt̉ tahẽ̱kana. *Unie kạmiet̉ tahẽ̱kana.*	*ńamẹt̉ tahẽ̱kana – Ot̉e ńamaekan tahẽ̱kana.* *Unie kạmiaekan tahẽ̱kana.*	*ńamọk̇kan tahẽ̱kana – Ot̉ ńamọk̇kan tahẽ̱kana.* *Kạmik̇kan tahẽ̱kana.*	*Ńamjọṅkan tahẽ̱kana - Bạhui ńamjọṅkan tahẽ̱kana.* *Unie kạmijọṅkan tahẽ̱kana.*

6. **Ṭhikạn Gọtọ Ọktẹ/Ṭhikạn Bẹpuṛạu Ọktẹ** ***(Definite Imperfect Tense)*** – Okaṭak̇ Kạjnum reak̇ rup họtẹte nit macha parọmen Ọktẹ reak̇ sọmọe babọtre baḍaeok̇kan, onage Ṭhikạn Puṛạu Ọktẹko metak̇kana. Noa họtẹte dọ nit macha ńõ̱k̇ge kạmie reak̇ bẹpuṛạu rupre hoyok̇kan tahẽ̱kana. Noa Ọktẹ reak̇ Kạjnum rup reak̇ buṭạre *(root) -ẹt̉kan tahẽ̱kan* Ọktẹ cinhạ sẹ Kạjnum Tayọm Joṛao *(Tense Sign or Verbal Suffix)* lagaok̇kana. Noa reak̇ oprom cinhạ dọ *-ẹt'kan tahẽ̱kan* kana. Noage beste bujhạu lạgit̉ latarre ẹmọgọk̇kana :-

Kạmi Kạmiạn *(Active Voice)*	Kạmi Kạmiạn são Oko Kuṛại *(Active Voice with Indirect Object)*	Tala Be̱kạmi Kạmiạn *(Middle & Passive)*	Apnarte̱t́ *(Reflexive)*
ńe̱le̱t́kan tahẽ̱kana. *Hoṛoe ńe̱le̱t́kan tahẽ̱kana.* *Gidrại be̱ṅge̱t́aekan tahẽ̱kana.*	*ńe̱la ...kan tahẽ̱kana.* *Gidrại ńe̱laekan tahẽ̱kana.* *Gidrại be̱ṅge̱t́aekan tahẽ̱kana.*	*ńe̱lo̱k̓kan tahẽ̱kana.* *Buru ńe̱lo̱k̓kan tahẽ̱kana.* *Gidrại ńe̱lo̱k̓kan tahẽ̱kana.*	*Ńe̱ljo̱ṅkan tahẽ̱kana.* *Burui ńe̱ljo̱ṅkan tahẽ̱kana.* *Gidrại ńe̱ljo̱ṅkan tahẽ̱kana.*

7. **Nit Paro̱men O̱kte̱** ***(Recent Past Tense)*** – Kạjnum reak̓ okaṭak̓ rup ho̱te̱te nit paro̱men O̱kte̱ reak̓ so̱mo̱e babo̱t bạḍaeok̓kan, onage Nit Paro̱men O̱kte do̱ko metak̓a. Kạjnum reak̓ buṭạ rupre -*ke̱t́* tayo̱m joṛao metak̓me O̱kte̱ cinhạ se̱ Kạjnum Joṛao *(Tense Sign/Verbal Suffix)* lagaok̓kana. Noa reak̓ oprom cinhạ do̱ -*ke̱t́* kana. Noa reak̓ pạrtul latarre e̱mo̱go̱k̓kana :-

Kạmi Kạmiạn *(Active Voice)*	Kạmi Kạmiạn são Oko Kuṛại *(Active Voice with Indirect Object)*	Tala Be̱kạmi Kạmiạn *(Middle & Passive)*	Apnarte̱t́ *(Reflexive)*

ńe̱lke̱t’a -	*ńe̱lat’ ... a*	*ńe̱lena -*	*ńe̱lana -*
Uni do̱ melae ńe̱lke̱t’a (keda). *Uni do̱ khe̱te sike̱t’a (keda).*	*Gidrại ńe̱ladea.* *Uni do̱ khe̱te siadea.*	*Gidrại ńe̱lena.* *Khe̱t siyena.*	*Gidrại ńe̱lana/ bạhui ńe̱lana.* *Khe̱te siyana.*

8. **Caba O̱kte̱** ***(Anterior Past Tense)*** – Kạjnum reak̇ okaṭak̇ rup ho̱ṭe̱te paro̱men o̱kte̱ reak̇ so̱mo̱ere hoelen reak̇ kathae baḍae ocoeṫkana, onage Caba O̱kte̱ *(Anterior Past Tense)* do̱ko metak̇a. Kạjnum reak̇ buṭạ rupre *-le̱t’* tayo̱m joṛao, metak̇me o̱kte̱ cinhạ se̱ Kạjnum Joṛao *(Tense Sign/Verbal Suffix)* lagaok̇kana. Noa reak̇ oprom cinhạ do̱ ***-le̱t’*** kana. Noa bujhạu lạgiṫ latarre pạrtul e̱mo̱go̱k̇kana :-

Kạmi Kạmiạn *(Active Voice)*	Kạmi Kạmiạn são Oko Kuṛai *(Active Voice with Indirect Object)*	Tala Be̱kạmi Kạmiạn *(Middle & Passive)*	Apnarte̱ṫ *(Reflexive)*
ńe̱lle̱t’a -	*ńe̱lat’a*	*ńe̱lana -*	*ńe̱lana -*
Tạrup̣e ńe̱lledea. *Oṛak̇e ńe̱lle̱t’a.* *Ipile ńe̱lledea.*	*Tạrup̣e ńe̱ladea.* *Oṛak̇e ńe̱lada.* *Ipile ńe̱ladea.*	*Oṛak̇ ńe̱lena.* *Tạrup̣e ńe̱lena.* *Ipile ńe̱lena.*	*Oṛak̇e ńe̱lana.* *Tạrup̣e ńe̱lana.* *Ipile ńe̱lana.*

9. **Laha Paro̱men O̱kte̱** ***(Anterior Pluperfect Tense)*** – Kạjnum reak̇ okaṭak̇ rup ho̱ṭe̱te paro̱men o̱kte̱ reak̇ ghoṭna hoelen

tahẽkan reak̓ somoe babote lạiet̓kan, onage Laha Paromen Okte *(Anterior Pluperfect Tense)* doko metak̓a. Noa okte reak̓ kạjnum buṭạre *-let̓ tahẽkan* kạjnum tayom se Okte Tayom Joṛao *(Verbal suffix/tense suffix)* lagaok̓kana. Noa reak̓ oprom cinhạ do *-let̓ tahẽkan* kana. Noa leka :-

Kạmi Kạmiạn *(Active Voice)*	Kạmi Kạmiạn sãote Oko Kuṛại *(Active Voice with Indirect Object)*	Tala Bekạmi Kạmiạn *(Middle & Passive)*	Apnartet̓ *(Reflexive)*
ńellet̓ tahẽkana. *Unie idilet̓ tahẽkana.* *Unie ajolet̓ tahẽkana.*	*ńelakawat̓ ... tahẽkana.* *Unie idiakawade tahẽkana.* *Unie ajoakawade tahẽkana.*	*ńellen tahẽkana.* *nahel idilen tahẽkana.* *Ona ajolen tahẽkana.*	*ńelakawan tahẽkana.*

10. **Puraụen Okte *(Perfect Tense)*** – Kạjnum reak̓ oka rup hotete nit machage hoeakan Paromen Okte reak̓ somoe babote lạiet̓kan, onage Puraụen Okte doko metak̓kana. Noa Okte reak̓ Kạjnum buṭạre ***-akat'*** Tayom Joṛao *(Suffix)* lagaok̓a. Noa reak̓ oprom cinhạ do ***-akat'*** kana. Noa reak̓ pạrtul latarre emogok̓kana :-

Kạmi Kạmiạn *(Active Voice)*	Kạmi Kạmiạn sãote Oko Kuṛại *(Active Voice with Indirect Object)*	Tala Bekạmi Kạmiạn *(Middle & Passive)*	Apnartet̓ *(Reflexive)*

ńe̱lakaťa - Oṛak̓e ńe̱lakaťa. ńamaťa. ńamakadea.	ńe̱lakawať - a. Oṛak̓e ńe̱lakawadea. nukrie ńamakaťa. Bạhui ńamakawadea.	ńe̱lakana. Oṛak̓ ńe̱lakana. Bạhui ńamakana.	ńe̱lakawan. Oṛak̓e ńe̱lakawana. Bạhui ńamakawana.

11. **Hạli Paro̱men O̱kte̱** ***(Recent Pluperfect Tense)*** – Kạjnum reak̓ oka rup ho̱te̱te Paro̱men O̱kte̱ reak̓ hoe cukạuen reak̓ so̱mo̱e babo̱te lạieťkan, onage Hạli Paro̱men O̱kte̱ *(Recent Pluperfect Tense)* do̱ko metak̓kana. Noa O̱kte̱ *(Tense)* reak̓ kạjnum buṭạre *-akať tahẽ̱kan* Kạjnum Tayo̱m Joṛao *(Verbal Suffix/Tense Suffix)* lagaok̓kana. Noa reak̓ oprom cinhạ do̱ *-akať tahẽ̱kan* kana. Noa reak̓ pạrtul latarre e̱mo̱go̱k̓kana :-

Kạmi Kạmiạn *(Active Voice)*	Kạmi Kạmiạn sãote Oko Kuṛại *(Active Voice with Indirect Object)*	Tala Be̱kạmi Kạmiạn *(Middle & Passive)*	Apnarte̱ť *(Reflexive)*
ńe̱lakať tahẽ̱kana. *Oṛak̓e ńe̱lakať tahẽ̱kana.* *Unie sap̓akať tahẽ̱kana.*	*ńe̱lakawať ... tahẽ̱kana.* *Oṛak̓e ńe̱lakawade tahẽ̱kana.* *Unie sap̓akawade tahẽ̱kana.*	*ńe̱lakan tahẽ̱kana.* *Oṛak̓ ńe̱lakan tahẽ̱kana.* *Unie ńe̱lakan tahẽ̱kana.*	*ńe̱lakawan tahẽ̱kana.* *Oṛak̓e ńe̱lakawan tahẽ̱kana.* *Unie ńe̱lakawan tahẽ̱kana.*

12. **Laha O̱kte̱** ***(Anterior Tense)*** – Kạjnum reak̓ oka rup ho̱te̱te Bhạbiso̱t & Paro̱men O̱kte̱ reak̓ so̱mo̱e babo̱t miť dhaotey lạieťkana, jãhãnak̓ kạmie lahare arhõ miťte̱n kạmi lahae

reak̇ katha baḍae lahak̇ katha baḍaeok̇kan, onage Laha Ọktẹ *(Anterior Tense)* do̲ko metak̇kana. Noa reak̇ buṭạ kạjnumre *-le* tayo̲m joṛao tahe̲nkana. Noa reak̇ oprom cinhạ do̲ *-le* kana. Noa rup reak̇ pạrtul do̲ latarre e̲mo̲go̲k̇kana :-

Kạmi Kạmiạn *(Active Voice)*	Kạmi Kạmiạn sãote Oko Kuṛạị *(Active Voice with Indirect Object)*	Tala Be̲kạmi Kạmiạn *(Middle & Passive)*	Apnarte̲t̓ *(Reflexive)*
ńe̲llea.	-	*ńe̲llena.*	-
o̲ho̲e ńe̲llea.	-	*o̲ho̲ ńe̲llena.*	-
o̲ho̲ń saṗlea.	-	*o̲ho̲ń saṗlena.*	-
o̲ho̲ń dallea.	-	*o̲ho̲ń dallena.*	-
o̲ho̲m dallea.	-	*o̲ho̲m dallena.*	-
o̲ho̲m silea.		*o̲ho̲m silena.*	-

13. **Ghoṭna Ọktẹ** ***(Accidental Tense)*** - Ọktẹ reak̇ noa rup ho̲te̲te nitok̇ hoen ghoṭna babo̲te lạiet̓kana. Noa do̲ Nit Paro̲men Ọktẹ metak̇me *Recent Past* reak̇ge eṭak̇ rup kana. Me̲nkhan ghoṭna do̲ banarge so̲mangea. E̲ke̲n noa reak̇ Kạjnum buṭạre ***-ken*** tayo̲m joṛao lagaok̇a. Hanare do̲ ***-ke̲t̓*** niạge noakinre do̲ begar menak̇a ar noa reak̇ oprom cinhạ do̲ ***-ken*** kana, pạrtul :-

(i) *Jo̲mken ńũken, ce̲t̓ ado̲ no̲ṇḍe̲ do̲pe ńamkana?*

(ii) *Jo̲mken ńũken, no̲ṇḍe̲ ạsur mạṇḍur ce̲t̓ ado̲ menak̇pegea?*

(iii) *Jo̲mken ńũken, papaṛdaṅe giticakana, ac̓ kathae jãhãn kạmi baṅ leka.*

ẠKIL BHAŃJAO - 4

A. Ṭọyọt'kate jobab ẹmọk̇me :-

1. Santali Beakọrọn lekate Ọkte̱ dọ tinạk̇ gọṭẹċa?

   (a) 10 (b) 11 (c) 13 (d) 12 (e) Noako modre oka hõ baṅ.

2. *"a"* dọ oka Ọkte̱ reak̇ oprom cinhạ kana?

   (a) Ṭhikạn Hạli Ọkte (b) Sadharọn & Bhạbisọt Ọkte̱

   (c) Hạli Parọmen Ọkte̱ (d) Ghoṭna Ọke̱

   (e) Noako modre oka hõ baṅ.

3. *"Oṛak̇iń ńe̱la."* Noa dọ oka Ọkte̱ reak̇ ayat kana?

   (a) Sadharọn & Bhạbisọt Ọkte (b) Caba Ọkte̱

   (c) Purạuen Ọkte̱ (d) Nit Parọmen Ọkte̱

   (e) Noako modre oka hõ baṅ.

4. *"**-et'**"* dọ ọka Ọkte̱ reak̇ oprom cinhạ kana?

   (a) Purạuen Ọkte̱ (b) Hạli Parọmen Ọkte̱

   (c) Bẹṭhikạn Hạli Ọkte̱ (d) Nit Parọmen Ọkte̱

   (e) Noako modre oka hõ baṅ.

5. *"ńe̱le̱t'a."* Noa dọ oka Ọkte reak̇ ayat hạṭiń kana?

   (a) Bẹṭhikạn Hạli Ọkte (b) Sadharọn & Bhạbisọt Ọkte̱

   (c) Hạli Parọmen Ọkte̱ (d) Ghoṭna Ọkte̱

   (e) Noako modre oka hõ baṅ.

6. Ṭhikạn Hạli Ọkte̱ reak̇ oprom cinhạ dọ okaṭak̇ kana?

   (a) et' (b) e̱t'kan (c) et' tahẽkan (d) ket'

   (e) Noako modre oka hõ baṅ.

7. *"Oṛak̇e* ***ńe̱le̱t'kana.***" Noa ayat dọ okaṭak̇ Ọkte̱ reak̇ kana?

   (a) Ṭhikạn Hạli Ọkte̱ (b) Ghoṭna Ọkte̱

   (c) Bẹṭhikạn Hạli Ọkte

(d) Sadharon & Bhạbisot Oktẹ

(e) Noako modre oka hõ baṅ.

8. "***Aka ... tahenkana.***" Noa dọ okaṭak̓ Oktẹ reak̓ oprom cinhạ kana?

(a) Lagatar Calak̓ Oktẹ (b) Caba Oktẹ (c) Purạuen Oktẹ

(d) Nit Paromen Oktẹ (e) Noako modre oka hõ baṅ.

9. "***Sap̓akae tahenme.***" Noa ayat dọ okaṭak̓ Oktẹ reak̓ kana?

(a) Ṭhikạn Hạli Oktẹ (b) Ghoṭna Oktẹ (c) Lagatar Calak̓ Oktẹ

(d) Nit Paromen Oktẹ (e) Noako modre oka hõ baṅ.

10. "***-et' tahẽkan***" dọ oka Oktẹ reak̓ Kạjnum (Oktẹ) joṛao kana?

(a) Ṭhikạn Hạli Oktẹ b) Beṭhikạn Goto Oktẹ

(c) Purạuen Oktẹ (d) Nit Paromen Oktẹ

(e) Noako modre oka hõ baṅ.

11. "***-et'kan tahẽkan***" dọ okaṭak̓ Oktẹ reak̓ Kạjnum Tayom Joṛao kana?

(a) Ṭhikạn Goto Oktẹ (b) Sadharon & Bhạbisot Oktẹ

(c) Hạli Paromen Oktẹ (d) Ghoṭna Oktẹ

(e) Noako modre oka hõ baṅ.

12. "***Hoṛoe ńelet'kan tahẽkana.***" Noa ayat dọ okaṭak̓ Oktẹ reak̓ ayat kana.

(a) Ṭhikạn Hạli Oktẹ (b) Ghoṭna Oktẹ (c) Ṭhikạn Goto Oktẹ

(d) Sadharon & Bhạbisot Oktẹ (e) Noako modre oka hõ baṅ.

13. "***Uni dọ melae ńelket'a.***" Noa ayat reak̓ "***ket'***" dọ okaṭak̓ Oktẹ reak̓ Oktẹ Tayom Joṛao kana?

(a) Ṭhikạn Hạli Oktẹ (b) Ghoṭna Oktẹ (c) Beṭhikạn Hạli Okte

(d) Nit Paromen Oktẹ (e) Noako modre oka hõ baṅ.

14. "***Uni dõ̱ bae ńẹllẹt'a.***" Noa ayat reak̇ "***lẹt'***" dọ okaṭak̇ Q̱ktẹ reak̇ Q̱ktẹ Tayọm Joṛao kana?

(a) Caba Q̱ktẹ (b) Ghoṭna Q̱ktẹ (c) Bẹṭhikạn Hạli Q̱kte

(d Sadharọn & Bhạbisọt Q̱ktẹ (e) Noako modre oka hõ̱ baṅ.

15. "***Unie idilẹt' tahẽ̱kana.***" Noa ayat reak̇ "***lẹt' tahẽ̱kan***" dọ okaṭak̇ Q̱ktẹ reak̇ Q̱ktẹ Tayọm Joṛao kana ?

(a) Ṭhikạn Hạli Q̱ktẹ (b) Ghoṭna Q̱ktẹ (c) Laha Parọmen Q̱ktẹ

(d) Ghoṭna Q̱ktẹ (e) Noako modre oka hõ̱ baṅ.

16. "***akat'***" dọ okaṭak̇ Q̱ktẹ reak̇ Q̱ktẹ Tayọm Joṛao kana?

(a) Puṛạuen Q̱ktẹ (b) Ghoṭna Q̱ktẹ (c) Bẹṭhikạn Hạli Q̱kte

(d) Nit Parọmen Q̱ktẹ (e) Noako modre oka hõ̱ baṅ.

17. "***Oṛak̇e ńẹlakat' tahẽ̱kana.***" Noa ayat reak̇ "***akat' tahẽ̱kan***" dọ okaṭak̇ Q̱ktẹ reak̇ Q̱ktẹ Tayọm Joṛao kana?

(a) Ṭhikạn Hạli Q̱ktẹ (b) Ghoṭna Q̱ktẹ (c) Hạli Parọmen Q̱ktẹ

(d) Ghoṭna Q̱ktẹ (e) Noako modre oka hõ̱ baṅ.

18. "***Q̱họe ńẹllea.***" Noa ayat reak̇ "***le***" dọ okaṭak̇ Q̱ktẹ reak̇ Q̱ktẹ Tayọm Joṛao kana?

(a) Laha Q̱ktẹ (b) Sadharọn & Bhạbisọt Q̱ktẹ

(c) Hạli Parọmen Q̱ktẹ (d) Ghoṭna Q̱ktẹ

(e) Noako modre oka hõ̱ baṅ.

19. "***Jọmken ńũken, cẹt' adọ nọṇḍẹ dọpe ńamkana?***" Noa ayat reak̇ "ken" dọ okaṭak̇ Q̱ktẹ reak̇ Q̱ktẹ Tayọm Joṛao kana ?

(a) Ṭhikạn Hạli Q̱ktẹ (b) Hạli Parọmen Q̱ktẹ (c) Ghoṭna Q̱ktẹ

(d) Sadharọn & Bhạbisọt Q̱ktẹ (e) Noako modre oka hõ̱ baṅ.

B. Olkate jobab emokme :-

1. Santali Beakoronre oka okako kana Okte *(Tense)* do? Ona reaḱ ńutum lạime.
2. Santali reaḱ sanam Okteko *(Tense)* reaḱ bean *(definition)* lạime.

5

KẠMIẠN
(VOICE)

Kạmiạn dọ onageko metak̓a, okaṭak̓ sabad hotẹte kạmiyic̓ jãhãn kạmi ac̓tẹt̓tegey kạmiet̓kan baḍaeok̓kan. Kạmiạn dọ Iṅgrạjite *Voice*ko metak̓a ar kạmiyic̓ sẹ kạmiạ dọ Iṅgrạjite dọ *Subject*ko metak̓a. Nọṇḍẹ kạmiyic̓ge jãhãn kạmi reak̓ katha baḍaeok̓kana, jeleka – *Họpna dọe siạk̓kana.* Noa ayatre *Họpna* dọe kạmiyic̓ sẹ kạmiạ kana. Ar uni dọ ac̓tẹt̓tege siạk̓ reak̓e kạmikana. *Họpna* ac̓tẹt̓tegey kạmikan iạte *Kạmiạn* hoyena. Eṭak̓ hoṛ hotẹte dọ bae kạmi ocoeda ar ona kạmi hõ ac̓te dọ baṅ kạmik̓kana.

Adọm jọkhẹc̓ Kạmiạn dọ Tala Bẹkạmi *(Middle Passive)* lekae kạmia ar adọm jọkhẹc̓ dọ bẹkạmi *(passive)* leka hõe kạmia. *Middle Passive* dọ Santali lạgit̓ dọ Tala Bẹkạmi Ńutum dọhọakana. Ẹnte Santali lạgit̓ noa sabad reak̓ jugut sabad *(terminology)* bạnuk̓a.

Kạmiạn *(Voice)* babọtre noṅka hõ mẹnọgọk̓a je tinre Kạjnum judi Jọs Kạjnum *(Transitive)* lekae kạmia ar onare Kuṛại *(Object)* tahẹnkhan, tọbẹ ona dọ Kạmi Kạjnum *(Active Voice)* hoyok̓a. Ar judi Kạjnum Bẹjọs Kạjnum lekae kạmikhan, ona dọ Tala Bẹkạmi *(Middle Passive)* ar Bẹkạmi *(Passive)* Kạmiạnko metak̓a. Noakin lạgit̓ jãhãn kẹṭẹc̓ niạm dọ bạnuk̓a.

Kạmiạn dọ pẹ lekana ar ona dọ noa leka :-

1. Kạmi Kạjnum *(Active Voice)*

2. Tala Bẹkạmi Kạjnum *(Middle Passive Voice)*

3. Bẹkạmi Kạjnum *(Passive Voice)*

Nonde mit mitte joto reak bibron emogokkana :-

1. **Kami Kajnum** ***(Active Voice)*** – Okatak sabad hotete kamiyic acgey kamiet reak katha badaeokkan, onage Kami Kajnum doko metaka. partul :-

Mohon do ule jometkana.

Noa ayatre *Mohon* jãhãnake kamikana. Jãhãe etak hor hõ bae kami ocoetkoa. Ar ona kami acte kamik reak katha hõ ban badaeokkana. Uni do *ule jomet* reake kamikana. Nonde thoragan ayat partul leka emogokkana :-

(i) *Marsal do khete siakkana.*

(ii) *Sagen do puthie parhaoeda.*

(iii) *Munsi do babere dheraetkana.*

(iv) *Upal do orake dapetkana.*

Adom jokhec nonka aikauka je ban do Kami Kajnum kan ar ban do Tala Bekami Kajnum kan. Noa talare cet begar hõ ban bujhau hodoka. Noakin benegar badae lagit oprom cinha do niage je Kami Kajnumre ayat tahenkhan, onare do kom se kom mitten Kurai *(Object)* do tahengea. Ona kami reak jo do kurairege paraoka. Acre (Kamia-*Subject*) do ban paraoka, jeleka *ul* do kurai kana. Ar *Mohon* do ona ule jometkana. *Mohon* hotete ona ul jomogok reak kami do ulre paraokkana. Ona reak motlob do noa kana je *Mohone* jometkana. Metakmey kamietkana. Beakoron reak bhasate jãhãnakge kamikkan, ona do kamirege lekhaka, cahey sahetetkan, cahey bengetetkan, cahey giticakan, cahey ***teljoet'kan***, cahey ***khoket'kan***. Nonde kamiyic hotete jãhãnak kurai jos do paraokkangea. Judi Kamia/ Kamiyic *(Subject)* hotete jãhãnak kamikkankhan ar kamie reak jo do Kamia se Kamiyicrege metakme actetrege paraokkhan, ona do Tala Bekami Kajnum *(Middle Passive)*re puraukkana mente bujhau jarura. Noa reak partul nonde emogokkana :-

(i) *Kạru do̠ puthie paṛhaok̇kana.*

(ii) *Rimil do̠e siạk̇kana.*

(iii) *Bạjun do̠e muṇḍrạk̇kana.*

Noa reak̇ oprom do̠ noage je Kạjnumre *-k̇* ar *–o̠k̇/ok̇* Tayo̠m Joṛao *(Suffix)* tahe̠nkana. No̠ṇḍe̠ paṛhaore do̠ *-k̇*, *si*re do̠ *–o̠k̇/ok̇* ar muṇḍrạre do̠ *-k̇* Tayo̠m Joṛao lagaoakante sidhạ kạmiyiċrege jo̠ do̠ paṛaok̇kana. Ar kạmiạrege paṛaoakan iạte ona do̠ Tala Be̠kạmi Kạjnumko metak̇a.

2. **Tala Be̠kạmi Kạjnum *(Middle Passive Voice)*** - Tala Be̠kạmi Kạjnum do̠ onaṭak̇ko metak̇a, okaṭak̇ ho̠te̠te do̠ kạmiyiċrege kạmi reak̇ jo̠s do̠ paṛaok̇kan. Ar ona Kạjnumre do̠ *–k̇* se̠ *–o̠k̇/ ok̇* ar e̠makan Tayo̠m Joṛao *(Suffix)* tahe̠nkana. Ar Kạjnum do̠ Be̠jo̠s Kạjnum *(Intransitive Verb)* reak̇e kạmiet̔kana, pạrtul :-

(i) *Bahamuni do̠ dakae e̠mo̠k̇kana.*

(ii) *Sime gujuk̇kana.*

(iii) *Parganae kusik̇kana.*

(iv) *Tạrup̔ do̠e ńe̠lo̠k̇kana/ńe̠le̠na.*

(v) *Sukri do̠e poṭorena.*

(vi) *Daka e̠mo̠go̠k̇kana, alope kạumạua.*

No̠ṇḍe̠ bujhạu jạruṛkana je o̠kte̠ lekate *(tense)* *-k̇, -ok̇/o̠k̇, -en, -akan, -len, -len tahẽ̠kana, -akan tahẽ̠kana, -lena* eman Kạjnum Tayo̠m Joṛao *(Suffix)* lagaok̇kana. Iṅgrạjite do̠ *Verbal Suffix*ko metak̇a.

3. **Be̠kạmi Kạjnum *(Passive Voice)*** – Okaṭak̇ Kạjnum lahare *oco* sabad --*k̇* joṛao tahe̠nkan, ona do̠ Be̠kạmi Kạjnumko metak̇a. Kạjnum reak̇ jo̠ do̠ eṭak̇ ho̠ṛ ho̠te̠te aċre purạu se̠ ado̠m jo̠khe̠ċ *ocok̇* Tala Joṛao *(Infix)* ho̠te̠te kạmiạre Kạjnum reak̇ jo̠ do̠ paṛaok̇kana. Ado̠m jo̠khe̠ċ do̠ *oco* mo̠to̠ lagaokate hõ̠ benaok̇gea, pạrtul :-

(i) *Sime go̠ċ ocok̇a.*

(ii) *Sukrie gǫċ ocoakana.*

(iii) *Hǫṛe gǫċ ocoakana.*

(iv) *Mạṅjhi baba hǫtẹte Rabǫne bicạr dusi ocoakana.*

(v) *Gǫċ ocoakan tahẽkanae.*

Noa Kạmiạn reaḱ oprom cinhạ dǫ *ocoḱ* ar *oco* kangea.

Tala Bẹkạmi Kạmiạn : Disạ jạruṛkana je judi Kạjnum reaḱ mucạť harǫp, barea Bẹhạṭiṅõḱ Harǫp reaḱ miť ucrạn *(dipthong)* tahẹnkhan sẹ Kạjnum sabad reaḱ mucạť harǫp Bẹhạṭiṅõḱ Harǫp *(Vowel)* tahẹnkhan ǫtǫṅ-tayǫm *-oḱ* ar *-ḱ* lagaoḱa, jeleka :-

bạḍại + oḱ = bạḍạioḱ *baḍae + oḱ = baḍaeoḱ* *bulạu + oḱ = bulạuoḱ* *saḍe + ḱ = saḍeḱ* *bhage + ḱ = bhageḱ*	} Tala Bẹkạmi Kạmiạn

Kạjnum judi Hạṭiṅõḱ Harǫpre mucạdoḱkhan ẹkẹn *-ǫḱ* mǫtǫge lagaoḱa, jeleka :-

ẹm + ǫḱ = ẹmǫḱ *dam + ǫḱ = damǫḱ* *ńam + ǫḱ = ńamǫḱ*	} Tala Bẹkạmi Kạmiạn

Judi Kạjnum sabad mucạťre kẹcẹť harǫp *-ḱ, -ċ, -ť, -ṗ* tahẹnkhan ar mul Kạjnum lekae kạmikhan ar judi *-oḱ* lagaolenkhan *-ḱ* dǫ -gre, *-ċ* dǫ *–j*re, *-ť* dǫ *-d*re ar *-ṗ* dǫ ***-b***re bǫdǫlkate Tala Bẹkạmi Kạjnum benaoḱkana, jeleka :-

ẹmǫḱ + ǫḱ = ẹmǫgǫḱ *mucạť + ǫḱ = mucạdǫḱ* *mẽť + ǫḱ = mẽdǫḱ* *saṗ+ ǫḱ = sabǫḱ*	} Tala Bẹkạmi Kạmiạn

Ado̱mak̇ Kạjnumre bar dhao *-o̱k̇* lagaok̇kana, ona do̱ noṅka *-ok̇+-ok̇* se̱ *-o̱k̇+-o̱k̇* se̱ *-k̇+-o̱k̇* se̱ *-k̇+-ok̇* lagaokate *-o̱go̱k̇, -ogok̇, -go̱k̇, -gok̇*re bo̱do̱lo̱k̇kana, jeleka :-

e̱m +o̱k̇ = emo̱k̇+o̱k̇ = e̱mo̱go̱k̇ (o̱go̱k̇)	Tala Be̱kạmi Kạmiạn
ṅe̱l +o̱k̇ = ṅe̱lo̱k̇+o̱k̇ = ṅe̱lo̱go̱k̇ (o̱go̱k̇)	
si +o̱k̇ = siok̇o̱k̇ = sio̱go̱k̇	
hoe +ok̇ = hoeok̇+ok̇ = hoeo̱go̱k̇ (o̱go̱k̇)	
ucrạn+o̱k̇= ucrạno̱k̇	
ucrạno̱k̇ +o̱k̇ = ucrạno̱go̱k̇ (o̱go̱k̇)	

Noṅkate hõ̱ Kạjnumre lagao lekhaċ Tala Be̱kạmi Kạjnum benao daṛeak̇a.

Jo̱to̱ O̱kte̱re *(Tense)* do̱ noṅka hoyok̇a :-

O̱kte̱ (Tense)	Kạmi Kạmiạn (Active Voice)	Kạmi Kạmiạn são Oko Kuṛại (Active with Indirect Object)	Tala Be̱kạmi Kạmiạn (Middle Voice)	Be̱kạmi Kạmiạn (Passive Voice)
Sadharo̱n/ Mela & Bhạbiso̱t O̱kte̱	ńama/ńamea (Bạhubo ńamea)	ńamaea (Bạhubon ńamaea)	ńamok̓a, ńamogok̓a, ńamok̓ae (Bạhuko ńamok̓a)	ńam ocok̓a, ńam ocok̓ae (Bạhuko ńam ocok̓a)
Be̱ṭhikạn Hạli O̱kte̱ (Indefinite Present Tense)	ńame̱ťa, ńame̱ťae (Bạhui ńame̱ťa)	ńamaekana (Bạhuko ńamaekana)	ńamok̓kana (Bạhuko ńamok̓kana)	ńam ocok̓kana (Bạhuko ńam ocok̓kana
Ṭhikạn Hạli O̱kte̱ (Definite Present Tense)	ńame̱ťkana/e (Bạhui ńame̱kana)	ńamaekana (Bạhui ńamaekana)	ńamok̓kana, ńamok̓kanae (Bạhui ńamok̓kana)	ńam ocok̓kana/e (Bạhui ńam ocok̓kana)

Ọktẹ **(*Tense*)**	Kạmi Kạmiạn *(Active Voice)*	Kạmi Kạmiạn são Oko Kuṛại *(Active with Indirect Object)*	Tala Bẹkạmi Kạmiạn *(Middle Voice)*	Bẹkạmi Kạmiạn *(Passive Voice)*
Sadharọn/ Mela & Bhạbisọt Ọktẹ	*ńama/ńamea (Bạhubo ńamea)*	*ńamaea (Bạhubon ńamaea)*	*ńamoḱa, ńamogoḱa, ńamoḱae (Bạhuko ńamoḱa)*	*ńam ocoḱa, ńam ocoḱae (Bạhuko ńam ocoḱa)*
Bẹṭhikạn Hạli Ọktẹ *(Indefinite Present Tense)*	*ńamẹťa, ńamẹťae (Bạhui ńamẹťa)*	*ńamaekana (Bạhuko ńamaekana)*	*ńamoḱkana (Bạhuko ńamoḱkana)*	*ńam ocoḱkana (Bạhuko ńam ocoḱkana)*
Ṭhikạn Hạli Ọktẹ *(Definite Present Tense)*	*ńamẹťkana/e (Bạhui ńamẹkana)*	*ńamaekana (Bạhui ńamaekana)*	*ńamoḱkana, ńamoḱkanae (Bạhui ńamoḱkana)*	*ńam ocoḱkana/e (Bạhui ńam ocoḱkana)*

Ṭhikạn Jo̱to̱ O̱kte̱/Ṭhikạn Be̱purạu O̱kte̱ *(Definite Imperfect Tense)*	*ńame̱ť tahẽ̱kana/e (Bạhui ńame̱ť tahẽ̱kana)*	*ńamaekan tahẽ̱kana/e (Bạhui ńamaekan tahẽ̱kana)*	*ńamok̓kan tahẽ̱kana/e (Bạhuko ńamok̓kan tahẽ̱kana)*	*ńam ocok̓kan tahẽ̱kana/e (Bạhuko ńam ocok̓kan tahẽ̱kana)*
Nit Paro̱men O̱kte̱ *(Recent Past Tense)*	*ńamke̱ťa/e (Bạhui ńamke̱ťa)*	*ńamaťa/ńamadea (Bạhu ṭheṅgae ńamadea)*	*ńamena, ńamenae (Bạhui ńamena)*	*ńam ocoenae, ńam ocoena (Bạhui ńam ocoena)*
Laha Caba O̱kte̱ *(Anterior Past Tense)*	*ńamle̱ťa, ńamle̱ťae (Bạhui ńamle̱ťa)*	*ńamaťa, ńamadea (Bạhui ńamadea)*	*ńam/ena, ńam/enae (Bạhui ńamena)*	*ńam ocolena/e (Bạhui ńam ocolena)*
Laha Paro̱men O̱kte̱ *(Anterior Past Perfect Tense)*	*ńamle̱ť tahẽ̱kana/e (Uni do̱ poesae ńamle̱ť tahẽ̱kana)*	*ńamkawade tahẽ̱kanae (Uni dọ bạhui ńamakawade tahẽ̱kana)*	*ńamlen tahẽ̱kana/e (Uni do̱e ńamlen tahẽ̱kana*	*ńam ocolen tahẽ̱kana (Uni do̱e ńamlen tahẽ̱kana)*

Purạuen O̱kte̱ *(Perfect Tense)*	*ńamakať a/e (Uni do̱ poesae ńamakať a)*	*ńamakawadea (Uni do̱ bạhui ńamakawadea)*	*ńamakana (Poesa do̱ ńamakana)*	*ńam ocoakana (Uni do̱e ńam ocoakana)*
Hạli Paro̱men O̱kte̱ *(Recent Pluperfect Tense)*	*ńamakať tahẽ̱kana/e (Uni do̱ rine ńamakať tahẽ̱kana)*	*ńamakawade tahẽ̱kana/e (Uni do̱ caro̱e ńamkawade tahe̱kana)*	*ńamakan tahẽ̱kana/e (Uni poesa do̱e ńamakawan tahẽ̱kana)*	*ńam ocoakan tahẽ̱kana/e (Uni do̱e ńam ocoakan tahẽ̱kana)*
Laha O̱kte̱ *(Anterior Tense)*	*ńam/ea (Iń do̱ o̱ho̱ń ńamlea)*	-	*ńamlena/e (Ať ṭaka do̱ o̱ho̱ ńamlena)*	*ńam ocolena/e (Uni do̱e ńam oco-lena)*
Ghoṭna O̱kte̱ *(Accidental Tense)*	ńamken/ke̱ť (Uni do̱e ńamke̱ť a)	-	-	ńam ocok̓en/ke̱ť (Uni do̱e ať ke̱ť a. Uni do̱e ńam ocokedea)

ẠKIL BHAŃJAO - 5

A. Ṭoyoťkate jobab emoǩme :-

1. *"Bạjune siạǩkana."* Noa do okaṭaǩ Kạmiạn *(Voice)* reaǩ ayat kana.
   (a) Kạmi Kạjnum (b) Bekạmi Kạjnum (c) Tala Bekạmi Kạjnum
   (d) Ehoṗ Kạmi Kạjnum (e) Noako modre oka hõ baṅ.
2. *"Sime goċ ocoǩa."* Noa ayat do okaṭaǩ Kạmian *(Voice)* reaǩ ayat kana?
   (a) Tala Bekạmi Kạjnum (b) Kạmi Kạjnum (c) Bekmi Kjnum
   (d) Mucạť Bekạmi Kạjnum (e) Noako modre oka hõ baṅ.
3. Noakin ayat mod khon Tala Bekạmi Kạjnum do okaṭaǩ kana?
   (a) Sime goċ ocoǩa (b) Sime goċena.
   (c) Noakin modre oka hõ baṅ.
4. Sabadre judi barea Behạṭiṅõǩ Harop reaǩ Miť Ucrạn *(Diphthong)* tahenkhan okaṭaǩ Tayom Joṛao *(Suffix)* lagaoǩa?
   (a) ọǩ/ọǩ (b) eť/eť (c) oǩ/oǩ (d) uǩ/uǩ
   (e) Noako modre oka hõ baṅ.
5. Sabad mucạťre judi miťṭenge Behạṭiṅõǩ Harop tahenkhan okaṭaǩ Tayom Joṛao lagaoǩa?
   (a) ť (b) ċ (c) ṗ (d) ǩ (e) Noako modre oka hõ baṅ.
6. Sabad mucạťre judi Keceť Harop *ǩ, ċ, ť, ṗ* tahenkhan ar mul Kạjnum lekae kạmiekhan tobe *ǩ, ċ, ť, ṗ* do ceťre bodoloǩa?
   (a) s, m, o, l (b) g, j, d, b (c) y, r, l, a (d) f, q, x, z
   (e) Noako modre oka hõ baṅ.
7. *"Bhage"* sabadre okaṭaǩ Kạmiạn *(Voice)* Tayom Joṛao lagao daṛekoǩa?

(a) ċ (b) ť (c) k̇ (d) ṗ (e) Noako modre oka hõ̱ baṅ.

8. *"Baḍae"* sabadre okaṭak̇ Kạmiạn *(voice)* Tayo̱m Joṛao daṛekok̇a?

(a) o̱k̇/ok̇ (b) eť/eť (c) ọk̇/ọk̇ (d) k̇

(e) Noako modre oka hõ̱ baṅ.

9. Judi sabadre bar dhao *o̱k̇* se̱ *ok̇ (- o̱k̇ + ok̇)* Kạmiạn *(voice)* Tayo̱m Joṛao *(suffix)* he̱ċle̱nkhan ona ce̱ťre bo̱do̱lo̱k̇a?

(a) ọgọk̇/ọgọk̇ (b) o̱go̱k̇/ogok̇ (c) eť/eť (d) leť/leť
(e) Noako modre oka hõ̱ baṅ.

10. *"e̱m"* sabadre judi *"o̱k̇"* bar dhao he̱ċle̱nkhan metak̇me *"o̱k̇+o̱k̇"*, to̱be̱ ona do̱ ce̱ťre bo̱do̱lo̱k̇a?

(a) e̱mo̱k̇ (b) e̱mak̇ (c) e̱mo̱go̱k̇ (d) e̱mať

(e) Noako modre oka hõ̱ baṅ.

B. O̱lkate jobab e̱mo̱k̇me :-

1. Beako̱ro̱n lekate Kạmiạn do̱ ce̱ť kana? Pạrtul e̱m tuluċ lạime.
2. Santali beako̱ro̱n lekate Kạmiạn do̱ tinạk̇ go̱ṭe̱ċa? Pạrtul e̱m tuluċ jo̱to̱ reak̇ bean *(definition)* lạime.

6

KẠJNUM-KUṚẠI
(VERBAL OBJECT)

Kạjnum Kuṛạs do noa ịateko metaḱkana, ẹnte Hoṛ Ujnum *(Personal Pronoun)* reaḱ kạṭić rup Oktẹ cinhạ *(tense sign)* tayom Kạjnum *-a* lahare hijuḱkana. Kuṛại judi bẹjivianaḱ sẹ Kạjnumre kuṛạige baṅ tahẹnkhan ẹkẹn Kạjnumge tahẹna.

Noṇḍẹ *ńam* Kạjnumre Kuṛại cẹt́ leka joṛaoḱkana, onabo ńẹla – *ńamenae, ńameae, ńamlińae, ńamleae, ńambenae, ńamkinại, ńampeae, ńamkoae* eman. Noako do ẹkẹn Kạmi Kạjnumre *(Active Voice)* menaḱa.

Kuṛại do bar lekana :–

1. Sodor Kuṛại *(Direct Object)*

2. Oko Kuṛại *(Indirect Object).*

1. Sodor Kuṛại *(Direct Object)* – Sodor Kuṛại okaṭaḱ kana mẹnte bujhạu lạgit́ *okoe* ar *cele, cẹt́* kukli doholekhan, ado jãhãnaḱge jobab ńamoḱ, ona do Sodor Kuṛại kana sẹ Sodor Kuṛạiko metaḱa, jeleka :-

(i) *Bạhuń ńamea.*

Kukli – Celey ńamea?
Jobab – Bạhu
Ona ịate *bạhu* do Sodor Kuṛại kana.

(ii) *Peṛań ńamkedea.*

Kukli – Okoeye ńamkedea?
Jobab – Peṛa
Onate *peṛa* do Sodor Kuṛại kana.

2. Oko Kuṛạị *(Indirect Object)* – Oko Kuṛạị ńam lạgiť *o̱ko̱e lạgiť, cele lạgiť;* kukli do̱ho̱lekhan, noa kuklite jãhãṭak̇ge jobab ńamok̇kan, onage Oko Kuṛạị do̱ko metak̇a, jeleka :-

Bạhuń ńamama.
Kukli – O̱ko̱e lạgiť?
Jobab – Am lạgiť.

Ona iạte ona do̱ Oko Kuṛạị kana. Judi Kuṛạị do̱ jivianak̇ ar Oko Kuṛạị beoharlenkhan Kạjnum tayo̱m Kạjnum cinhạ *-a* lahare hijuk̇a ar ona do̱ Ujnum reak̇ kạṭic̣ rupge tahe̱na, jeleka :-

ńamaeae, ńamạkinae, ńamakoae, ńamabenae eman.

Miťṭe̱n pạrtul :-

Sim sạṇḍiń go̱c̣aťmea/go̱c̣ama eman.

Judi Oko Kuṛạị Be̱jivianak̇ tahe̱nkhan Ujnum *(Pronoun)* bo̱do̱lte *-k̇/-ť* so̱ge̱k̇a, jeleka :–

be̱ṅge̱ťak̇ae, be̱ṅge̱ťaťae, be̱ṅge̱ťadae, be̱ṅge̱ťak̇kan tahẽ̱kana.

Judi Oko Kuṛạị saṅge lekha *(Plural)* tahe̱nkhan **-ť** do̱ -**d**re baṅ bo̱do̱lo̱k̇a, jeleka :– *Oṛak̇koe be̱ṅge̱ťak̇a, burukoe be̱ṅge̱ťaťa* eman.

ẠKIL BHAŃJAO - 6

1. *"Bạhuń ńamea."* Noa do̱ oka kuṛạị reak̇ ayat kana?

   (a) Oko Kuṛạị (b) So̱do̱r Kuṛạị (c) Noakin modre oka hõ̱ baṅ.

2. *"Bạhui ńamama?"* Noa do̱ oka kuṛạị reak̇ ayat kana?

   (a) Oko Kuṛạị (b) So̱do̱r Kuṛạị (c) Noakin modre oka hõ̱ baṅ.

3. Judi Oko Kuṛạị be̱jivianak̇ tahe̱nkhan, Ujnum bo̱do̱lte ce̱ť hijuk̇a?
   (a) k̇ (b) ť (c) c̣ (d) p̣ (e) Noako modre oka hõ̱ baṅ.

B. O̱lkate jobab e̱mo̱k̓me :-

1. Kạjnum Kuṛạị do̱ ce̱t̓ko metak̓a? Pạrtul se̱le̱t̓ lạime.
2. Kuṛạị *(object)* do̱ tinạk̓ go̱ṭe̱c̓a? Jo̱to̱ Kuṛạị reak̓ bean *(definition)* pạrtul se̱le̱t̓ lạime.

7

CHO̱ND
(CASE)

Cho̱nd do̱ onako metak̓kana, o̱ne̱ okaṭak̓ do̱ mit̓ ayat reak̓ mit̓ṭe̱n sabad kho̱n eṭak̓ak̓ sabad são so̱mbo̱nde joṛaoet̓kan. Dosar kathatem me̱nlekhan Cho̱nd do̱ Ńunum se̱ Ujnum ayat reak̓ mit̓ eṭak̓ sabad são so̱mbo̱nde joṛaoet̓kana :-

1. Noa do̱ Ńunum se̱ Ujnum, Kạjnum reak̓ Kạmiạ ruprey kạmiet̓kana.

2. Noa Ńunum se̱ Ujnumge ado̱m jo̱khe̱c̓ do̱ Kạjnum reak̓ Kuṛạị reak̓e kạmiet̓kana.

3. Ado̱m jo̱khe̱c̓ do̱ ho̱ho̱ae *(addressing)* reak̓ ruprey kạmiet̓kana.

No̱ṇḍe̱ mit̓ bar pạrtul beste bujhạu lạgit̓ e̱mo̱go̱k̓kana :-

(i) *Uni* do̱e siạk̓kana.

(ii) Sikạriạ do̱ *jele* go̱c̓kedea./Co̱ro̱n do̱ *khijure* rukukeda.

(iii) *Ho̱pna!* Okare menama?

(iv) Iń lạgit̓ *dạtạuni* ạguime.

(v) Noa sar do̱ *ińak̓* kana.

Cetanre emakan *uni, jel, khijur, Ho̱pna, iń* ar *ińak̓*ko do̱ Ńunum ar Ujnum kana. Noako sanam beste bujhạu lạgit̓ latarre bibro̱n e̱mo̱go̱k̓kana :–

(i) *Uni* – Noa do̱ Ujnum kana. Noa do̱ *si* Kạjnum reak̓ Kạmiạ *(Subject)* kana. Noa do̱ Kạjnum são so̱mbo̱nde joṛaoakada.

(ii) *Jel* – *Jel* do̱ Ńunum kana. Noa do̱ *go̱c̓* Kạjnum reak̓

Kuṛai *(Object)* kana. Noa do *goć* Kạjnum são sombonde joṛaoakada.

(iii) *Khijur – Khijur* do Ńunum kana. Noa *ruku* do Kạjnum reak̕ Kuṛai kana. Noa *ruku* do Kạjnum são sombonde joṛaoakada.

(iv) *Hopna – Hopna* do Ńunum kana. Noa do hohoae katha ruprey kạmiet̕kana.

(v) *Iń* – Noa do Ujnum kana. Noa do *lạgit̕* hotete Oko Kuṛai *(Indirect Object)* ruprey kạmiet̕kana. Noa do *ạgu* Kạjnum reak̕ Oko Kuṛai kana.

(vi) *Ińak̕* - *Iń* do Ujnum kana. Noare *-ak̕* joṛaokate *sar* são sombonde joṛaoakada.

Ńunum ar Ujnum reak̕ do irạl goṭeć Chond menak̕a. Noako mit̕-mit̕tebo ńela. Noa do R. Rosenleṇḍak̕ Beakoron puthi khon umul pańjakate lạiạgok̕kana :–

1. Nij Chond *(Nominative Case)*
2. Jos Chond *(Objective or Accusative Case)*
3. Upkạr Chond *(Instrumental Case)*
4. Salak̕ Chond *(Dative Case)*
5. Begar Chond *(Ablative Case)*
6. Oaris Chond *(Genetive or Possessive Case)*
7. Jaega Chond *(Locative Case)*
8. Hoho Chond *(Vocative Case)*

1. **Nij Chond** – Tinre Ńunum se Ujnum, Kạjnum reak̕ kạmiạ ruprey kạmiet̕kana, tobe noa Ńunum se Ujnum do Nij Chond menogok̕a. Noa beste bujhạu lạgit̕ latarre ayat pạrtul emogok̕kana :–

(a) ***Uni*** do oṛak̕e potaoet̕kana.

(b) Suṛai dọe sisikana.

Nọṇḍẹ *uni* ar *Suṛai* dọ ọtọṅ-tayọm Ujnum ar Ńunum kana. Noakin banar sabad ọtọṅ-tayọm *potao* ar *sisi* reak̇ kạmiạ *(Subject)* ruprey kạmieťkana. Onate *uni* ar *Suṛai* dọkin Nij Chọnd kana. Ńunum/Ujnum dọ Nij Chọnd kana mẹnte *e/y* họtẹte baḍaeok̇kana. -*e* baṅ tahẹnkhan Nij Chọnd dọ baṅ pusṭạuk̇a. Noa reak̇ cinhạ dọ – *e, y, i* kana.

2. **Jọs Chọnd** – Tinre Ńunum *(Noun)* sẹ Ujnum *(Pronoun)* Kạjnum *(Verb)* reak̇ Sọdọr Kuṛạı *(Direct Object)* ruprey kạmieťkana, tọbẹ noa dọ Jọs Chọnd mẹnọgọk̇kana. Noa beste bujhạu lạgiť latarre ayat pạrtul ẹmọgọk̇kana :–

(a) Iń gọgọ dọ *lạḍui* ạgukeda.

(b) Rabọn dọ *dakae* jọmkeda.

(c) Ram dọ setae *dalkedea.*

Nọṇḍẹ *lạḍu* ar *daka* dọ Ńunum kana. Mẹnkhan noare *ạgu* ar *jọm* reak̇ kạmiạ rupre dọ bae kạmieťkana. Bickọm *ạgu* ar *jọm* reak̇ Sọdọr Kuṛạı rup reak̇e kạmieťkana, onate noa dọ Jọs Chọnd kana. (c) nọmbọr jivianak̇ Sọdọr Kuṛạı reak̇ cinhạ *e/y* họtẹte Ujnum sẹ Ńunum dọ Sọdọr Kuṛạı kana mẹnte baḍaeok̇kana. Bẹjivianak̇re -*e* dọ baṅ lagaok̇a. Ona -*e* dọ Sọdọr Kuṛạı reak̇ cinhạ kana. Noa dọ jaoge Kạjnum talare hijuk̇a.

3. **Upkạr Chọnd** – Tinre Ńunum sẹ Ujnum jãhãnak̇ kạmie reak̇ miťṭẹn sapaṗ *(instrument)* ruprey kạmikhan, tọbẹ noa dọ Upkạr Chọndge mẹnọgọk̇a. Noa bujhạu lạgiť latarre ayat pạrtul ẹmọgọk̇kana :–

(a) *Ṭẹṅgọc̓te* sahaniń paṛak̇eťkana.

(b) *Datrọmte* hoṛoń ireťkana/irok̇kana.

Nọṇḍẹ *ṭẹṅgọc̓* ar *datrọm* dọ Ńunum kana. Mẹnkhan noakin Ńunum baṅ dọ kạmiạ rupre ar baṅ dọ Kuṛạı (Sọdọr Kuṛạı) reye kạmieťkan, bickọm noa dọ Sapaṗ *(Instrument)* ruprey kạmieťkana. Noa sapap̍ dǫ *kana* męnte bujhạu lạgiť *-te* Tayǫm Japaǩ *(Postposition)* joṛaokate mane dǫ puṛạu utạroǩkana. Metaǩme *-te/hǫtęte*. Onate noa dǫ Upkạr Chǫnd kana. Noa reaǩ cinhạ dǫ *–te, hǫtęte* kana.

4. **Salaǩ Chǫnd** – Tinre Ńunum sę Ujnum Kạjnum reaǩ Oko Kuṛại ruprey kạmieťkana, tǫbę noa dǫ Salaǩ Chǫnd męnǫgǫǩa. Noa bujhạu lạgiť latarre ayat pạrtul ęmǫgǫǩkana :–

(a) Iń gǫgǫ dǫ *lạḍui* ạguạdińa.

(b) Lǫkhǫn dǫ *oṛaǩe* benaoama.

(c) *Puthi* imạńme.

Nǫṇḍę *lạḍu, oṛaǩ, puthi* dǫ Ńunum kana. Męnkhan Oko Kuṛại dǫ bań kana, bickǫm noa dǫ Sǫdrǫr Kuṛại kana. Cedaǩ ęnte *ạgu* Kạjnum reaǩ kạmi dǫ sidhạ *lạḍure* paṛaoǩkana. Onkage *gǫgǫ, Lǫkhǫn* hǫ̃ Ńunum kangea. Męnkhan kạmiạ reaǩe kạmieťkana, Oko Kuṛại reaǩ dǫ bań. Santalire Oko Kuṛại dǫ Sǫdǫr Kuṛại tayǫmre hijuǩkana. Ar Oko Kuṛại dǫ ęṇḍęge Kạjnum tayǫmre hijuǩkana. Nǫṇḍę *iń, am* ar *iń* dǫ ǫtǫń-tayǫm *ạgu, benao* ar *ęm* reaǩ Oko Kuṛại kana. Ona iạte *iń, am* ar *iń* dǫ Salaǩ Chǫnd kana ar noa dǫ *-ade, -wama/ama, -ạń* hǫ̃tęte pusṭạuǩkana. Noa dǫ *lạgiť* Ńunum/Ujnum kana męnte baḍaeoǩkana. Noa reaǩ cinhạ dǫ *lạgiť* kana.

5. **Begar Chǫnd** – Begar Chǫnd dǫ onako metaǩkana, oka dǫ Ńunum sę Ujnum jãhãnaǩ khǫn begaroǩ sę chaḍaoǩe uduǩeťkan, sę jãhãnaǩ khǫn begaroǩ reaǩe baḍae ocoeťkan. Noa bujhạu lạgiť latarre ayat pạrtul ęmǫgǫǩkana :–

(a) Dare khǫn *sakam* ńũruǩkana.

(b) *Kohṇḍa* dǫ sạṛim khǫn ńũrhạena.

(c) Sǫmae dǫ Sǫm ṭhen khǫn *paesae* pańca ạgukeda.

Nǫṇḍę *sakam, kohṇḍa* ar *paesa* dǫ Ńunum kangea. Męnkhan noa bań dǫ Kạmiạ kan ar bań dǫ Oko Kuṛại kan ar baṅ do Sodor Kuṛai kan. Noa do otoṅ-tayom *dare, sạṛim* ar *Som* khon (ṭhen) begarok̓ reak̓, metak̓me ocogok̓ reak̓ baḍaeok̓kana. Onate *sakam, kohṇḍa* ar *paesa* do Begar Chond kana. Ar noa do *ṭhen khon, khon* hotete pusṭauk̓kana. Noakin hotete Begar Chond kana mente baḍaeok̓kana se pusṭauk̓kana. Noa reak̓ cinhạ do *ṭhen khon, khon* kana.

6. **Oaris Chond** – Tinre Ńunum se Ujnum são jãhãnak̓ sombonde uduk̓et̓kana, tobe ona do Oaris (sombond) Chond menogok̓a, pạrtul :–

(a) *Parkom do iṅak̓ kana.*

(b) *Noko kaḍa doko onkoren kana.*

(c) *Cando doe reṅgeċ hoṛren kana.*

Nonḍe *-ak̓* ar *-ren* hotete barea Ńunum/Ujnum são sombonde joṛaoet̓kana - *Cando* ar *hoṛ*, *parkom* ar *iṅ* ar *kaḍa* ar *onko* talare sombonde benaoet̓kana. Ona iạte noa do Oaris se Sombond Chond menogok̓a.

Nonḍe *cando, parkom* ar *kaḍa* do Ńunum sabad kana. Noa do *iṅak̓, onkoren* ar *reṅgeċ hoṛren* reak̓ sombonde joṛaoet̓kana. Oaris Chond reak̓ cinhạ *-ren* hotete pusṭauk̓kana je Ńunum se Ujnum do Oaris Chond kana mente.

7. **Jaega Chond** – Tinre Ńunum se Ujnum jãhãn jaega reak̓ ṭhại/ṭewan udug lạgit̓ beoharok̓kana, tobe ona do Jaega Chond menogok̓a. Noa bujhạu lạgit̓ latarre ayat pạrtul emogok̓kana :–

(a) Kohṇḍa do *sạṛimre* menak̓a.

(b) Daka do *jhabare* menak̓a.

(c) Hoṛo do *bạihạṛre* menak̓a.

Nonḍe *sạṛim, jhaba* ar *bạihạṛ* do Ńunum kana. Menkhan noa baṅ do Kạmiạ, baṅ do Kuṛai reak̓e kạmikan, bickom noakin sabad do Jaega Chond reak̓e kạmiet̓kana. Noa Jaega Chond lekae kạmie lạgit̓ *-re* Tayom Japak̓ *(Postposition)* lagaok̓kana.

Tobeanecge Jaega Chond kana mente pustaukkana. Ar noa reak cinhạ do *-re* kana. Ona iạte noa do Jaega Chond kana.

8. **Hoho Chond** – Tinre Ńunum se Ujnum do jãhãe hohoae lạgit́ beoharokkana, tobe ona do Hoho Chond menogoka. Noa katha beste bujhạu lạgit́ latarre ayat pạrtul emogokkana :–

(a) *Rạghu!* Onḍe do cet́em cekayeda? Nonḍe hijukme.

(b) Iń ṭhen hijukpe, *ape joto!*

Nonḍe *Rạghu* do Ńunum kana ar *ape joto* do Ujnum kana. Noakin banar sabad bań do Kạmiạ *(Subject)* reake kạmiet́kan ar bań do Kuṛai *(Object)* reakge, bickom noakin banar sabad do Hoho Chond reake kạmiet́kana. Noa cekatebo men daṛekea je noa do Hoho Chond kana? Noa Chondre jãhãe hoṛem hohoaekan ńutum se sạgại sapkate hohoae hoyoka. Jãhãe hoṛem hohoae khan ńutum ńum hoyoka. Noa hohore jãhãeak ńutum ńumlenkhan, tobe ona do Hoho Chond reak lekhaka. Noa reak jãhãn cinhạ do bạnuka.

Chond bujhạu lạgit́ latarre ayat pạrtulbon ńela (Noa do Ńunum dohokate se Ńunum beoharkatebo ńela) :–

(1)*Marsal* doe siạkkana. (Nij Chond)

(2) Cuṇḍạ do *Bạjune* dalkedea. (Jos Chond)

(3) Baṛka do *Rạmu* hotetey dal ocoena. (Upkạr Chond)

(4)Iń do bar suli hoṛo *Upạliń* emadea. (Salak Chond)

(5) Iń do bar suli hoṛo *Sagen* ṭhen khoniń pańca ạgukeda. (Begar Chond)

(6) Noa do *Marsalak* panahi kana. (Oaris Chond)

(7) Iń do *Sagenre* do bạń ṭehaḍakana. (Jaega Chond)

(8) *Arel !* Okare menama? Nonḍe hijukme. (Hoho Chond)

Nitok nonḍe Ujnum *(Pronoun)* reak beohar sanam

Chọndrebo ńẹla :–

(i) *Unie* siạk̇kana. (Nij Chọnd)

(ii) Iń dọ *uniń* dalkedea. (Jọs Chọnd)

(iii)Ṭhili dọ *uni* họtẹte rạput̕ena. (Upkạr Chọnd)

(iv) Iń dọ *uni* paesań ạguadea. (Salak̇ Chọnd)

(v) Iń dọ *uni* ṭhen khọn hoṛoń ạgukeda.(Begar Chọnd)

(vi) Noa oṛak̇ dọ *uniak̇* kana. (Oaris Chọnd)

(vii) Iń dọ *unire* bạń ṭehaḍakana. (Jaega Chọnd)

(viii) *Sagẹn!* Okare menama? Nọṇḍẹ hijuk̇me. (Họhọ Chọnd)

Cetanre ẹmakan *uni* dọ Họhọ Chọnd chaḍakate sanam Chọndre beoharakana. Noa *uni* Ujnum dọ sanam Chọndre menak̇a mẹnte cekatem bujhạua? Noa bujhạu lạgit̕ latarre bibrọn ẹmọgọk̇kana :–

1. *Unie* siạk̇kana – Noare *-e* lagaolenkhan sẹ uni tayọm *dọ* kạmiạ Puk̇rạuak̇ (*Subject Particle)* dọhọkate onare hõ̱ *-e* lagaok̇a. Judi *uni* mọtọ tahẹnkhan *dọ* bań, tọbẹ noa *-e* dọ *uni*re lagaok̇a. Judi uni tayọmre *dọ* tahẹnkhan ar ona tayọm turạ̃tge Kạjnum tahẹnkhan Kạjnum laha reak̇ jãhãṭak̇ sabad kange onare *-e* lagaok̇a. Judi *uni* Ujnum Kạjnume calaoet̕khan, tọbẹ ona dọ Nij Chọnd reak̇ Ujnum lekhak̇a.

2. Iń dọ *uniń* dalkedea – Noa ayat reak̇ *uni* Ujnum sãote Ujnum reak̇ khaṭọ rup *-ń* lagaoakan menak̇a. Noa dọ Kạmiạ tayọm joṛaoakana. Inạkate *dalkedea* sabad *-re* mul sabad *(base word/root word)* dọ *dal* kana. Onare *-kẹt̕* Ọktẹ Tayọm Joṛao *(Tense Suffix)* menak̇a. Inạ tayọmre *-a* Kạjnumanak̇ *(Verbal Suffix/finit-*a) menak̇ iạte *-kẹt̕* reak̇ Kẹcẹt̕ Bẹhạṭińõ̱k̇ Harọp *-t̕* dọ *-d* Tarko Aṛań *(Voiced Consonant)*re bọdọlọk̇a. *-t̕* dọ *-d, -a* Kạjnumanak̇ harọp *(Verbal Suffix/finit-a)* sãote Jivianak̇ Kuṛại *(Animate Object)* hõ̱ hoyok̇ jạruṛkana. Noa *-ege dalkẹt̕* ar

Kạjnumanak̓ Haro̱p *(finite - -*a*) -a* talare he̱c̓kate Kuṛại Tala Joṛao *(Object Suffix)* reak̓e kạmiet̓kana. Onate noa *-e* ho̱te̱te do̱ Jo̱s Cho̱nd kana me̱nteye sạbite̱t̓kana se̱ Jo̱s Cho̱nde benaoet̓kana.

3. Ṭhili do̱ *uni* ho̱te̱te rạput̓ena – Noa ayatre beoharakan *uni* hõ̱ eṭak̓ Cho̱ndre/ayatre beoharakana. Me̱nkhan noa ayatre ona *ho̱te̱te*ge cekate Upkạr Cho̱nd kana me̱ntebo metak̓kana? Noa ayatre ona sabad kankhan Nij Cho̱nd se̱ Jo̱s Cho̱nd do̱ baṅ lekhak̓kana. Noa reak̓ jobab do̱ noage je ona *ho̱te̱te* do̱ ayatre ce̱t̓ lekanak̓e kạmiet̓kana? Noabo baḍaegea je jãhãnak̓ sabad do̱ kạmie dharate ńutumakana. Me̱nkhan no̱ṇḍe̱ noa ayatre do̱ Sapap̓ *(Instrument)* reak̓e kạmikan do̱ *ho̱te̱te* baḍaeok̓kana. Metak̓me Hindi pạrsitem me̱nlekhan noa do̱ **साधन** reak̓e kạmikana. Ar noa Sapap̓ *(Instrument-साधन)* kana me̱nte *ho̱te̱te (-te)* sabad ho̱te̱tey sạbite̱t̓kana. Onate noa *ho̱te̱te* do̱ Upkạr Cho̱nd kana.

4. Iń do̱ *uni* paesań ạguadea – Noa ayatre *-at̓ (-ade)* do̱ Salak̓ Cho̱nd kana me̱nte cekatebo bujhạua? No̱ṇḍe̱ *ạgu* do̱ mul Kạjnum *(base verb/root verb)* kana. Onare *-at̓* do̱ Oko Kuṛại *(Indirect Object)* reak̓ Kạmi Kạjnum *(Active Verb)* reak̓ Kạjnumanak̓ Tayo̱m Joṛao *(Verbal Suffix)* kana. *-at̓* tayo̱mre Kạjnumanak̓ Haro̱p *(finite verb-* a) he̱c̓akante *-at̓* reak̓ *-t̓* Ke̱ce̱t̓ Haro̱p do̱ *-d* Tarko Aṛań *(Voiced Consonant)*re bo̱do̱lena. *-d* do̱ *-at̓* - *-a* talare *-e* Jivianak̓ Kuṛại reak̓ Tayo̱m Joṛao *(Animate Object Suffix)* menak̓ iạte *-t̓* do̱ *-d* re bo̱do̱lkate Jivianak̓ Kuṛại *(Animate Object)* reak̓e kạmiet̓kana, ona iạte *-e* ho̱te̱te *uni* do̱ Salak̓ Cho̱nd kana me̱nte sạbudok̓kana.

Disạ do̱ho̱ – *-e* do̱ Kạmiạ ar Kuṛại *(Subject & Object)* reak̓e kạmi daṛeak̓a. Noa *-e* do̱ banarrege lagaok̓a.

5. Iń do̱ *uni* ṭhen kho̱n hoṛoń ạgukeda – No̱ṇḍe̱ *ṭhen kho̱n* do̱ Begar Cho̱nd reak̓e kạmiet̓kana. Ar noa *ṭhen kho̱n* do̱ Begar Cho̱nd kana me̱nte *ṭhen kho̱n* ho̱te̱te pusṭạuk̓kana. Ona iạte *ṭhen kho̱n* do̱ Begar Cho̱nd kana. Mit̓ ho̱ṛ jãhãe ṭhen kho̱n jãhãnak̓

idie se̱ pharakok̇ se̱ begarok̇ se̱ oco̱go̱k̇ do̱ Begar Cho̱nd reak̇e kạmieťkana. Noa reak̇ cinhạ do̱ *ṭhen kho̱n, kho̱n* kana.

6. Noa oṛak̇ do̱ *uniak̇* kana – Noa ayatre *-ak̇* do̱ Oaris Cho̱nd kana. Noa *uni*re tin hạbiċ *-ak̇* E̱ktiạri Tayo̱m Joṛao *(Possesive of Genetive Suffix)* bań joṛaok̇a, un hạbiċ *uni* do̱ Oaris Cho̱nd reak̇ bae kạmi daṛeak̇a. *-ak̇* ho̱te̱te *uni* do̱ Oaris Cho̱nd kana me̱ntey sạbite̱ťkana. Ona iạte *-ak̇* do̱ Oaris Cho̱nd reak̇ cinhạ kana. Ar *uniak̇* do̱ Oaris Cho̱nd kana.

7. Iń do̱ *unire* bạń ṭehaḍakana – No̱ṇḍe̱ *-re* do̱ Jaega Cho̱nd reak̇e kạmieťkana. *uni* do̱ Jaega Cho̱nd kana me̱nte *-re* ho̱te̱tey pusṭạueťkana. *-re* judi *uni*re bań tahe̱nkhan *uni* do̱ Jaega Cho̱nd lạgiť bae sạbit daṛeak̇a. Ona iạte *uni* do̱ Jaega Cho̱nd kana. Noa reak̇ cinhạ do̱ *-ak̇* kana.

8. *Sage̱n!* Okare menama? No̱ṇḍe̱ hijuk̇me. Se̱ *Henda Sage̱n!* Okare menama? No̱ṇḍe̱ hijuk̇me – Noakin ayatre *Sage̱n* beoharakana. Noa do̱ Ńunum sabad kana. Me̱nkhan noa do̱ bań do̱ Kạmiạ reak̇e kạmieťkan ar bań do̱ Kuṛại reak̇ge, bicko̱m noa do̱ Ho̱ho̱ Cho̱nd reak̇e kạmieťkana. *Sage̱n* do̱ Ho̱ho̱ Cho̱nd kana me̱nte cekatem bujhạua? Noa reak̇ jobab do̱ noage je judi jãhãe ho̱ṛem ho̱ho̱ae khan ńutum do̱m ńumtaegea se̱ sạgại saṗkatem ho̱ho̱ea. Noa ho̱ho̱ se̱ delawaekhan hõ ńutum do̱ ńumok̇gea. Jãhãe ho̱ho̱aege Ho̱ho̱ Cho̱nd kana me̱ntebo bujhạueťkana, ona iạte *Sage̱n* do̱ Ho̱ho̱ Cho̱nd kana.

Cho̱nd reak̇ cinhạ, o̱ne̱ okaṭak̇te do̱ Cho̱nd kana me̱nte bujhạuk̇, ona reak̇ge no̱ṇḍe̱ e̱mo̱go̱k̇kana :–

Cho̱nd	Cinhạ
Nij Cho̱nd	*-e, i, y*
Jo̱s Cho̱nd	*-e/ye*
Upkạr Cho̱nd	*ho̱te̱te/te*

Salak̇ Chon̠d	*-at́, -ade, lạgit́*
Begar Chon̠d	*ṭhen khon̠/khon̠/ṭhe̠ċ kho̠ċ/ṭhe̠ċ khon̠*
Oaris Chon̠d	*-ak̇, -ren, reaṅ, reak̇*
Jaega Chon̠d	*-re, ṭhen*
Ho̠ho̠ Chon̠d	*-E̠ mama!/mamaba* eman … eman.

ẠKIL BHAṄJAO - 7

A. Ṭo̠yo̠t́kate jobab e̠mo̠k̇me :-

1. *"Uni do̠ oṛak̇e potaoet́kana."* Noa ayatre *"uni"* do̠ okaṭak̇ Chon̠d reak̇ sabad kana?

   (a) Salak̇ Chon̠d (b) Ho̠ho̠ Chon̠d (c) Nij Chon̠d

   (d) Upkạr Chon̠d (e) Noako modre oka hõ̠ baṅ.

2. *"Iń go̠go̠ do̠ lạḍui ạgukeda."* Noa ayat reak̇ *"lạḍu"* do̠ okaṭak̇ Chon̠d reak̇ sabad kana?

   (a) Jaega Chon̠d (b) Jo̠s Chon̠d (c) Begar Chon̠d

   (d) Nij Chon̠d (e) Noako modre oka hõ̠ baṅ.

3. *"Ṭe̠ṅgo̠ċte sahaniń paṛak̇e̠t́kana."* Noa ayat reak̇ *"te̠ṅgo̠ċte"* do̠ okaṭak̇ Chon̠d reak̇ sabad kana?

   (a) Nij Chon̠d (b) Jo̠s Chon̠d (c) Salak̇ Chon̠d

   (d) Upkạr Chon̠d (e) Noako modre oka hõ̠ baṅ.

4. *"Iń go̠go̠ do̠ lạḍui ạguạdiṅa."* Noa ayatre okaṭak̇ sabad Oko Kuṛai kana?

   (a) iń (b) go̠go̠ (c) lạḍui (d) ạguạdiṅa

   (e) Noako modre oka hõ̠ baṅ.

5. *"So̠mae do̠ So̠m ṭhe̠n kho̠n paesae paṅca ạgukeda."* Noa ayatre *"So̠m ṭhen kho̠n"* do̠ okaṭak̇ Chon̠d kana?

(a) Nij Chond (b) Jos Chond (c) Begar Chond

(d) Upkạr Chond (e) Noako modre oka hõ bań.

6. *"khon"* do okaṭak̇ Chond reak̇ cinhạ kana?

(a) Jaega Chond (b) Begar Chond (c) Oaris Chond

(d) Salak̇ Chond (e) Noako modre oka hõ bań.

7. *"Noa parkom do ińak̇ kana."* Noa ayat reak̇ "ińak̇" do okaṭak̇ Chond kana?

(a) Begar Chond (b) Jos Chond (c) Nij Chond

(d) Oaris Chond (e) Noako modre oka hõ bań.

8. *"ak̇"* ar *"ren"* do okaṭak̇ Chond reak̇ cinhạ kana ?

(a) Oaris Chond (b) Salak̇ Chond (c) Upkạr Chond

(d) Jos Chond (e) Noako modre oka hõ bań.

9. *"Kohṇḍa do sạṛimre menak̇a."* Noa ayat reak̇ *"sạṛimre"* do okaṭak̇ Chond kana?

(a) Jos Chond (b) Begar Chond (c) Jaega Chond

(d) Oaris Chond (e) Noako modre oka hõ bań.

10. *"re"* do okaṭak̇ Chond reak̇ cinhạ kana ?

(a) Begar Chond (b) Upkạr Chond (c) Salak̇ Chond

(d) Jaega Chond (e) Noako modre oka hõ bań.

11. *"Rạghu! Oṇḍe do cet̓em cekaeda? Noṇḍe hijuk̇me."* Noa ayat reak̇ "Rạghu" do okaṭak̇ Chond reak̇ sabad kana?

(a) Jos Chond (b) Salak̇ Chond (c) Hoho Chond

(d) Oaris Chond (e) Noako modre oka hõ bań.

B. Olkate jobab emok̇me :-

1. Chond do cet̓ kana? Ona reak̇ pạrtul hõ emme.
2. Chond reak̇ joto hạṭińko olkate, ona reak̇ pạrtul hõ em tuluc̓ bean *(Definition)* lạime.

8

SABAD BENAO DHARA REAḱ BE̱KẠMI KUṚẠI REAḱ KẠJNUM *(PERFORMATIVE PASSIVE OR PASSIVE PERFORMATIVE)*

Noa do̱ Kạjnumre be̱niṭ (be̱khạṭi) ar Be̱jo̱s Kạjnum reaḱ Tayo̱m Joṛao *(Indeterminate Medium Suffix)*ko joṛaokate nãwã Kạjnum rup benaoaḱkana. Kạjnum mucạt́re *-o̱ḱ* + *-oḱ* se̱ *(-o̱ḱ+-oḱ)* se̱ *–ḱ* +*-oḱ* se̱ *(-ḱ +-o̱ḱ)* lagaokate *-ogoḱ* se̱ *(-o̱go̱ḱ)*, *-goḱ* se̱ (*-go̱ḱ*) hõ̱ lagaoḱkana. Noa judi Kạjnum mucạt́re Be̱jo̱s Kạjnum Tayo̱m Joṛao *(Medium Suffix) -ḱ* tahe̱n kankhange lagaoḱa se̱ Kạjnum mucạt́re Bar Haro̱panaḱ Mit́ Ucrạn *(Dipthong)* tayo̱mre *-ḱ* he̱ćlenkhan hõ̱, jeleka :–

e̱m kho̱n *e̱mo̱ḱ (-o̱ḱ)* ar *e̱mo̱ḱ* kho̱n *e̱mo̱go̱ḱ (-go̱ḱ)*

hoyoḱkana. *ro̱ṛ* kho̱n *ro̱ṛo̱ḱ*, *ro̱ṛo̱ḱ* kho̱n – *ro̱ṛo̱go̱ḱ,* nạmuna :-

(i) *lạiḱ* kho̱n *lạio̱ḱ*, *lạio̱ḱ* kho̱n *lạio̱go̱ḱ.*

(ii) *ńe̱l* kho̱n *ńe̱lo̱ḱ*, *ńe̱lo̱ḱ* kho̱n *ńe̱lo̱go̱ḱ.*

(iii) *si* kho̱n *sio̱ḱ*, *sio̱ḱ* kho̱n *siạgo̱ḱ.*

(iv) *hoe* kho̱n *hoyoḱ, hoyoḱ* kho̱n *hoyogoḱ.*

(v) *jo̱m* kho̱n *jo̱mo̱ḱ, jo̱mo̱ḱ* kho̱n *jo̱mo̱go̱ḱ*

(vi) *ucrạn* kho̱n *ucrạuḱ*, *ucrạuḱ* kho̱n *ucrạno̱go̱ḱ.*

Cetanre e̱makan Kạjnum rup do̱ Be̱kạmi Kạjnum reaḱ Tayo̱m Joṛao *(Medium Suffix)* kana. Mul Kạjnumre babar dhao thoṛa judạ rup joṛaoakana. Metaḱme *-oḱ* kho̱n *ogoḱ.* Noa *ogoḱ* do̱ dosar dhao benaoen Kạjnum mucạt́re *-ḱ* tahe̱nkhan *o̱go̱ḱ*re bo̱do̱lo̱ḱkana.

ẠKIL BHAŃJAO - 8

A. Ṭo̱yo̱ť'kate jobab e̱mo̱k̇me :-

1. *"e̱m"*re *"o̱k̇"* joṛaokate ce̱ť benaok̇kana?

   (a) emok̇ (b) e̱mok̇ (c) e̱mo̱k̇ (d) emo̱k̇

   (e) Noako modre oka hõ̱ baṅ.

2. *"e̱mo̱k̇"*re *"o̱k̇"* joṛaokate co̱ť benaok̇kana?

   (a) emogok̇ (b) e̱mo̱go̱k̇ (c) emo̱gok̇ (d) emo̱gok̇

   (e) Noako modre oka hõ̱ baṅ.

3. *"jo̱m"*re bar dhao *"o̱k̇"* joṛaolenkhan ce̱ť benaok̇kana?

   (a) jo̱mogok̇ (b) jo̱mo̱gok̇ (c) jo̱mo̱go̱k̇

   (d) jomogo̱k̇ (e) Noako modre oka hõ̱ baṅ.

4. *"hoyogok̇"* reak̇ mul sabad do̱ ce̱ť kana?

   (a) ho̱yo̱k̇ (b) huyuk̇ (c) hoyok̇

   (d) hoeo̱k̇ (e) Noako modre oka hõ̱ baṅ.

5. *"me̱no̱go̱k̇"* reak̇ mul sabad do̱ ce̱ť kana?

   (a) me̱n (b) men (c) man (d) min

   (e) Noako modre oka hõ̱ baṅ.

6. *"ńe̱lo̱go̱k̇"*re ce̱ť ce̱ť Be̱niṭ Kạjnum Tayo̱m Joṛao *(Indeterminate Medium Suffix)* lagaoakana?

   (a) ńel (b) ne̱ (c) ńe̱lo̱ (d) o̱k̇+o̱k̇

   (e) Noako modre oka hõ̱ baṅ.

7. *"lại"*re okaṭak̇ Be̱niṭ Be̱jo̱s Kạjnum Tayo̱m Joṛao lagao daṛeak̇a?

   (a) uk̇ (b) o̱k̇ (c) ok̇ (d) uk̇ (e) Noako modre oka hõ̱ baṅ.

8. *"bạhu"*re okaṭak̇ Be̱niṭ Be̱jo̱s Kạjnum Tayo̱m Joṛao lagao daṛeak̇a?

   (a) ċ (b) ṫ (c) k̇ (d) ṗ (e) Noako modre oka hõ̱ baṅ.

B. O̱lkate jobab e̱mo̱k̇me :-

1. Sabad Benao Dhara reak̇ Be̱kạmi Kuṛại reak̇ Kạjnum do̱ ce̱ṫ kana?

2. Be̱niṭ Be̱jo̱s Kạjnum Tayo̱m Joṛao *(Indeterminate Medium Suffix)* do̱ ce̱ṫ kana? Noa reak̇ pạrtul hõ̱ e̱mme.

9

MIṫ EṬAK̇AK̇ SÃO SO̱MBO̱ND
(THE RECIPROCAL BASE)

1. Noa niąmre Kąjnum sabad talare *-p* haro̱p ade̱rkate nãwã Kąjnum sabad benaok̇kana. Noa *-p* do̱ Miṫ Akho̱ranak̇ Sabad *(Monosyllabic)* ar bar akho̱r kho̱n ḍher Akho̱ranak̇ Sabad *(Disyllabic)* talare lagaok̇kana. Nąmuna – *dal-dapal, racak̇-rapacak̇, guṛdąu-gupuṛdąu, duṛuṗ-dupuṛuṗ, jarwa-japarwa, jaora-japaora eman.*

Miṫ Akho̱ranak̇ Sabad *(Monosyllabic)* reak̇ mo̱tlo̱b do̱ noage – Miṫ dhao inbo̱ro̱ saṛ-sikuṗ ucrąnok̇ miṫ akho̱r, jeleka – *dal.* Noa *dal* sabad do̱ miṫ dhaorege pea haro̱p ucrąn samṭaok̇kana. Ona iątege noa do̱ Miṫ Akho̱ranak̇ Sabadko metak̇kana.

Bar Akho̱ranak̇ Sabad *(Dipthong)* – *dadal.* Noa *dadal* sabad do̱ miṫ dhaore bar akho̱r ucrąnok̇kana, metak̇me pąhilak̇ do̱ *da* ar dosarak̇ do̱ *dal.*

Bar akho̱r kho̱n ḍher Akho̱ranak̇ Sabad *(Polysyllabic words)* – Noare do̱ miṫ sahe̱ṫre barea kho̱n jąsti akho̱r ucrąnok̇ak̇ sabadge, jeleka – *babańcaoiċ.* Noa sabadre do̱ ponea akho̱r ucrąnakana : *ba – bań – cao – iċ.*

Miṫ nąmuna :- *p*

(i) *ńam* kho̱n - *ńapam*

(ii) *dal* kho̱n - *dapal*

(iii) *tuń* kho̱n - *tupuń*

(iv) *re̱ċ* kho̱n - *re̱pe̱ċ*

(v) *lạṛhại* khon - *lạpạṛhại*

(vi) *duṛup̣* khon - *dupuṛup̣*

2. Noa niạm lekate nãwã Kạjnum sabad benaok̓re bar akhoranak̓ sabad hoyok̓kana. Noa *-p* harop sabad talare aderkate pạhil akhor reak̓ harop sãote beoharok̓ Behạṭiṅok̓ Harop *-p* tayomre ar mit̓ dhao baṅ dohṛa arok̓a, jeleka cetan reak̓ pạrtulre dohṛawakan, onka do baṅ suhia, jeleka :-

orom khon *oporom* hoyok̓kana. Menkhan noṅka hoyok̓ do baṅ sạhia. Noa do *orom* khon *oprom* hoyok̓ge sạhia. Ona lekate :–

(i) *bala* khon *bapla* - *bapala* do baṅ

(ii) *daram* khon *dapram* - *daparam* do baṅ

(iii) *duṛup̣* khon *dupṛup̣* - *dupuṛup̣* do baṅ

3. Santali reak̓ adom-adom sabadre *-e, -ạ* se *-i* do Pạhil Akhoranak̓ *(1st Syllable)* tahenkana ar *-o, -o* se *-u* do Dosar Akhoranak̓ tahenkana. Kạjnum sabad reak̓ Dosar Akhor *(2nd Syllable) -p* tayomre roṛogok̓kana se ucrạnok̓kana, jeleka – *eto.* Noa niạm lekate *-e* se *–ạ* do Pạhil Akhor kana *(1st Syllable)* ar *-to* se *-to* do Dosar Akhor *(2nd Syllable)*, ona iạte noa niạm dharate :–

(i) *eto* khon - *epoto*

(ii) *itut̓* khon - *iputut̓*

(iii) *eṛo* khon - *epoṛo*

(iv) *lipuk̓* khon - *lipupuk̓*

(v) *ehop̣* khon - *etohop̣*

(vi) *sikup̣* khon - *sipukup̣*

(vii) *tirup̣* khon - *tipurup̣*

Menkhan jaoge noṅka do baṅ hoyok'kana. Adomak' do noṅka hõ hoyok'kana, jeleka :–

(i) *melot'* khon - *mepelot'*

(ii) *sibor* khon - *sipibor*

(iii) *sirog* khon - *sipirog*

(Noa Kạjnumre Pạhil Harop tayom reak' Beḥạṭiṅõk' Harop são *-p* rorogok'kana.)

4. Kạjnum sabad judi etohop're Bar Haropanak' Mit' Ucrạn *(Dipthong)* tahenkhan tobe *-p* do pạhil Beḥạṭiṅõk' Harop tayomre aderok'kana ar ona tayom Pạhilak' Beḥạṭiṅ Haropan tahenkana ar *-p* tayom reak' Bar Haropanak' Mit' Ucrạnanak' *(Dipthong)* sabad purạ-puri ucrạnok'kana, jeleka :–

(i) *uihạr* khon - *upuihạr*

(ii) *ạulạu* khon - *ạpạulạu*

(iii) *lại* khon - *lạpại*

5. Noaṭak' niạm lekate tinre Kạjnum sabad reak' pạhil Beḥạṭiṅõk' Harop jor emak' Beḥạṭiṅõk' Harop *(Resultant)* tahenkhan menek *-ạ* tahenkhan tobe *-p* aderkate *-p* laha ar tayom reak' Beḥạṭiṅõk' Harop do sadharon Beḥạṭiṅõk' Haropre bodolok'kana, metak'me *-a* re bodolok'kana. Noa do Mit' Akhoranak' *(Monosyllabic)* sabad chaḍakate sanam sabadre hoyok'kana. Noa do Bar Harop Mit' Ucrạnanak' judi etohop're tahenkhan ar Bar Harop Mit' Ucrạnanak' sabad mucạt're *-ại* tahenkhan hoyok'kana. Pạhil do cetan reak' niạmre doho lahalenge, jeleka :–

(i) *ạsul* khon *apasul*

(ii) *tạṅgi* khon *tạpạṅgi* (Noa do cetan reak' niạm do bae paṅjaeda.)

(iii) *pạc* khon *pạpạc*

(iv) *ạulạu* khon *ạpạulạu*

(v) *lạṛhại* khon *lạpạṛhại* eman.

6. Oka *-p* harop Kạjnum talare hẹčkate nãwã Kạjnum benaok̓kan tahẽkan, noa niạm lekate dọ ẹkẹn Kạjnum sabad dọ baṅ benaok̓kana, bickom Ńunumre hẹčkate arhõ Ńunum ar Gunum sabad hõ benaoak̓ana ar Beakoron reak̓ ạn lekate dọ Saṅge Lekha *(Plural)* tahẹnkana. Ar noa sabad dọ mit̓ṭẹn bạisi *(committee)* lekae kạmia sẹ aema hoṛak̓ mit̓ṭẹn gãota leka tahẽkate jãhãnak̓e kạmia, jeleka :–

(i) *raj* khon *rapajko*

(ii) *haṛam* khon *hapṛamko*

(iii) *Kisku raj* khon *Kisku rapajko*

(iv) *Mạṛḍi kisạ̃ṛ* khon *Mạṛḍi kipisạ̃ṛko*

(v) *Mạṅjhi* khon *mapaṅjhiko*

Nạmuna – *"Maraṅ hopon maraṅ kimin, kạpṭičko reak̓ ghạṭ jokhẹč teṅgok̓ hoyok̓takoa."*

(Nonḍẹ *kạṭič* khon *kạpṭič* hoyok̓a. Onkage *gitič* khon *gipitič* hoyok̓a.)

7. Noa *-p*te benaoakan nãwã Kạjnumre Kạjnumanak̓ Tayom Joṛao *(Verbal Suffix)* ar Tayom Japak̓ *(Postposition)* joṛaok̓kana, jeleka –

(i) *-et̓* – ńapam - *ńapamet̓koae. (Verbal Tense Infix)*

(ii) *-ok̓* – ńapam - *ńapamok̓kanako. (Passive Suffix)*

(iii) *-en* – ńapam - *ńapamenae. (Tense Infix)*

(iv) *-re* – ńapam - *ńapamok̓re* cedak̓ bam roṛa? *(Passive Suffix with Case Suffix)*

(v) *-te* – ńapam - Uni *ńapamete* dọ cẹt̓ hoyok̓a? *(Instrumental Suffix)*

8. Noa niạm lekate Miť Akhoranak̇ se Bar Akhoranak̇ *(Monosyllabic)* Kạjnumre *-p* lagaokate nãwã Kạjnum benaok̇kana. Menkhan noa nãwã harop do arhõ miť dhao *-k̇* lagaokate arhõ nãwã Kạjnum benaok̇kana, jeleka :–

Kạjnum	p	k̇	Kạjnum	p	k̇
ńam	*ńapam*	*ńak̇pam*	*ńel*	*ńepel*	*ńek̇pel*
ol	*opol*	*ok̇pol*	*ạsul*	*apasul*	*ak̇pasul*
tạṅgi	*tạpạṅgi*	*tạk̇pạṅgi*	*lạṛhại*	*lạpạṛhại*	*lạk̇pạṛhại*
mak̇	*mapak̇*	*mak̇pak̇*	*ḍạṇḍom*	*ḍapaṇḍom*	*ḍak̇paṇḍom*
daram	*daparam*	*dak̇param*	*goro*	*goporo*	*gok̇poro*
saṗ	*sapaṗ*	*sak̇paṗ*	*ger*	*geper*	*gek̇per*
lại	*lạpại*	*lạk̇pại*	*rak̇*	*rarak̇*	*rak̇rak̇*

ẠKIL BHAŃJAO - 9

A. Ṭoyoť kate jobab emok̇me :-

1. *"p"* do sabadre oka ṭhec̓ lagaok̇kana?

 (a) Sabad ehoṗre (b) Sabad talare (c) Sabad mucạťre

 (d) Noako modre oka hõ baṅ.

2. *"p"* do ceť lekan sabadre lagaok̇kana?

 (a) Kạjnum sabadre (b) Ujnum sabadre (c) Ńunum sabadre

 (d) Gunum sabadre (e) Noako modre oka hõ baṅ.

3. *"p"* lagaokate *"ńam"* do ceť leka hoyok̇a?

 (a) mapaṅ (b) paṅam (c) ńapam (d) ńamap

(e) Noako modre oka hõ baṅ.

4. "*p*" lagaokate "*reċ*" do ceť leka hoyoǩa?

(a) pereċ (b) repeċ (c) cereċ (d) cepeċ

(e) Noako modre oka hõ baṅ.

5. "*goċ*" sabadre "*p*" lagaokate ceť hoyoǩa?

(a) gopoċ (b) copoċ (c) ropoċ (d) sopoċ

(e) Noako modre oka hõ baṅ.

6. "*ạpạulạu*" reaǩ mul sabad do ceť kana?

(a) kạulạu (b) lạuạu (c) ạulạu (d) pạulạu

(e) Noako modre oka hõ baṅ.

7. "*sipukuṗ*" reaǩ mul sabad do ceť kana?

(a) rikuṗ (b) sikuṗ (c) cikuṗ (d) kiruṗ

(e) Noako modre oka hõ baṅ.

8. "*lại*" reaǩ *reciprocal* sabad do ceť hoyoǩa?

(a) pạlại (b) sạlại (c) lạpại (d) khạlại

(e) Noako modre oka hõ baṅ.

B. Olkate jobab emoǩme :-

1. Miť Eṭaǩaǩ São Sombond do ceť kana? Pạrtul seleť lạime.

10

SABAD DOHṚAE DHARA
(THE REPETITIVE BASE)

Noa dhara reak̉ niạm lekate mul Kạjnum bar dhao dohṛakate nãwã Kạjnume benaoet̉kana. Sanam Kạjnumge Kạjnum lekae kạmiet̉kana. Tayo̠m sakamre e̠makan Sabad Benao Dhara *(Performative Base)* ar *-p*te benaoakan Kạjnum reak̉ nãwã Kạjnumko dohṛak̉kana. Noa nãwã Kạjnumre Kạjnumak̉ Tayo̠m Joṛao *(Verbal Suffix)* lagaok̉a. Noa barea Kạjnumte benaoakan dosarak̉ Kạjnumre lagaok̉kana ar Tayo̠m Japak̉ *(Postposition)* hõ̠ dosarak̉ Kạjnumrege lagaok̉kana. Ar noa banar Kạjnum reak̉ mane do̠ baṅ begar begara. Noa Kạjnum reak̉ dosarak̉ Kạjnumrege jạruṛok̉ Tayo̠m Joṛao do̠ lagaok̉a, jeleka :–

(i) *Taṛam-taṛamme.*

(ii) *E̠m e̠mo̠k̉me.*

(iii) *Do̠ho̠ do̠ho̠ke̠t̉ạń.*

(iv) *E̠m e̠mat̉koae.*

(v) *Hạṭiń-hạṭińakawat̉koae.*

(vi) *Baṅ dare dareakana.*

(vii) *Tahe̠n-tahe̠nte.*

(viii) *Duṛup̉-duṛup̉teye laṅgaena.*

(ix) *Bicạr-bicạrteko aṅgaket̉a.*

(x) *Ńam-ńamkat̉koạń.*

(xi) *Se̠n-se̠nkat̉ạń.*

(xii) *Sap̉-sap̉kadeạń;*

(xiii) *Duṛup̉-duṛup̉kat̉ạń.*

ẠKIL BHAŃJAO - 10

A. Ṭoyot'kate jobab emok̇me :-

1. *"taṛam-taṛam"* do cet' dharate benaoakana?
   (a) Sabad laha tayomkate (b) Sabad mucạt'kate
   (c) Sabad Dohae Dharate (d) Sabad ehop̣kate
   (e) Noako modre oka hõ baṅ.

2. *"dãṛã"* reak̇ sabad Dohṛae Dhara reak̇ niạm lekate nãwã sabad do okaṭak̇ sabad hoe daṛeak̇a?
   (a) dãṛãn-dãṛãn (b) dãṛã-dãṛã (c) daṛan-daṛan
   (d) dara-dara (e) Noako modre oka hõ baṅ.

3. *"sen-sen"* reak̇ mul sabad do okaṭak̇ kana?
   (a) nes (b) ken (c) len (d) sen (e) Noako modre oka hõ baṅ.

B. Olkate jobab emok̇me :-

1. Sabad Dohṛae Dhara do cet' kana? Pạrtul selet' bean lạime.
2. *"jom"* reak̇ sabad Dohṛae Dhara reak̇ niạm pańjakate nãwã sabad olme.

11

BENAO DODOṚHA DHARA *(CONSTRUCTED REPETITIVE)*

Noa dhara reak̇ niạm lekate Kạjnum sabadre Kạjnumanak̇ Tayo̱m Joṛao lagaok̇kana ar tinre Ho̱ṛ Ujnum Tayo̱m Tala Joṛao *(pronominal iṅfix)* lagaok̇kana, to̱be̱ ona do̱ bar dhao dohṛak̇kana. Ar dosarak̇ Kạjnum do̱ purạu-purạu Kạjnumge tahe̱nkana, jeleka :–

(i) *se̱nako se̱nakoa.*

(ii) *be̱ṅge̱t'ako be̱ṅge̱t'ako tahe̱na.*

(iii) *ona ṭhā̃iko se̱nak̇ se̱nak̇a.*

(iv) *dalae dalaekana.*

(v) *ṅe̱lak̇ ṅe̱lak̇kana.*

(vii) *manawae manawaepe.*

(viii) *jo̱mak̇ jo̱mak̇kana.*

(ix) *sap̣ak̇ sap̣ak̇kana.*

(x) *be̱ṅge̱t'ae be̱ṅge̱t'aete tahe̱me.*

ẠKIL BHAṄJAO - 11

A. To̱yo̱t'kate Jobab e̱mo̱k̇me:-

1. *"Tinạk̇bo calak̇a ado̱, mit' ro̱go̱ṛ se̱nako se̱nako bako ạrisoka?"* Noa ayat reak̇ *"se̱nako se̱nako"* do̱ okaṭak̇ Sabad Benao Dhara reak̇ sabad kana?

   (a) Sabad Dohṛae (b) Sabad Benao Dhara (c) Sabad Dhara

   (d) Sabad benao Dodoha dhara (e) Noako modre oka hõ baṅ.

2. Sabad Benao Dodoṛha Dhara reaḱ sabad do okaṭaḱ kana?

(a) kalaṅ ḍolaṅ (b) dalae dalae (c) sim-sukri

(d) peṛa pạrbhạ (e) Noako modre oka hõ baṅ.

B. Olkate jobab emoḱme :-

1. Benao Dodoṛha Dhara babot miťbar katha lạime.

12

KARO̱NANAK̇ AR HUKUMANAK̇
(THE CAUSATIVE & THE PERMISSIVE)

Ka̜jnum sabadre *oco* joṛaokate Karo̱n se̱ Hukumanak̇ Ka̜jnum sabad benaok̇kana, jeleka :–

(i) he̱ċ *ocokedeako* – Karo̱n *(Causative)*

(ii) he̱ċ *ocoadeako* – Hukum *(Permissive)*

(iii) go̱ċ *ocoadeako* – Karo̱n *(Causative)*

Ka̜jnumanak̇ Tayo̱m Joṛao *(Verbal Suffix)* ar Ujnum Tala Joṛao *(Pronominal Infixes)* do̱ *oco* são joṛaokate Ka̜jnum lekae ka̜mieťkana, jeleka :–

(i) go̱ċ *ocoyenae*. Karo̱n *(Causative)*

(ii) ńe̱l *ocoyem*. Hukum *(Permissive)*

*Oco*re *-k̇* ar *-ṗ* lagaokate hõ̱ Ka̜jnum sabade benaoeťkana, jeleka :–

(i) e̱k̇ge̱r *opocokanako*. Karo̱n *(Causative)*

(ii) dal *ok̇cokanako*. Karo̱n *(Causative)*

(iii) ńapam *ok̇cokanako*. Hukum *(Permissive)*

Noako do̱ noako kana :–

he̱ċ *ocokedeako*, he̱ċ *ocoadeako*, ńe̱l *ocoyen*, ńe̱l *ocoaeme*, *go̱ċenae*, go̱ċ *ocoyenae*, go̱ċ *ocokedeale*, go̱ċ *ocoadeako*.

(i) se̱n se̱n *ocokeťleae* – Karo̱n *(Causative)*

(ii) se̱n se̱n *ocokeťleae* – Hukum *(Permissive)*

(iii) mimiť ho̱ṛkateko ńapam *ok̇cokan tahẽ̱kana.*

(iv) marań mahasoe ṭhenko ńapam *ocokedea.*

(v) bạń calak̓a, khạliko dal *ok̓cokana.*

(vi) bako bańcao daṛeadea dal *ocokedegeako.*

(vii) bale calak̓a, bogeteko ek̓ger *opocoa* nãhãk̓.

ocokedea – Noare bar lekate beoharok̓kana, jeleka :-

(i) hạkim ṭhenko bicạr *ocokedea.*

(ii) hạkimko bicạr *ocokedea.*

oco sabadte bar lekanak̓ kathae sodoret̓kana, jeleka –

(i) sen *oco* daṛeaeạń – Karon *(Causative)*

(ii) sen daṛe *ocoaeạń* – Hukum *(Permissive)*

Tayomte Kạjnum reak̓ rup cet̓ leka benaok̓kana, ona sanam emogok̓a.

ẠKIL BHAŃJAO - 12

A. Toyot̓kate Jobab emok̓me:-

1. "*Hec̓ ocokedeako.*" Noa ayatre beoharakan "*ocokedeako*" do okaṭak̓ manere laṛcaṛakana?

   (a) Hukumanak̓ (b) Karonanak̓ (c) Joṛaoanak̓

   (d) Kạjnumanak̓ (e) Noako modre oka hõ bań.

2. "*Hec̓ ocoadeako.*" Noa ayatre laṛcaṛakan "*ocoadeako*" do okaṭak̓ manere laṛcaṛakana?

   (a) Karonanak̓ (b) Hukumanak̓ (c) Kạjnumanak̓

   (d) Joṛaoanak̓ (e) Noako modre oka hõ bań.

B. Olkate jobab emok̓me :-

1. "*Ńel ocoeyem*" ar "*Ńel ocoaeme*"re cet̓ begar menak̓a? Beakoron lekate karon lạime.
2. Karonanak̓ ar Hukumanak̓ babot mit̓bar katha lạime.

13

NINIṬAK̇ TAYO̱M JOṚAO (DETERMINATIVE SUFFIXES)

Santalire Lekha *(Number)* reak̇ paṭre Niniṭak̇ Tayo̱m Joṛao reak̇ hõ jạruṛ paṛaok̇kana. Ar ona do̱ Jivianak̇ *(Animate)* ar Be̱jivianak̇re *(Inanimate)* hõ jạruṛ paṛaok̇kana. Noa do̱ Jivianak̇ Mit̀ Lekha *(Animate Singular Number)* lạgit̀ do̱ *-iċ* Tayo̱m Joṛao lagaok̇kana, pạrtul :-

(i) *poṇḍ + iċ = poṇḍiċ*

(ii) *he̱nde̱+ iċ = he̱nde̱yiċ* (*iċ* bo̱do̱lte)

(iii) *boge + iċ = bogeyiċ*

(iv) *raran+ iċ = raraniċ*

(v) *go̱ċ +iċ = go̱ċiċ*

Bar Lekha ar Saṅge Lekha lạgit̀ do̱ judạte Jivianak̇ lạgit̀ Tayo̱m Joṛao bạnuk̇a. Bar Lekha lạgit̀ do̱ *-kin* ar Saṅge Lekha lạgit̀ do̱ *-ko* Tayo̱m Joṛao lagaok̇kana. Ar noa do̱ e̱ke̱n Ho̱ṛ Ujnum *(Personal Pronoun)* lạgit̀ge lagaok̇kana ar ona do̱ Eṭak̇ Ho̱ṛ *(Third Person)*rege laṛcaṛok̇kana, pạrtul :-

Eṭak̇ Ho̱ṛ *(Third Person)*	Bar Lekha *(Dual Number)*	Saṅge Lekha *(Plural Number)*
uni	*unkin*	*onko*
hạni	*hạnkin*	*hanko*
nhại	*nhạkin*	*nhạko*
nhui	*nhukin*	*nhoko*
nhik̇i	*nhikin*	*nhiko*
hini	*hinkin*	*hinko*

huni	*hunkin*	*hunko*
ini	*inkin*	*inko*
ni	*nikin*	*niko*
ạni	*ạnkin*	*ạnko*

Bẹjivianak̓ Niniṭ (*Determinative)* Tayọm Joṛao dọ *-ak̓*, *-ạń* kana. Ona dọ mul sabadre lagaokate Mit̓ Lekha ar Banar metak̓me Bar Lekha ar Saṅge Lekha lạgit̓ – *-ak̓kin, -ak̓ko, -aṅkin* ar *–aṅko* lagaok̓kana, pạrtul :-

dadak̓; dadalaṅ; dadalteak̓; dadalteaṅ; dadak̓kin; dadalak̓ko; dadalaṅkin; dadalaṅko eman.

ẠKIL BHAŃJAO - 13

A. Ṭọyọt'kate jobab ẹmọk̓me :-

1. *"Poṇḍič"* sabadre laṛcaṛakan *"ič"* dọ cẹt̓ tayọm joṛao kana?

   (a) Bẹjivianak̓ Niniṭak̓ Tayọm Joṛao
   (b) Kạjnumanak̓ Niniṭak̓ Tayọm Joṛao (c) Jivianak̓ Niniṭak̓ Tayọm Joao (d) Ńunumanak̓ Niniṭak̓ Tayọm Joṛao
   (e) Noako modre oka hõ baṅ.

2. *" Poṇḍak̓"* sabadre laṛcaṛakan *"ak̓"* dọ okaṭak̓ Tayọm Joṛao kana?

   (a) Jivianak̓ Niniṭak̓ Tayọm Joṛao
   (b) Kạjnumanak̓ Niniṭak̓ Tayọm Joṛao
   (c) Ńunumanak̓ Niniṭak̓ Tayọm Joṛao
   (d) Bẹjivianak̓ Niniṭak̓ Tayọm Joṛao
   (e) Noako modre oka hõ baṅ.

B. Ọlkate jobab ẹmọk̓me :-

1. Niniṭak̓ dọ Santali beakọrọnre tinạk̓ gọṭẹča ar cẹt̓ cẹt̓ko kana?
2. Niniṭak̓ reak̓ bean lạime ar pạrtul hõ ẹmme.

14

SANTALI REAK̇ ASO̱L LEKHA
(THE CARDINAL NUMERALS IN SANTALI)

Santalire do̱ latarre e̱makan lekhako lekhaea :-

1 *mit' (mit'ṭe̱n, mit'ṭe̱ċ, mit'ṭaṅ, mit' go̱ṭe̱n, mit' go̱ṭe̱ċ, mit' go̱ṭaṅ)*

2 *bar (barea)*

3 *pe̱ (pea, peya)*

4 *pon (ponea)*

5 *mõ̱ṛẽ̱*

6 *turui*

7 *eae (eyae)*

8 *iṛal*

9 *are*

10 *ge̱l*

11 *ge̱l mit' (ge̱l kho̱n mit')*

12 *ge̱l bar (ge̱l kho̱n barea)*

13 *ge̱l pe̱ (ge̱l pea, ge̱l kho̱n pea)*

14 *ge̱l pon (ge̱l ponea, ge̱l kho̱n ponea)*

15 *ge̱l mõ̱ṛẽ̱ (ge̱l kho̱n mõ̱ṛẽ̱)*

16 *ge̱l turui (ge̱l kho̱n turui)*

17 *ge̱l eae (ge̱l kho̱n eae)*

18 *ge̱l iṛal (ge̱l kho̱n iṛal)*

19 *ge̱l are (ge̱l kho̱n are)*

20 *mit' isi (isiạ, bar ge̱l, kuṛi)*

21 *mit' isi mit' (bar ge̱l mit', mit' isi kho̱n mit')*

22 *mit' isi bar (bar ge̱l bar)*

23 *mit' isi pe̱ (bar ge̱l pe̱)*

24 *mit' isi pon (bar ge̱l pon)*

25 *mit' isi mõ̱ṛẽ̱ (bar ge̱l mõ̱ṛẽ̱)*

26 *mit' isi turui (bar ge̱l turui)*

27 *mit' isi eae (bar ge̱l eae)*

28 *mit' isi iṛạl (bar ge̱l iṛạl)*

29 *mit' isi are (bar ge̱l are)*

30 *mit' isi ge̱l (pe̱ ge̱l)*

31 *mit' isi ge̱l mit' (pe̱ ge̱l mit')*

32 *mit' isi ge̱l bar (pe̱ ge̱l bar)*

33 *mit' isi ge̱l pe̱ (pe̱ ge̱l pe̱)*

34 *mit' isi ge̱l pon (pe̱ ge̱l pon)*

35 *mit' isi mõ̱ṛẽ̱ (pe̱ ge̱l mo̱ṛẽ̱)*

36 *mit' isi turui (pe̱ge̱l turui)*

37 *mit' isi eae (pe̱ ge̱l eae)*

38 *mit' isi iṛạl (pe̱ ge̱l iṛạl)*

39 *mit' isi are (pe̱ ge̱l are)*

40 *bar isi (pon ge̱l)*

41 *bar isi mit' (pon ge̱l mit')*

42 *bar isi bar (pon ge̱l bar)*

43 *bar isi pe̱ (pon ge̱l pe̱)*

44 *bar isi pon (pon ge̱l pon)*

45 *bar isi mõ̱ṛẽ̱ (pon ge̱l mõ̱ṛẽ̱)*
46 *bar isi turui (pon ge̱l turui)*
47 *bar isi eae (pon ge̱l eae)*
48 *bar isi iṛạl (pon ge̱l iṛạl)*
49 *bar isi are (pon ge̱l are)*
50 *bar isi ge̱l (mõ̱ṛẽ̱ ge̱l)*
51 *bar isi ge̱l mit' (mõ̱ṛẽ̱ ge̱l mit')*
52 *bar isi ge̱l bar (mõ̱ṛẽ̱ ge̱l bar)*
53 *bar isi ge̱l pe̱ (mõ̱ṛẽ̱ ge̱l pe̱)*
54 *bar isi ge̱l pon (mõ̱ṛẽ̱ ge̱l pon)*
55 *bar isi ge̱l mõ̱ṛẽ̱ (mõ̱ṛẽ̱ ge̱l mõ̱ṛẽ̱)*
56 *bar isi ge̱l turui (mõ̱ṛẽ̱ ge̱l turui)*
57 *bar isi ge̱l eae (mõ̱ṛẽ̱ ge̱l eae)*
58 *bar isi ge̱l iṛạl (mõ̱ṛẽ̱ ge̱l iṛạl)*
59 *bar isi ge̱l are (mõ̱ṛẽ̱ ge̱l are)*
60 *pe̱ isi (turui ge̱l)*
61 *pe̱ isi mit' (turui ge̱l mit')*
62 *pe̱ isi bar (turui ge̱l bar)*
63 *pe̱ isi pe̱ (turui ge̱l pe̱)*
64 *pe̱ isi pon (turui ge̱l pon)*
65 *pe̱ isi mõ̱ṛẽ̱ (turui ge̱l mõ̱ṛẽ̱)*
66 *pe̱ isi turui (turui ge̱l turui)*
67 *pe̱ isi eae (turui ge̱l eae)*
68 *pe̱ isi iṛạl (turui ge̱l iṛạl)*
69 *pe̱ isi are (turui ge̱l are)*
70 *pe̱ isi ge̱l (eae ge̱l)*

71 *pe̱ isi ge̱l mit' (eae ge̱l mit')*

72 *pe̱ isi ge̱l bar (eae ge̱l bar)*

73 *pe̱ isi ge̱l pe̱ (eae ge̱l pe̱)*

74 *pe̱ isi ge̱l pon (eae ge̱l pon)*

75 *pe̱ isi ge̱l mõ̱ṛẽ̱ (eae ge̱l mõ̱ṛẽ̱)*

76 *pe̱ isi ge̱l turui (eae ge̱l turui)*

77 *pe̱ isi ge̱l eae (eae ge̱l eae)*

78 *pe̱ isi ge̱l iṛal (eae ge̱l iṛal)*

79 *pe̱ isi ge̱l are (eae ge̱l are)*

80 *pon isi (iṛal ge̱l)*

81 *pon isi mit' (iṛal ge̱l mit')*

82 *pon isi bar (iṛal ge̱l bar)*

83 *pon isi pe̱ (iṛal ge̱l pe̱)*

84 *pon isi pon (iṛal ge̱l pon)*

85 *pon isi mõ̱ṛẽ̱ (iṛal ge̱l mõ̱ṛẽ̱)*

86 *pon isi turui (iṛal ge̱l turui)*

87 *pon isi eae (iṛal ge̱l eae)*

88 *pon isi iṛal (iṛal ge̱l iṛal)*

89 *pon isi are (iṛal ge̱l are)*

90 *pon isi ge̱l (are ge̱l)*

91 *pon isi ge̱l mit' (are ge̱l mit')*

92 *pon isi ge̱l bar (are ge̱l bar)*

93 *pon isi ge̱l pe̱ (are ge̱l pe̱)*

94 *pon isi ge̱l pon (are ge̱l pon)*

95 *pon isi ge̱l mõ̱ṛẽ̱ (are ge̱l mõ̱ṛẽ̱)*

96 *pon isi ge̱l turui (are ge̱l turui)*

97 *pon isi ge̱l eae (are ge̱l eae)*

98 *pon isi ge̱l iṛal (are ge̱l iṛal)*
99 *pon isi ge̱l are (are ge̱l are)*

100 *mõ̱ṛẽ̱ isi (mit' sae)*

101 *mõ̱ṛẽ̱ isi mit' (mit' sae mit')*

102 *mõ̱ṛẽ̱ isi bar (mit' sae bar)*

103 *mõ̱ṛẽ̱ isi pe̱ (mit' sae pe̱)*

104 *mõ̱ṛẽ̱ isi pon (mit' sae pon)*

....

1000 *hajar (mit' hajar)*

10,000 *o̱jut (mit' o̱jut)*

100,000 *lak (mit' lak)*

100,00,000 *karuṛ (mit' karoṛ, kuṭi)*

Santalite lekha do̱ cetanre e̱makan chaḍakate Hindi se̱ Baṅgla kho̱nko hataoakada. Abo Santal ho̱ṛ do̱ *sae, hajar, lak ar kuṭi* hạbiċge lekha do̱bo baḍaea.

Netar abo Santal ho̱ṛ do̱ Hindi ar Baṅglateak̇ lekha Santalitebon ro̱ṛkhan, ona do̱ Santali reak̇ ucrạn gunre do̱ho̱katebo ro̱ṛeda, metak̇me Santali ucrạn gun lekagebon ro̱ṛeda, je̱mo̱n :-

car do̱ *cạr*

pãc do̱ *pãc*

cha do̱ *cho̱*

sat do̱ *sa*

aṭh do̱ *aṭ*

nao do̱ *no̱*

das do̱ *do̱s*

gyarah do̱ *garo̱*

barah do̱ *baro̱*

terah do̠ *te̠ro̠ eman.*

Abo do̠ tinrebo lekhaeda to̠be̠ sip̣ (sic̣) kạṭup̣ se̠ jaṅga reak̓ sic̣ (sip̣) kạṭup̣ kho̠nbon e̠ho̠p̣eda. Aboak̓ so̠majre noṅka lekanak̓ lekha hõ̠bo aṅjo̠makada se̠bo hisạbet̓kana, pạrtul :-

gaṇḍa - *ponea*

kuṛi - *bis*

isi - *bis*

pon isi = *mit̓ po̠n* (gạchi lekhaereko laṛcaṛa), metak̓me 80 (irạl ge̠l), noa do̠ *ạṛ* se̠ *gạchi* reak̓ hisạb jo̠khe̠c̓ko beohara/ lekhaea.

Santali lekha se̠ hisạb kạmire noako hõ̠ko beoharet̓kana :-

adha = ½

atra = ½

tala = ½

tara = ½

pawa/powa = ¼

adha disom

adha se̠r, adhate̠t̓, tala se̠r. tala moka, bar paesa tala, atra ho̠r, mit̓ din tala, pe̠ hạṭiṅre mit̓ hạṭiṅ, ge̠l hạṭiṅre pe̠ hahạṭiṅ, ge̠lak̓ hahạṭiṅ, sạṛim joṛo, capo joṛo eman.

ẠKIL BHAŃJAO - 14

A. Ṭoyot'kate jobab emok̓me :-

1. Latarre emakan lekha mod khon Santali reak̓ asol lekha do okaṭak̓ kana?

   (a) banarge (b) turuiak̓ (c) turui

   (d) noako mod khon okaṭak̓ hõ baṅ.

2. *"Bar isi"* do okaṭak̓ lekha kana?

   (a) Otoṅ-Tayom Lekha (b) Asol Lekha (c) Belekha

   (d) Hạk̓ṭiń Lekha (e) Noako mod khon okaṭak̓ hõ baṅ.

3. *mit̓, bar, pe, pon, mõṛẽ, turui* ... do okaṭak̓ lekhare hijuk̓kana?

   (a) Belekhare (b) Otoṅ-Tayom Lekhare

   (c) Asol Lekhare (d) Hạk̓ṭiń Lekhare

   (e) Noako mod khon okaṭak̓ hõ baṅ.

B. Olkate jobab emok̓me :-

1. Santali reak̓ Asol Lekha do cet̓ kana? Pạrtul em selet̓ lạime.

15

SANTALI REAK̇ O̱TO̱Ṅ-TAYO̱M LEKHA
(THE ORDINAL NUMERALS IN SANTALI)

Santali pạrsire Santali O̱to̱ṅ-Tayo̱m Lekha do̱ pe̱ lekana, metak̇me *pạhil, dosar* ar *tesar*. Noako do̱ Hindi kho̱n hataoakana. Ado̱m jo̱khe̱ċ *ponak/poniċ* lạgit̕ do̱ *cạuthạ* hõ̱ko me̱ngea, noa hõ̱ Hindi kho̱nge hataoakana. Me̱nkhan noa *cạuthạ* do̱ netar pase̱ċ at̕ utạrena.

Noa Santali reak̇ O̱to̱ṅ-Tayo̱m Lekha do̱ Jivianak̇ *(Animate)* ar Be̱jivianak̇ *(Inanimate)* beoharok̇a. Noa do̱ Niniṭ Tayo̱m Joṛao *(Determinative Suffix)*ko metak̇a ar noa reak̇ cinhạ do̱ *-iċ* ar *-ak̇* kana. Noakin ho̱te̱tege O̱to̱ṅ-Tayo̱m Lekha babo̱t do̱ bạḍaeok̇a. Be̱jivianak̇ lạgit̕ do̱ *-ak̇* cinhạ ho̱te̱te benaok̇kana, pạrtul :-

1 *pạhil*

2 *dosar*

3 *tesar*

4 *poniċ/ponak̇ (cạuthạ)*

5 *mõ̱ṛẽ̱yiċ/mõ̱ṛẽ̱ak̇*

6 *turuiċ/turuiak̇*

7 *eaeyiċ/eaeyak̇*

8 *irạliċ/irạlak̇*

9 *areyiċ/areak̇*

10 *ge̱liċ/ge̱lak̇*

11 *ge̱lmit̕iċ/ge̱lmit̕ak̇*

12 *ge̱lbariċ/ge̱lbarak̇*

13 *gelpeyić/gelpeak̇*

14 *gelponić/gelponak̇*

15 *gelmõr̥ẽyić/gelmõr̥ẽak̇*

16 *gelturuić/gelturuiak̇*

17 *geleaeyić/geleaeak̇*

18 *geliralić/geliralak̇*

19 *gelareyić/gelareak̇*

20 *bargelić/bargelak̇*

21 *bargel mit̕ić/bargelmit̕ak̇*

.... Onkage laha seć hõ lekha calak̇a.

Santal gharoñjre gidrako lagit̕ lekha reak̇ rup se latu-katić reak̇ banadae lagit̕ do noṅka lekhako mena – *marańić (marań), talayić (tala), hudińić (hudiń), sańjla, mańjla, marań tala, hudiń tala.* Noa chada arhõ gidra menak̇kokhan ńutum selet̕te sotok̇ se Hor Ujnum *uni, iń, am* sãote *sotok̇* sabadko beoharet̕kana, jeleka – *iń sotok̇ do uni, uni sotok̇ do nui, nui sotok̇ do iń* eman.

Inakate lekha reak̇ rup noṅka ńelakana – *turui badkate ona tayomak̇ (panteak̇) aguime, ato kulhite calak̇me, pon orak̇ paromkate pahil orak̇te bolok̇me, ona hanasawak̇ kat then.*

Santalire *tayom* sabad lagaokate hõ Otoń-Tayom reak̇ lekhako lekhaet̕kana. Ar ona *tayom*re --*ić* Ninit Tayom Jorao *(Determinative Suffix)* lagaokateko beoharet̕kana, jeleka – *turui tayomić/tayomak̇ gel, tayomren/gel tayom reak̇*. Noare do *-ren* ar *reak̇* lagaoakana.

Santalire *pahil* bodolte *porthom* hõko beohareda. Noa do Baṅgla khon hataoakana, jeleka – *pahil porthomre* se *pahil porthom.*

Noṅka hõko rora – *laha tayom, laha* sãote *-ić* lagaokate hõ noṅkako mẹna – *lahayić* sẹ *pạhil, dosar, tesar*re *-ić, -aḱ* Niniṭ Tayọm Joṛaokateko mẹngea – *pạhilić, dosarić, tesarić; pạhilaḱ, dosaraḱ, tesaraḱ.*

Santalire lekha sabadre metaḱme *bar, pẹ pon*re *-n* harọp lagaokate lekha reaḱ miť lekan rup benaoḱkana. Ona dọ mesal *(inclusive)* sẹ dọl *(collective)* lekha reaḱ dọlre *(group)* lekhaḱkana. *-n* são ona laha reaḱ *-a* hõ dohṛa toraḱkana, jeleka :-

bar - *banar – banar kaḍa.*

pẹ - *pẹnẹ – pẹnẹn ạguakaťkoa.*

pon - *ponon – ponon kombṛoko sapketkoa.*

banar - *dene banar, banar sarege, dene banar sẹćrenko.*

Santali *banar* sabad chaḍakate ẹkẹn *bana* mọtọ hõ beoharoḱkana, jeleka – *bana hoṛ.*

Santalire noṅkan Lekha hõko rọṛeda, okaṭaḱ Lekha dọ ona tayọmre dọhọkate noṅka laṛcaṛoḱkana – *miť bar, bar pẹ, barea pea, pẹ pon* sẹ *pea ponea, mõṛẽ turui, ursiń bạrsiń* sẹ *mursiń bạrsiń (a couple of days).* Adọm jọkhẹć barea lekha talare *sẹ* lagaokate lekhaḱkana, jeleka – *ponea* sẹ *mõṛẽ, gẹl* sẹ *gẹl bar.*

Adọm jọkhẹć lekha tayọmre *leka* lagaokate sẹ *gan* lagaokate hõko rọṛa sẹ adọm jọkhẹć dọ *gan* baṅ lagaokate *-re*te hõ kạmiko calaoeťkangea, jeleka – *barpẹ sae leka hoyoḱa; barpẹ sae leka gan hoyoḱa.* Adọm jọkhẹć lahare *amdaj* sabad lagaokate hõ kạmiko calaoeťkana, jeleka – *amdaj miť isi gan hoṛ menaḱkoa.*

ẠKIL BHAŃJAO - 15

A. Ṭọyọťkate jobab ẹmọḱme :-

1. *"pạhil"* dọ okaṭaḱ lekha kana?

(a) Asol Lekha (b) Hạk̓ṭiń Lekha (c) Otoṅ-Tayom Lekha

(d) Mucạt̓ Lekha (e) Noako modre oka hõ baṅ.

2. "*Turuiak̓*" do okaṭak̓ Lekha reak̓ Lekha kana?

(a) Hạk̓ṭiń Lekha (b) Otoṅ-Tayom Lekha (c) Asol Lekha

(b) Mucạt̓ Lẹkha (e) Noako modre oka hõ baṅ.

3. "*turuić*" do okaṭak̓ Lekha kana?

(a) Asol Lekha (b) Mucạt̓ Lekha (c) Otoṅ-Tayom Lekha

(d) Hạk̓ṭiń Lekha (e) Noako modre oka hõ baṅ.

4. "*turuiak̓*" lekha reak̓ Asol Lekha do cet̓ hoyok̓a?

(a) turui (b) turuić (c) cho (d) eae

(e) Noako modre oka hõ baṅ.

5. "*gelpe*" reak̓ jivianak̓ Otoṅ-Tayom Lekha do cet̓ hoyok̓a?

(a) gelpeak̓ (b) gelpeyić (c) tero (d) gel

(e) Noako modre oka hõ baṅ.

6. *pạhil, dosar, ... irạlak̓ ... aregel mit̓ak̓ ... hajarak̓ ...* do cet̓ lekhako metak̓a?

(a) Hạk̓ṭiń Lekha (b) Asol Lekha (c) Otoṅ-Tayom Lekha

(d) Mucạt̓ Lekha (e) Noako modre oka hõ baṅ.

B. Olkate jobab emok̓me :-

1. Otoṅ-Tayom Lekha do cet̓ kana? Pạrtul em tuluć lạime.

16

SANTALKORE HISẠB DO̠HO̠E REAḰ DHARA (SANTALI ARITHMATICS)

Santal ho̠po̠nko talare hisạb reaḱ bises dhara do̠ bạnuḱa. Onko talare judi jãhãnaḱko hisạbeť khan + (jo̠ṛ) lạgiť do̠ *juṭuċ* se̠ *juṭiċ* lekha guṭ *(add up)*, *lekha jarwa (*add up*) bad lạgiť* do̠ '-' ghaṭao, jeleka :-

ar miť pại juṭuċaḱme.

bar khạclạḱ do̠ badkaḱme.

minạ lạgiť hõ̠ '-' (ghaṭao cinhạ se̠ kathako ro̠ṛa, *gunạ* lạgiť 'x' cinhạ beoharoḱkana *gun* reaḱ mo̠tlo̠b do̠ *lạṭum. Hạṭiń* reaḱ mo̠tlo̠b do̠ ÷ *(divide), bhag* reaḱ mo̠tlo̠b do̠ ÷ *(divide), hĩs* se̠ *hisạ* reaḱ mo̠tlo̠b hõ̠ *bhag, joṛo* reaḱ mo̠tlo̠b do̠ *bhag* se̠ *hisạ* hõ̠ko me̠ngea.

Ro̠ṛ reaḱ mo̠tlo̠b do̠ niạge je Ho̠ṛ so̠majre hisạb lạgiť do̠ – *juṭuċ* se̠ *juṭiċ,* lekha gunạ *lekha jarwa, bad, minạ (-), gunạ (x), dhao (x), gun (x), lạṭum (dhao), hạṭiń bhag, hĩs* se̠ *hisạ,* ar *joṛo* sabadko laṛcaṛeť kana.

Santalire do̠ noako katha beoharoḱkana :-

(i) hisạb *(account)*

(ii) lekha *(count)*

(iii) Lekha jokha *(account)*

(iv) jokha *(measure)*

(v) so̠ṅ *(measure)*

(vi) o̠jo̠n *(weight)*

(vii) tulạ *(weight)*

(viii) rin *(debt)*

(ix) sud *(interest)*

(x) ḍiḍhi sud *(fifty percent interest)*

(xi) siki sud *(25% interest)*

(xii) mas koraṛi sud *(one anna in the rupee interest monthly)*

(xiii) bar ana sud *(two annas interest in the rupee)*

(xiv) rạudạṛi sud *(an interest of two annas per month in one rupee* ((Mag khon Jhẽṭ cando hạbić)

(xv) khorali sud (rạudạṛi lekage)

(xvi) bạki *(balance)*

(xvii) jer bạki *(balance due)*

(xviii) usul *(pay up)* (paesae usul cabakeda)

(xix) hala ruạṛ *(repay)*

(xx) sod *(repay in full with interest)*

(xxi) haolat *(loan for a few days not carrying interest)*

(xxii) pańca *(loan without interest)*

(xxiii) kiriń *(buy)*

(xxiv) ạkriń *(sell)*

(xxv) dhar *(credit)*

(xxvi) dhar pańca *(credit)*

Abo Santal tinre rinte okoe do hoṛobo emakokan tobe jaoge Hindi se Bańgla lekha lekagebo lekhaeťkana ar abo do Hinduko lekhae onkabo lekhaea, ar *ram*bo roṛa tin hạbić eṭak' dhao bam sońeťkan ona *ram* katha (sabad) do dohṛaetegebo tahena. Ar do *pạí* se *ạṛi*tebo sońre khuṕbo beohar baṛaeťkana, jeleka *rame, ram, ram, rame, ram ... duye, du, du, duye, du ...*

tine, tin, tine ... noa dọ tin hạbić *suli* sẹ *bis* baṅ lekha tiạgok̓a, un hạbić calak̓tege tahẹna. *bis* dọ *suli* hõko metak̓a. *pon suli* dọ *mit' kạṭ* sẹ *muṛi*ko metak̓a. *mõṛẽ muṛi* dọ *mit' bis*ko metak̓a. Abo Santal dọ *haṭak̓* hõ sọsọṅak̓ *(measure unit)*bo manaoet̓kana. Abo sọmajre sọsọṅak̓ dọ *tulạ, tạrju tulạ* sẹ *tạrjuạ tulạ* reak̓ katha hõbo rọṛet̓kana.

Inạkate *ḍheo* sẹ *baṭkara, tola, cọṭak, chọṭak* dọ *mõṛẽ tola*ko metak̓a. Sẹr posori - *posori* dọ *mõṛẽ sẹr*ko metak̓a, *pawa* sẹ *poa, pại* sẹ *pạilạ*kobo beoharet̓kana. *pại* dọ ½ sẹrko metak̓a. *pạilạ* dọ *mit' sẹr*ko metak̓a.

ẠKIL BHAṄJAO - 16

A. Ṭọyọt'kate jobab ẹmọk̓me :-

1. Santalite "+" cinhạ dọ cẹt̓ko metak̓kana?

   (a) Ãṛti (b) Juṭuć sẹ juṭuć lekha guṭ (c) Bã̱ṛti (d) Joṛ

   (e) Noako modre oka hõ baṅ.

2. Santalite "–" dọ cẹt̓ko metak̓kana?

   (a) Bad sẹ Ghaṭao (b) Maenas (c) Ikạ (d) Kọm

   (e) Noako modre oka hõ baṅ.

3. "×" dọ Santalite cẹt̓ko metak̓a?

   (a) Lạṭum (b) Dohṛa (c) Gunạ sẹ Gun (d) Dobṛa

   (e) Noako modre oka hõ baṅ.

4. Santalite "÷" dọ cẹt̓ko metak̓a?

   (a) Hạṭiń, Hĩs sẹ Hisạ (b) Bhag (c) Joṛo (d) Doboṛ

   (e) Noako modre oka hõ baṅ.

B. Ọlkate jobab ẹmọk̓me :-

1. Santal họpọnko pạhil dọ hisạb-bạki reak̓ dhara dọ cẹt̓

leka tahẽ̲kantakoa? Lekha emanre ce̲t́ lekan kathako beohare̲t́ tahẽ̲kana?

2. *"Gun"* sabad ho̲te̲te Santal ho̲po̲n ce̲t́ko bujhạue̲t́ tahẽ̲kana?

17

HA̦K̇ṬIŃ LEKHA
(THE DISTRIBUTE NUMERALS)

Santalire Ha̦k̇ṭiń Lekha hõ menak̇a. Noa Lekha reak̇ pa̦hil Ha̦ṭińõk̇ Harop *(Consonant)* ar Be̱ha̦ṭińõk̇ Harop *(Vowel)* bar dhao dohṛakate benaok̇kana. Judi Lekha Ha̦ṭińõk̇ Harop sãote e̱hop̓lenre se̱ *-k̇* harop ade̱rok̇a. Judi Lekha Be̱ha̦ṭińõk̇ Harop sãote e̱hop̓lenkhan, noa do pa̦hil ge̱l ha̦bic̓ge tahe̱na. Noa reak̇ Lekha latarre e̱mogok̇kana :-

mimit̓, babar, pe̱pe̱, popon, mõmõṛ, tutur, ek̇ae, ik̇ra̦l, ak̇re, ge̱ge̱l.

babar ge̱l (mimit̓ isi), pe̱pe̱ ge̱l (mimit̓ isi ge̱l, babar isi) eman.

Santalire Ha̦k̇ṭiń Rup *(Distributive)* 1 khon 10 ha̦bic̓ la̦git̓ *goṭe̱c̓, goṭe̱n* se̱ *goṭaṅ* joṛaok̇a, sãote *-kate* hõ joṛaok̇kana. *goṭe̱c̓, goṭe̱n, goṭaṅ* baṅkate e̱ke̱n *-kate*te hõ ka̦miko calaoet̓kana, pa̦rtul :-

mimit̓ goṭe̱c̓, mimit̓ goṭe̱n, mimit̓ goṭaṅ, mimit̓ goṭe̱c̓kate, mimit̓ goṭe̱nkate, mimit̓ goṭaṅkate, ge̱ge̱l goṭe̱c̓kate, pe̱pe̱ goṭe̱c̓kate, popon goṭe̱c̓kate, mimit̓ phuṛuk̇kate eman.

Disa̦ dohoe ja̦ruṛkana je 2, 3 ar 4 noṅka dohṛak̇a – *bar barea, pe̱ pe̱a, pon ponea* eman.

Lekhare lekha dohṛalenkhan *-kate* sabad hõ adom jokhe̱c̓ joṛaok̇kana, pa̦rtul :-

(i) *turui turuikate,*

(ii) *ge̱l turui ge̱l turuikate,*

(iii) *hajar hajarkate,*

(iv) *isi isikate,*

(v) *mimit' horkate, mimit' mimit'te*

Adomak̇ noṅka hõ beoharok̇kana – *pe hor pe horkate, pon hor pon horkate, mõrẽ hor mõrẽ horkate* eman.

Santalire tinre kopal reak̇ko biḍạua, tobe jaṅga/kaṭa khon bohok̇ hạbić Lekha do noṅkako lekhaea – *ind, cand, jom raja.* Adom jokheć do *jion-moron, jion-moron* eman.

Santal gidrạ ako-akoko gatek̇ jokheć noṅkako lekhaea :–

1. *ekam,* 2. *dukạm,* 3. *tinik,* 4. *likiṛ (lạkuṛ* se *lạbuṛ),* 5. *ḍeṇḍ,* 6. *koṇḍ,* 7. *salae,* 8. *sapae,* 9. *kiṭić,* 10. *koṛok̇* (se *koṭok̇*), 11. *ṭhakṛok̇.*

Adom jokheć do *koṇḍ* jaegare *kõṛ* hõko mengea. Ar adom jokheć do gidrạ noṅka hõko lekhaea :-

1. *ekam,* 2. *dukạm,* 3. *tinik,* 4. *likiṛ (lạbuṛ* se *sạbuṛ),* 5. *bokot,* 6. *buyạk̇,* 7. *ḍeṇḍ,* 8. *koṇḍ,* 9. *sạlại,* 10. *sạpại,* 11. *kiṭik̇,* 12. *koṛok̇,* 13. *koṭok̇,* 14. *ṭhakṛok̇.*

Santal gidrạ gupi sećre ṭir gatek̇ jokheć noṅkako lekhaea :-

1. *mona* 2. *dona* 3. *ṭena* 4. *cara* 5. *maca* (adom jokheć do *paca* hõko roṛa) 6. *chọi* 7. *gọi.*

Santal gidrạ ako akore mit' lekan gate *raj paṭa*ko metak̇kana. Noa gatek̇re noṅkako lekhaea :-

1. *lạuṛạ,* 2. *phạuṛạ,* 3. *dater loi,* 4. *kạṭhi upor,* 5. *bhela dada,* 6. *ṭhae,* 7. *ṭhui,* 8. *ṭhikạn.*

se noṅka hõko roṛa :-

1.*iciṅ,* 2. *Biciṅ,* 3. *jãwãe biciṅ,* 4. *jamae bole,* 5. *jogonat,* 6. *hạṇḍi,* 7. *kuṇḍi,* 8. *tel kuṇḍi,* 9. *hoelo ram,* 10. *khạilom,* 11. *dạilom,* 12. *del pat,* 13. *baṛe,* 14. *chọi,* 15. *sat.*

Gidrạkoak̇ inạ gate (eneć)rege tinreko lekhaea, un jokheć kạṭuṗko lekhaea ar ona do noṅka :-

1. *nim juri juri,* 2. *koire,* 3. *pal libona,* 4. *kodal libi,* 5. *sokti koro,* 6. *bo̱l nạı kho̱,* 7. *busur bo̱to̱r,* 8. *dho̱r.*

Ona gatek̇rege o̱ko̱e gidrạ judi tala kho̱ngey bhagaolenkhan se̱ jãhãe gidrạ tala gatek̇ jo̱khe̱ċe bo̱lo̱lenkhan noṅkako lekhaea :-

1. *ạmki,* 2. *Jạmki,* 3. *pat goṇḍa,* 4. *pitọl goṇḍa,* 5. *dolwari,* 6. *boswari,* 7. *gạı cara,* 8. *habar habar,* 9. *mutiạ ki,* 10. *dam boli,* 11. *sea bele suriut̓;* se̱ noṅka hõ̱ko lekhaea :-

1. *adle,* 2. *Padle,* 3. *ke̱ padle,* 4. *Nimnạ,* 5. *ko̱rkoṭa,* 6. *padle tũi.*

(**Disạ do̱ho̱** : Nit noa bigyanik jugre duniạ do̱ ạḍi lahaena; onate Ho̱ṛ ho̱po̱nak̇ noa hisạb-kitạb le̱gcar do̱ o̱kạjuạena.)

ẠKIL BHAṄJAO - 17

A. Ṭo̱yo̱t̓kate jobab e̱mo̱k̇me :-

1. *"Mimit̓ ho̱ṛkateko calak̇ma."* Noa ayat reak̇ *"mimit̓"* do̱ okaṭak̇ Lekha reak̇ sabad kana ?

   (a) O̱to̱ṅ-Tayo̱m Lekha (b) Hạk̇ṭiṅ Lekha (c) Aso̱l Lekha

   (d) E̱ho̱p̓ Lekha (e) Noako modre oka hõ̱ baṅ.

2. *"Popon go̱ṭe̱ċ"* do̱ okaṭak̇ Lekha sabad kana?

   (a) Hạk̇ṭiṅ lekha (b) O̱to̱ṅ-Tayo̱m Lekha (c) Aso̱l Lekha

   (d) Mucạt̓ Lekha (e) Noako modre oka hõ̱ baṅ.

3. *"Pe̱ ho̱ṛ pe̱ ho̱ṛkate calak̇pe."* Noa ayat reak̇ *"Pe̱ ho̱ṛ pe̱ ho̱ṛkate"* do̱ okaṭak̇ Lekha reak̇ sabad kana?

   (a) O̱to̱ṅ-Tayo̱m Lekha (b) Hạk̇ṭiṅ Lekha (c) Aso̱l Lekha

   (d) Mucạt̓ Lekha (e) Noako modre oka hõ̱ baṅ.

4. Santal tinre kopal reak̇ko biḍạua, to̱be̱ un jo̱khe̱ċ ce̱t̓ lekako lekhaea?

(a) Jio̱n Mo̱ro̱n-Jio̱n Mo̱ro̱n (b) Rame Ram, Ram

(c) Tine car, car (d) Duye dui, du

(e) Noako modre oka hõ̱ bań.

B. O̱lkate jobab e̱mo̱k̓me :-

1. Hạk̓ṭiń Lekha babo̱t mit̓bar katha lạime.
2. Santal gidrạ ako-akore gatek̓ jo̱khe̱c̓ ce̱t̓ lekako lekhaea?
3. Santal gidrạ ṭir gatek̓ jo̱khe̱c̓ ce̱t̓ lekako lekhaea?

18

PUK̇RẠU KẠJNUMKO
(THE VERBAL PARTICLES)

Puk̇rạu Kạjnum ho̱te̱te do̱ Kạjnum talare he̱c̆kate, ona reak̇ mane jothat reak̇e kạmiet̓kana. Ar noa do̱ Kạjnum-Gunum *(Adverb)* lekae kạmia. Ar ona do̱ Kạjnum reak̇ mul sabad ar o̱kte̱ cinhạ *(tense sign)* talare hijuk̇a, pạrtul :-

(i) *ho̱t̓* se̱ *go̱t̓* - ńam *ho̱t̓enae,* sap̣ *go̱t̓kedeae,* sap̣ *ho̱deme* eman.

(ii) *ạgu* - dạṛ *ạguime,* ńe̱l *ạguime,* kạmi *ạguakada* eman.

(iii) *idi* - ńe̱l *idikom,* sap̣ *idikom,* kạmi *idime* to̱be̱m he̱wak̇a.

(iv) *dara* - ạgu *daraeme,* ạgu *darakedako* eman.

(v) *tora* - idi *torakope,* idi *torakedeako* eman.

(vi) *ńõk̇* - *dal ńõk̇kedeạń, e̱ge̱r ńõk̇kidińae* eman.

(vii) *baṛa* - bes *baṛageale,* dal *baṛakedeạń* eman.

(viii) *hataṛ* - tahẽ̱ *hataṛok̇me,* gupi *hataṛkom* eman.

(ix) *maṛaṅ* - ḍạbrạ *maṛaṅlengebon,* ado̱bo jo̱ma.

(x) *utạr* - dal go̱c̆ *utạrkedeae,* se̱n *utạrenae* eman.

(xi) *oṭo* - hoṛo aphoṟ *oṭokam,* ado̱m calak̇a.

ẠKIL BHAŃJAO - 18

A. Ṭoyot'kate jobab emok̓me :-

1. Latarre emakan khon bachaome Puk̓rạu Kạjnum do okaṭak̓ kana?

   (a) khon (b) ṭhen (c) idi (d) hante

   (e) Noako modre oka hõ baṅ.

2. Latarre emamkan khon bachaome Puk̓ru Kạjnum do okaṭak̓ kana?

   (a) menek (b) tho (c) got' (d) ocok̓

   (e) Noako modre oka hõ baṅ.

3. Latarre emakan khon bachaome Puk̓rạu Kạjnum do okaṭak̓ kana?

   (a) hape (b) hot' (c) ạḍi (d) usạra

   (e) Noako modre oka hõ baṅ.

4. Latare emakan khon bachaome Puk̓rạu Kạjnum do okaṭak̓ kana?

   (a) ńõk̓ (b) aema (c) ḍher (d) thoṛa

   (e) Noako modre oka hõ baṅ.

B. Olkate jobab emok̓me :-

1. Puk̓rạu Kạjnum reak̓ bean pạrtul selet' emme.

19

JOṚAO KẠJNUM
(THE VERBAL PARTICIPLE/ADJECTIVE PARTICIPLE)

Noa sabad do̱ Kạjnum reak̓ mul rupre o̱ktę cinhạ *(tense sign)* lagaolenkhan Joṛao Kạjnum benaok̓kana ar ona do̱ Gunum lekae kạmiet̓kana, jeleka :-

dalkediń ho̱ṛ, gatek̓kantiń gidrạ, jo̱mkęt̓ mę̱ro̱m, birre lo̱k̓kan dare, damanak̓ kạmi, atańakat̓ko peṛa, noa mę̱nket̓ ho̱ṛ, gę̱gę̱rkan seta, kolkạńkan mạńjhi eman.

Ado̱mak̓re do̱ *-ak̓* ar *-ok̓, -tęt̓, -ic̓* lagaokate Joṛao Kạjnum benaok̓kana, jeleka :–

ńę̱lo̱go̱kic̓, ńę̱lo̱go̱kak̓, bạḍaelet̓ eman.

ẠKIL BHAŃJAO - 19

A. Ṭo̱yo̱t̓kate jobab ę̱mo̱k̓me :-

1. *"Dalkidiń ho̱ṛ"* ayatre okaṭak̓ do̱ Joṛao Kạjnum reak̓ pạrtul kana?

   (a) ho̱ṛ (b) dalkidiń (c) dal (d) kidiń

   (e) Noako modre oka hõ̱ bań.

2. *"Kolkạńkan mạńjhi"* ayatre okaṭak̓ do̱ Joṛao Kạjnum reak̓ pạrtul kana ?

   (a) kolkạńkan (b) mạńjhi (c) kol (d) kạńkan

   (e) Noako modre oka hõ̱ bań.

3. Latare ẹmakan khọn bachaome okaṭak̓ dọ Joṛao Kạjnum reak̓ pạrtul kana?

   (a) gẹgẹr (b) gẹr (c) gẹgẹrkan (d) kan

   (e) Noako modre oka hõ baṅ.

4. "*Noa mẹnkẹt̓ họṛ*" ayatre okaṭak̓ dọ Joṛao Kạjnum reak̓ pạrtul kana?

   (a) noa (b) noa mọnkẹt̓ (c) mẹnkẹt̓ (d) kẹt̓

   (e) Noako modre oka hõ baṅ.

5. "*Ṅẹlọgọk̓ak̓ dhiri*" ayatre okaṭak̓ dọ Joao Kạjnum reak̓ pạrtul kana?

   (a) ṅẹlọgọk̓ak̓ (b) ṅẹlọk̓ (c) dhiri (d) ak̓

   (e) Noako modre oka hõ baṅ.

6. "*Baḍaelẹt̓ katha*" ayatre okaṭak̓ dọ Joṛao Kạjnum reak̓ pạrtul kana?

   (a) baḍae (b) baḍaelẹt̓ (c) katha (d) lẹt̓

   (e) Noako modre oka hõ baṅ.

7. "*Ṅẹlọgọk̓ič họṛ*" ayatre okaṭak̓ dọ Jọṛao Kạjnum reak̓ pạrtul kana?

   (a) ṅẹlọk̓ (b) họṛ (c) ṅẹlọgọk̓ič (d) ič

   (e) Noako modre oka hõ baṅ.

B. Ọlkate jobab ẹmọk̓me :-

1. Joṛao Kạjnum reak̓ bean pạrtul sẹlẹt̓ lạime.

20

BE̱JIVIANAK̓ JINIS JIVIANAK̓ LEKA
(THE PERSONIFICATION OF INANIMATES)

Santalire noabon baḍaegea je dhạrti reak̓ sanam jinis do̱ bar hạṭińrebo hạṭińakada – Jivianak̓ ar Be̱jivianak̓. Me̱nkhan Santalire ado̱mak̓ Be̱jivianak̓ jinis hõ̱ Jivianak̓ lekabo laṛcaṛ baṛaet́gea, jeleka - *dak̓, setoṅ, ipil, rimil* emanko do̱ Jivianak̓ lekabon beohara, pạrtul :-

(i) *dak̓* - *dak̓edae.*

(ii) *setoṅ* - *setoṅedae.*

(iii) *ipil* - *ipile ńe̱lo̱k̓kana.*

(iv) *rimil* - *rimilakat́ae.*

(v) *murti* - *nui murti do̱e o̱ko̱e kana.*

(vi) *kạuḍi* - *amren kho̱n ińren kạuḍi do̱e lạṭugea.*

(vii) *guli* - *guli e̱mkaetińme.*

Noako sanam sabad do Jivianak̓ leka beoharakana. Ar sidhạ Sisirjạuic̓/Cando se̱c̓ge hudis do̱ calak̓kantabona. Kathae; Candogey onkaeda. Noa katha ho̱ṭe̱te mane do̱ Cando se̱c̓gey uduk̓et́kana. Noa do̱ Santali pạrsi reak̓ gunṭe̱t́gebo me̱n daṛeak̓a.

Santalire Be̱jivianak̓ sabad do̱ Jivianak̓ leka hõ̱ko beohar baṛaegea, jeleka :-

(i) *dulạṛ* - *dulạṛ do̱e go̱ṛo̱ama.*

(ii) *ti* - *amak̓ ti do̱e kạmia.*

(iii) *kurumuṭu* - *kurumuṭu do̱e maraṅmea*

(iv) *beohar* - *bhage beohar do̱e maraṅmea.*

ẠKIL BHAŃJAO - 20

A. Ṭoyoťkate jobab emoǩme :-

1. "*Dulạṛ doe goṛoama.*" Noa ayat reaǩ okaṭaǩ bejivianaǩ sabad jivianaǩ leka laṛcaṛakana?

   (a) doe (b) goṛo (c) dul (d) goṛoama

   (e) Noako modre oka hõ baṅ.

2. "*Daǩedae.*" Noa ayat reaǩ okaṭaǩ bejivianaǩ sabad jivianaǩ leka laṛcaṛakana?

   (a) edae (b) daǩ (c) dae (d) ae (e) Noako modre oka hõ baṅ.

3. "*Setoṅedae.*" Noa ayat reaǩ okaṭaǩ bejivianaǩ sabad jivianaǩ leka laṛcaṛakana?

   (a) edae (b) ae (c) se (d) seto (e) Noako modre oka hõ baṅ.

4. "*Ipile ńeloǩkana.*" Noa ayat reaǩ okaṭaǩ bejivianaǩ sabad jivianaǩ leka laṛcaṛakana?

   (a) ńeloǩ (b) ipil (c) kana (d) loǩ

   (e) Noako modre oka hõ baṅ.

5. "*Rimilakaťae.*" Noa ayat reaǩ okaṭaǩ sabad bejivianaǩ leka laṛcaṛakana?

   (a) ae (b) akať (c) rimil (d) kať (e) Noako modre oka hõ baṅ.

6. "*Nui murti doe okoe kana bhala!*" Noa ayat reaǩ okaṭaǩ sabad bejivianaǩ leka laṛcaṛakana?

   (a) murti (b) nui (c) okoe (d) bhala

   (e) Noako modre oka hõ baṅ.

7. "*Amaǩ ti doe kạmia.*" Noa ayat reaǩ okaṭaǩ bejivianaǩ sabad jivianaǩ leka laṛcaṛakana?

   (a) amaǩ (b) doe (c) ti (d) kạmia

   (e) Noako modre oka hõ baṅ.

8. *"Kurumuṭu do̱e marańmea."* Noa ayat reak̉ okaṭak̉ bẹjivianak̉ sabad jivianak̉ leka laṛcaṛakana?

   (a) do̱e (b) kurumuṭu (c) marań (d) mea

   (e) Noako modre oka hõ̱ bań.

9. *"Bhage beohar do̱e marańmea."* Noa ayat reak̉ okaṭak̉ bẹjivianak̉ sabad jivianak̉ leka laṛcaṛakana?

   (a) bhage (b) marań (c) beohar (d) mea

   (e) Noako modre oka hõ̱ bań.

B. O̱lkate jobab ẹmo̱k̉me :-

1. Bẹjivianak̉ jinis jivianak̉ leka Santali parsire cedak̉ hoyok̉kana? Karo̱n lạime.

21

KUDUM
(RIDDLE)

Saheb pạrsite "***kudum***" reaǩ mane do̠ hoyoǩkana - *A riddle, enigma, conundrum; question, request, petition; propose a riddle.* Ho̠ṛ le̠gcarre kudum reaǩ do̠ ạḍi man menaǩa. Noa hõ̠ sãohe̠t́ reaǩ mit́ hĩs kana. Bạḍaeteaǩ do̠ niạge je jãhãman tãhã ar se̠ ạuṛi-sạuṛi do̠ baṅko kudum baṛaea. Oka kudum reaǩ galmaraoǩkan, ona do̠ aso̠kaete go̠ṛo̠m go̠-babaǩko gitic̓ o̠kte̠ akoren go̠ṛo̠m gidrạko kudumakoa. Niạ chạḍakate kulhi piṇḍạre duṛup̓akan koṛa gidrạko hõ̠ khup̓ko kudumjo̠ṅa. Caǩ co̠ noṅkan kudum do̠ noa me̠nkateko e̠ho̠ba - *Kuḍum kuṛit́-kuṛit́ ... (kudum) ... ; ma ce̠t́?* Kudum reaǩ puṛạu ạri do̠ niạ pạṭrege - P. O. Boḍiṅaǩ kudumrebon paṛhao ńama.

A

1. Ac̓teye bandeǩa, ho̠ṛko bhũṛiyea.
   - *Jo̠ṇḍra pho̠ṭ.*

2. Aḍ o̠kte̠re do̠ jo̠to̠ge mit́ ro̠ṅ, uḍạrkate do̠ aema ro̠ṅ.
   - *Sim bele ar ho̠po̠n*

3. Ae gugu pae gugu, daǩ do̠ ạḍiye bo̠to̠raǩa.
   - *Panahi.*

4. Akaṭ bir bhitrire ṭe̠ṇḍar bo̠rlo̠m.
   - *Helta.*

5. Akaṭ bir talare boṅga kuṛi up̓ko aṛaǩakada.
   - *Backo̠m.*

6. Alak balak ḍạr, Jaepurire jo̠, thamakur leka jaṅ.
   - *Hesaǩ bele.*

7. Alaṅ baba bar apahon, ạliń baba bar apahon; pea piṭhạ tinạk̉kateko joma?
   - *Mit̓ṭenkate.*

8. Ale baṛge mulạ, okoe jomkea?
   - *Ić*

9. Ale disạm do bir bhitrire kũiko gelej.
   - *Muć.*

10. Ale jale panime hele, ek peṭ du piṭ.
    - *Jhinuk.*

11. Am do ya Ḍumkuć, tahẽ hataṛok̉me; iń do dareń dejok̉kana.
    - *Piskạ*

12. Am mam paromen, ińmań tahẽyen.
    - *Saera, dak̉ ar hako.*

13. Amma mamo akare, ińma mamo topare; alom lại baṛaea, baṅkhanko leṭo mit̓laṅa.
    - *Beṅgaṛ ar ạlu.*

14. Apat ar hopon banarge begar pạristạkin.
    - *Matkom.*

15. Apat do sõṛõsoć, hopon do kubḍhạ.
    - *Kaera.*

16. Arak̉ dạhṛi menak̉taea, sipạhi doe baṅ kana; hoṛe beret̓koa, cạukidar doe baṅ kana.
    - *Sim sạṇḍi.*

17. Aṛe aṛetema eken jaṅ, talarema eken lać.
    - *Parkom.*

18. Aṛe aṛetema sãwãeakat̓, talarema akalakat̓.
    - *Cede bohok̉.*

19. Athankuṇḍ reak̉ hoe buleṭ mũgeko ṭuṭia.
    - *Gạsić.*

20. Athanthar dak̔, ona cetanre tale dare, ona cetanre oṛak̔, oṛak̔ cetanre cando ho̱po̱n.
    - *Hukạ.*

21. Aṭheṅga paṭheṅga, ṭheṅgateko paṭeda.
    - *Sunum paṭa.*

22. Ayo hõ̱ nage – henda hõ̱ nage, dare hõ̱ nage, mẽ̱ṛhẽ̱t́ hõ̱ nage.
    – *Henda na, Pargana, Akaona, Dasaona.*

23. Ạḍigem jo̱to̱nkediń, kuḍạm se̱c̔rem akakediń.
    - *Sut́.*

24. Ạjimak̔ dearem de̱c̔kok̔a?
    - *Bhit.*

25. Ạkhir mamo̱m jo̱me̱ńgea, dạhrite̱t́ do̱ o̱co̱k̔kạtińme.
    - *Terel bele.*

26. Ạkuṭ bạkuṭ kubạ kaṭ, buḍhi kathae ińiń sojhea.
    - *Se̱ṅge̱l.*

27. Ạkuṭ bạkuṭ kubạ kaṭ, buḍhi kathaye me̱na, ińgeń sojhea.
    - *Culhạ.*

28. Ạkuṭ bạkuṭ kubạ kaṭ, dal bạisạu jumidar.
    - *Pal.*

B

29. Baba bo̱ho̱k̔ porodhol.
    - *Kadam baha.*

30. Baba kaṭa kaṛbaṅ kuṛbuṅ.
    - *Jo̱jo̱.*

31. Baha baha kuṛi, koṛa ńutuman baha.
    - *Kisṭu cuṛạ.*

32. Baha do̱ baha kangea, me̱nkhan bako bahaea, me̱nkhan jo̱m hõ̱ko jo̱mgea.
    - *Matko̱m.*

33. Baha hõ̱ko jo̱ma, jo̱ hõ̱ko jo̱ma; dạlte̱ť do̱ko rasajo̱ṅa.
    - *Matko̱m.*

34. Bahre do̱e bik̓a, oṛak̓re do̱ re̱ṅge̱jea.
    - *Bhạriạ.*

35. Balaya miť gaṇḍorekin duṛup̓a ar bakin tạkijok̓a.
    - *Dereń.*

36. Bap lo̱ṅgo̱r co̱ṅgo̱r beṭa kạbuạ.
    - *Kaera.*

37. Baper putae e̱kae nam, cho̱ṭka beṭa tiru nam.
    - *Matko̱m dare, matko̱mte̱ť, ar kũiṇḍi jo̱.*

38. Bapma cikạn co̱ko̱n beṭa kạbuạ.
    - *Kaera.*

39. Bar boehageakin, banarkin he̱nḍe̱gea.
    - *Mẽ̱ť.*

40. Bar ho̱ṛ miť gaṇḍorekin duṛup̓a, ar bakin jo̱po̱ṭedok̓a.
    - *Culhạre ṭukuċ.*

41. Bar ho̱ṛ miť talaokin tapama.
    - *Luṭi.*

42. Bar ho̱ṛ miťtekin calak̓kana, turui go̱ṭe̱ċ jaṅga menak̓tạkina, me̱nkhan poneategekin taṛam idieda.
    - *Sado̱m ar aswari.*

43. Bar laṅga mať, baṅ uṭiana.
    - *Uṗ.*

44. Barea dea miťṭe̱n laċ.
    - *Jhinuk.*

45. Barea ḍhipcui miť pinḍhạrekin duṛuṗkok̇a.
- Dereń.

46. Barea gạḍiạre jobra ńũrlenkhan dak̇ se̱ oḍokok̇a.
- Mẽ̱ť.

47. Barea gidrạ so̱ṅge̱ so̱ṅge̱kin ńira.
- Sagaṛ.

48. Bareage buṭạma goṭa disạm nạ̃ṛĩakana.
- Mẽ̱ť.

49. Bareage buṭạma goṭa dhạrti nạ̃ṛĩ chạplạuakana.
- Cando ar marsal.

50. Barea jawa gidrạ setak̇ bereť co̱ṭak̇ kho̱nkin jo̱ma, sara dinkin jo̱ma ạyuṗ ạurih jạpid hạbiċ, e̱nhõ̱ bakin bik̇a.
- Mẽ̱ť.

51. Barge̱l ho̱ṛko mak̇keťkoa, baṅ do̱ko go̱ċlena, baṅ do̱ mãyãmge jo̱ro̱lentakoa.
- Rama.

52. Baro̱ bo̱cho̱rren kạsi miť kuṭigeye jela.
- Ro̱ko̱ċ.

53. ...

54. Bạbu do̱ miť do̱mgeye lagaoaea, tayo̱mte do̱ aċgeye lagao idia.
- Sindur.

55. Bạnuk̇tińteń jo̱m ocoamkana, tahe̱ntińkhan o̱ho̱ń jo̱m ocolema.
- Baṇḍa ḍaṅgra ar rõ̱.

56. ...

57. Benao tora kho̱nge miťṭe̱n ṭukuċ do̱ko hạruṗkak̇a.
- Ro̱ko̱ċ.

58. Beṛhaete uḿ talare bhuk̓.
- *Matkom.*

59. Begor ruteye eneċa, tinạk̓ dome joma unạk̓ dome umok̓a.
- *Citri.*

60. Berelre do lạbit̓gea, belelenkhan keṭejok̓a.
- *Kuṅkạl bhajan.*

61. Berelre do mit̓ ṭhenge tahena, belelenkhan keṭejok̓a.
- *Kuṅkạl bhajan.*

62. Jharkhanḍren dhĩṛũ gại, Baṅgalreko duhạuea.
- *Masanjoṛ ḍem.*

63. Bilạn bilạn ṭanḍire barea gõeṭha, aema bhelaonḍi.
- *Cando ar ipil.*

64. Bilạti jambṛo piṭikatege poyoṛ poyoṛe dạṛa.
- *Saekel ṭayar.*

65. Bin bõkte hutum tumbạ jok̓a.
- *Bele.*

66. Bin bõkteak̓ ukhuṛ tumbạ.
- *Bele.*

67. Bin canḍbolan kulạimae dạdạṛkan, bin jaṅgwan setamae khuk̓dạukan, bin bohok̓an hoṛmae koyok̓akat̓kin.
- *Roṭe, biṅ ar kaṭkom.*

68. Bin duạranak̓ oṛak̓.
- *Lumạṅ.*

69. Bin jaṅan rakos sereṅateko jojoma.
- *Sikṛĩċ.*

70. Bin koete cet̓ ṅamok̓a, ar bin sebelte cet̓bon jomet̓kana?
- *Dudṛum ar dạtạuni.*

71. Bin ṅelte ṭamakko benaoeda.
- *Sut̓.*

72. Bin ḍạran sarjo̱m dare, hartateko ge̱da ar he̱nde̱ kaḍateko sagaṛa.
- *Iċ ar uru.*

73. Bir bir goṭa birko sendrawa, ar barea poṇḍ dhiriteko ko̱ṭe̱ċ go̱ċkoa.
- *Se ar rama.*

74. Bir bhitrire hạruṗ bạṭi.
- *Tumbạ oť.*

75. Bir guṇḍri gusur gusur, sasaṅ cẽ̱ṛẽ̱ saṛaṗ saṛaṗ.
- *Holať ar kạpci.*

76. Bir latar daṛaṅ, daṛaṅ latar sũ, sũ latar phe̱de̱.
- *Bo̱ho̱ḱ, cạndi, mũ ar moca.*

77. Bir siń sado̱m ayo sipạhi, pe̱ḍe̱l pe̱ḍe̱le kamsaoea.
- *ḍhiṅki ar hukṛuṅ kuṛi.*

78. Birren ar daḱren miťgetakinạ ńutum.
- *Icạḱ dare ar icạḱ hako.*

79. Bis ho̱ṛaḱ bo̱ho̱ḱ ge̱dre hõ̱ bako gujuḱa.
- *Rama.*

80. Boṅga kaṭa lawaṅ lawaṅ.
- *Jo̱jo̱ jo̱.*

81. Bo̱ho̱ḱ bạnuḱtaea, ho̱ṭo̱ḱ menaḱtaea, ti menaḱtaea, jaṅga bạnuḱtaea.
- *Kạmij.*

82. Bo̱ho̱ḱma araḱgetae, ho̱ṛmo̱ma he̱nde̱getae.
- *So̱so̱.*

83. Bo̱ho̱ḱre baha ḍaṇḍare gidrạ, gidrạ do̱e gocoana.
- *Joṇḍra ge̱le̱ ar pho̱ṭre goco.*

84. Bo̱ho̱ḱretae araḱ dạhṛi, sipạhi do̱e baṅ kana; ńindại ro̱na ar ho̱ṛe bereťkoa, cạukidar do̱e baṅ kana.

- *Sim sạṇḍi.*

85. Buḍhi dearem dẹc̓koḱa?
- *Bhit.*

86. Buḍhi gạṇḍi goṭa kuḍạme ciḍira.
- *Jante.*

87. Buḍhi luṭi jae jumḍhạ.
- *Pakha.*

88. Buru ḍaṅgra jonom khạrại.
- *Cạndi.*

89. Buru jopoḱre juri paṅkha.
- *Lutur.*

90. Buru kana, menkhan janwar bạnuḱkoa; bir kana; menkhan dare bạnuḱa; gaḍa kana menkhan daḱ bạnuḱa; sorok kana, menkhan gạḍi bạnuḱa.
- *naksa (map).*

91. Burure doe raga, oṛaḱre doe thirkoḱa.
- *Tirio.*

Bh

92. Bhitạr disạm hoṛ miť ńindạtege dolan oṛaḱko teara.
- *Bhuku.*

93. Bhitrire bohoḱ, cetanre pańjar.
- *Carkha.*

94. Bhuṭkạ ḍaṅgrae hukạlekhan jhạṇṭi dal dalaoḱa.
- *Tumdaḱ, ṭamak ar enec̓ kuṛi.*

C

95. Calaḱ doe baḍaea, ruạṛ do baṅ.
- *Sar.*

96. Calaḱ jokhen dom ḍhekaea, ruạṛ jokhen dom or darayea.

- *Silpiń.*

97. Calak̕ khane usulok̕a ar teṅgon khane geḍrak̕a.
   - *Jõ̱k.*

98. Calak̕ako gumur gumur, babar go̱ṭe̱n dereńtako, onkoak̕ phą̃kṛą̃k̕ bạnuk̕an, co̱ṭ dare sakamreko belea.
   - *Hão.*

99. Calak̕ma caṇḍa cạṇḍi, ruạṛma te̱he̱ me̱he̱.
   - *Iċjo̱ṅ ho̱ṛ.*

100. Caṇḍbo̱l kikạṛ ko̱ko̱ṛ, dereń jhaṅkaṛ.
   - *Kidiń kaṭko̱m.*

101. Cas do̱ko casgea, itạ do̱ bako jogaoa.
   - *Sạuṛi.*

102. Cạukidar hõ̱e baṅ kana, ńindại ro̱na, do̱ro̱ga hõ̱e baṅ kana; arak̕ ṭupriye ho̱ro̱ga.
   - *Sim sạṇḍi.*

103. Cetanre he̱nde̱ kuṛi re̱t re̱te̱, latarre e̱se̱l kuṛi ge̱t ge̱te̱.
   - *So̱so̱ bele.*

104. Cetanre hõ̱ paṭa, latarre hõ̱ paṭa. Talarema Bhaero boṅga.
   - *Ho̱ro̱.*

105. Cetanrema hirạ mạnik, inạ latarrema riṛim dak̕, ona bhitrire sona ḍombok̕.
   - *Bele.*

106. Cetan ṭola lo̱k̕a, latar ṭolareko kạumạua.
   - *Cilim ar hukạ.*

107. Ce̱t̕ atoren kanam go̱go̱? Iń do̱ bạbu, gidrạge bạnuk̕kotińa. Lạime, ce̱t̕ atoren kanae?
   - *Bạńjhiren.*

108. Ce̱t̕ atoren kanam họ? Am do̱ bạń lạiama, lutur menak̕getama. Lạime, ce̱t̕ atoren kanae?

- *Bucạ-amren.*

109. Ce̱ť atoren kanam họ? Nõ̱k̓õ̱eiń se̱nok̓kan atoren. Lạime, ce̱ť atoren kanae?
- *Ḍaharlạṅgiren.*

110. Ce̱ť atoren kanam họ? Lạiamkhaniń nãhãk̓ e̱ke̱nem landaea. Lạime, ce̱ť atoren kanae?
- *Kusi-amren.*

111. Ce̱ť ya, so̱do̱ bo̱do̱, lạpit baṅ ńapamamkana? Ar am ya, kạrã̱iṭha, dak̓ baṅ ńapamamkana?
- *Icạk̓ hako ar jõ̱k.*

112. Cẽ̱ṛẽ̱ do̱e baṅ kana; uḍạuk̓ae; tạrup̓ do̱e baṅ kana jo̱jo̱miċ, ho̱ṛ do̱e baṅ kana, tirioe o̱ro̱ṅa.
- *Sikṛĩċ.*

113. Cik cik ḍạr, cik cik pat, sonek sikṛi, rupạk ḍạr.
- *Chatar.*

114. Ciribiti caṅ caṅ, ãk ḍuru ḍuru matha nai.
- *Kaṭko̱m.*

115. Ciribiti sakam Joepurire jo̱.
- *Buṭ.*

116. Cirṛiċ birṛiċ sakam, jo̱ jhargae jhuṛgui.
- *Mạric.*

117. Coṛok̓ coṛok̓ aele; Muṇḍake bhẽ̱ṭlum; dhur po̱knẽ̱ť; hã kaka, Hạrsiń kaka, niscoe po̱knẽ̱ť? Na nani, nak nạkiċ kundạu nạkiċ ce̱mke̱ċ.
-*Po̱ko̱ť ro̱ṭe̱, biń, ar kakṛa. (Coṛok̓ coṛok̓ ro̱ṭe̱ do̱e he̱ċena bińe ńapamkedea. Biń do̱ ro̱ṭe̱ye metaekana; dhur po̱knẽ̱ť am kanam! Ro̱ṭe̱ do̱ ạḍiye mo̱n dukena. Ado̱, kakṛa ṭhene se̱nena, are metaekana; henda Hạrsiń kaka, sạrigeń po̱knẽ̱ťgea? Kakṛae ro̱ṛ ruạṛaekana; baco̱, bam po̱knẽ̱ťa, am do̱ kundạu nạkiċ leka nakhe mukhe ce̱mke̱ċgetama.)*

118. Co̱ṭ hirhiri phe̱ḍ thopnak̇.
 - *Caṇḍbo̱l.*

119. Co̱ṭ ṭuṅgạťre bahak̇a, moṭa ḍạrre jo̱k̇a.
 - *Joṇḍra ge̱le̱ ar pho̱ṭ.*

120. Co̱ṭrema gidi tukạ lo̱k̇kan, phe̱ḍrema bumbuċ hakoe bhuṛ bhuṛạuk̇kan.
 - *Cilim ar hukạ.*

121. Co̱ṭren uḍạuk̇iċ ar o̱tren janwar miťgekin raga.
 - *Kuṛĩť ar sado̱m.*

122. Co̱ṭ sermare aka datro̱m
 - *Molok̇ cando.*

Ch

123. Chir biḍir lipir ḍạr, caṅgṛe bạnuk̇a.
 - *Poraeni.*

D

124. Dak̇ latarren do̱e jãwãe kana, jạnum latarren do̱e bạhu kana, ar so̱mo̱e so̱mo̱ereko baplakinạ.
 - *Jhinuk (cun) ar thamakur.*

125. Dak̇ ṭhene se̱ṭe̱rlenkhangeye me̱na; ma kuṭuṅińme.
 - *Panahi.*

126. Dak̇ ṭunṭuniạ.
 - *Chatar.*

127. Dak̇ren ar birren miťgekin ńutumana.
 - *Icạk̇ hako ar Icạk̇ care̱ċ.*

128. Dal bạisạu bhumbuk ḍạḍi.
 - *Sunum le̱n paṭa*

129. Dara hara oṛak̇ miť ṭhengeko to̱la.
 - *Bukạ.*

130. Dara hara oṛak̓re nãwã peṛae hẹc̓akan, ḍaṭama bạnuk̓tae, kạsimako gọc̓akawade.
- *Jõ̱k.*

131. Dare dọ bạnuk̓a; mẹnkhan sakam dọ menak̓a.
- *Puthi ar sakam.*

132. Dare dọ calaoena, umul dọ tahẽ̱yena.
- *Hoṛ pañja.*

133. Dare dọ ṭhuṇḍạgea, sakam hõ̱ mit̓ṭẹngea; sakam dọ pẹ rọṅana.
- *Disạm reak̓ pẹrọṅ jhaṇḍa.*

134. Dare khọnge ńũrhạenkhanmako jiyekan.
- *Tale jọ.*

135. Ḍaṭareye gocoana, keware dọ baṅ.
- *Joṇḍra phọṭ.*

136. Dekhte raṅga cọṅga, khaete tọ bejãe sebel.
- *Kaṇṭhaṛ.*

137. Deko kuṛi sakamreko dakaea.
- *Hão.*

138. Delabon họ, mõ̱ṛẽ̱ko-turuiko, Likmi buru sendra, poṇḍ dhirire sạl sarambon mak̓ gọc̓koa.
- *Kạṭup̓ rama ar se.*

139. Ḍẹt̓ ḍẹt̓ phuci cẽ̱ṛẽ̱ mit̓ oṛak̓e jela.
- *ḍibiạ.*

140. Dillire pusi, caṇḍbọl dọ iń ṭhen.
- *Ṭiliphon.*

141. Din kalọmren bakrọn ar nẹsic̓ mĩhũ, mit̓ ṭhenlen khankin ẹm begar daṛeạkinam?
- *Dak̓.*

142. Din dinte jọ jarwak̓a, mit̓ dinte belek̓a.

- *Kuṅkạl bhajan.*

143. Dine hõ̱ rap rapa, rate hõ̱ rap rapa; sara din rap rapa.
- *Bindi.*

144. Dinitiń buḍhi gidrạ, baṅkhaniń lẹbẹť bhindạṛ goťkama.
- *Joṇḍra o̱ṛẹj.*

145. Dinman kạuạ rạuạ, ńindạtẹť cup cap.
- *Bajar.*

146. Do̱reako, dameako caṇḍbo̱lreko ńẹlea.
- *Tulạ.*

147. Duṛuṗme Ḍhena, dareń dẹjo̱ǩkana.
- *Saṅ.*

Dh

148. Dhabṛema nõ̱ǩõ̱e no̱ṇḍẹ, Lo̱ṇḍoma hanẹ haṇḍẹ.
- *Jaṅga ar mẽ̱ť.*

149. Dhạni mạni hoṛo baṅ hẹṛẹana.
- *Buluṅ.*

150. Ḍhelka latar cerka boda.
- *Kidiń kaṭko̱m.*

151. Dhẹdrẹ dhẹdrẹ oṛaǩre pạkko do̱do̱nkan.
- *O̱ho̱c̀re joṇḍra atae.*

152. Dhiri dolan duạrge baṅ.
- *Bele.*

Ḍ

153. Ḍạn cukạǩ ho̱ṭo̱r kaḍẹc̀.
- *Dowat ar ko̱lo̱m.*

154. Ḍạṅguạ bhor do̱ ạḍiko dalea, jãwãekaekhan ạḍiko dulạṛea.
- *Kuṅkạl bhajan.*

155. Ḍạr lik lik, pat lik lik, chir bidir likir ḍạr.
- Buṭ.

156. Ḍo̱m ḍo̱m, oka dare do̱ ḍo̱mana?
- Eraḍo̱m.

157. Ḍuṅgrire puṭhi hako chilibiye paera baṛaekana.
- Holať.

E

158. Eṅga-apa baṅkate ho̱po̱ngeko hạk̓mbuťa.
- Sạṛim cal.

159. Eṅgat apatma chaela boela, ho̱po̱nte̱ťma kabaṅ kubuṅ.
- Kaera.

160. Eṅgatma dạmci, ho̱po̱nma cumḍin.
- Mạric.

161. Eṅgatma dun dun, ho̱po̱nte̱ťma mõ̱ńjo̱ko̱ċ.
- Mạric.

162. Eṅgatte̱ť do̱e e̱se̱lgea, ho̱po̱nerat do̱e he̱nde̱gea.
- So̱so̱.

163. Eṅgatte̱ťe ḍo̱bo̱ga, ho̱po̱nte̱ťe ataṅa.
- Daka ṭukuċ ar karahi.

164. Eṅgatte̱ť rodho, ho̱po̱nte̱ť cikạ̃ṛ.
- Kaṇṭhaṛ.

165. Eṅgatte̱ťma dhạpri dhạpri, ho̱po̱nte̱ťma bạṛi khacaṛ.
- Mạric.

166. Eṅgatte̱ťma ram cam, ho̱po̱nte̱ťma jo̱ť cikạ̃ṛ.
- Beṅgaṛ.

167. Eṅgatte̱ťma ruhṛi, ho̱po̱nte̱ťma lạṭkiċ; dallekhanma ciṭkiċ.
- Ho̱ṛe̱ċ.

168. Iṅgạń hõ̱ bạṇḍi, ạpuń hõ̱ baṇḍa, iń hõ̱ thoṛa din khanińin

baṇḍak̇a.
- *Roṭe̱.*

169. Eṭak̇re bahak̇a, eṭak̇re jo̱k̇a.
- *Joṇḍra.*

170. E̱ aka, e̱ topa; aben do̱ko ghaṇṭa mit̕bena.
- *Beṅgaṛ ar ạlu.*

171. E̱de̱l muṇḍhạt̕ bhindạṛena, go̱k̇ ho̱ṛkoko se̱ṭe̱rena.
- *Ic̣ ar uru.*

172. E̱ haṛam ba, oṛak̇ma menak̇tam, duạrma bạnuk̇tam.
- *Lumạṅ.*

173. E̱ họ, jeleń ho̱ṛ, jhạl mũi daraekana; cekatem baḍaea họ, bin bo̱ho̱k̇ạnic̣. Bin jiviạnic̣e darameda.
- *Biń, hạti, kaṭko̱m, ghạṇṭi.*

174. E̱ họ, mõ̱ṛẽ̱ boehako, dela poṇḍ dhiri paro̱mkạńpe, hante̱ do̱ ińtegeń calak̇a.
- *Kạṭup̣ ar jo̱m jinis.*

175. E̱k jo̱jman do̱ khạsi khayega; jo̱jman ka dãt nạhi; khạsi ka haṛ nạhi.
- *Bale gidrạ ar nunu.*

176. E̱kṭi supạṛi, duṭi bepari.
- *Guric̣ guli mit̕ge̱a ar uru barea.*

177. E̱mat̕me co̱ń, ce̱t̕ ado̱m ko̱yo̱k̇ ruạṛạńkana?
- *To̱ho̱t̕.*

178. E̱rle̱t̕ apho̱rle̱t̕ mit̕ cuput̕ge hoelen.
- *Hako jhạli.*

179. E̱se̱l kuṛi hende̱ ṭukuc̣e dipilakat̕.
- *So̱so̱.*

G

180. Gaḍa aṛe aṛete bạnduk ṭeṇḍar.
  - *Icạk̓ hako.*

181. Gaḍa aṛe aṛete Mãṛ oṛak̓.
  - *Kaṭkom bhugạk̓.*

182. Gaḍa gaḍate hạṇḍi raṛeċ.
  - *Gitil.*

183. Gaḍa gaḍate hende kaḍa.
  - *Dhiri.*

184. Gaḍa gaḍate hende seta labaṅ lubuṅ.
  - *Jõk.*

185. Gaḍa gaḍate kantha aṭeṭ̓.
  - *Sealom.*

186. Gaḍa gaḍate kạuhạ cape.
  - *Roṭe.*

187. Gaḍa gaḍate pal topa.
  - *Dũṛĩ hako.*

188. Gaḍa gaḍate sui topa.
  - *Bumbuċ hako.*

189. Gaḍa gaḍate pãeṛa sohor.
  - *Dhõṇḍ biń.*

190. Gaḍa gaḍate ṭoklak̓ hạrup̓.
  - *Horo.*

191. Gaṛren bạhu ar jolaren jãwãe bin ḍhol ḍhakteko baplakinạ.
  - *Thamakur ar cun.*

192. Gạḍiạ dak̓re candoe eneċkana.
  - *Sunum piṭhạ.*

193. Gạị ar ḍaṅgra banargekin toaea.
- *Tạṛi dare.*

194. Gạị dọ bako chandayea, duk̓hạuiċe chandak̓a, hasaren mĩhũi nunuia.
- *Tạṛi chạni ar tạṛi ṭhili.*

195. Gạị dọe burumkok̓a, joṛagey ạtiṅa.
- *Kohṇḍa jọ ar nạ̃ṛĩ.*

196. Gạiye bhokraoa, mĩhũi dạṛa.
- *Bạnduk.*

197. Gẹjae gurijae duạrregeye thaṛọkak̓a.
- *Kaṭkọm.*

198. Gẹl hoṛ kulạị sendrako sẹnena, mõ̱ṛẽ̱ hoṛ kulạiko sap̓keťkoa, ar bar hoṛ dọ poṇḍ dhirire onko kulạikin koṭẹċkeťkoa.
- *Se ar rama.*

199. Gidrạre dọ apan ạpingeko tahẹna, haṛam buḍhilenkhanko jẹmṭhẹ midok̓a.
- *Sạuṛi.*

200. Gidrạre dọe bandena harakate dọ baṅ.
- *Mať.*

201. Gidrạre dọe caṇḍbọlana, lạṭukate dọ uluṅgeye tahẹna.
- *Rọṭẹ.*

202. Gidrạre dọe ḍeṅgana, harakate dọ uluṅgeye tahẹna.
- *Mať.*

203. Goṭa bir lọk̓a, guṇḍri cupi baṅ lọk̓a.
- *Ghãs rẹhẹť.*

204. Goṭa buru kulạiko sendrakoa, barea poṇḍ dhiriteko koṭẹċ gọċkoa.
- *Se.*

205. Goṭa buru lok̇a, Mahra ṭheṅga baṅ lok̇a.
- Sũṛũċ hor.

206. Goṭa dea gugu gabla.
- Kaṇṭhaṛ jo.

207. Goṭa ḍuṅgri lok̇a, koṅka moṭra baṅ lok̇a.
- Dhiri.

208. Goṭa hoṛmoe jaṅana, menek jelteye daṛana.
- Ṭaṇḍi rokoċ.

209. Goċ darere kukṛucuť baha.
- Huruť oť.

210. Goċ ḍaṅgra caṇḍbolko tulletae khangeye saheda.
- Cạpuạ.

211. Goċ ḍaṅgrae hukạia, Loṅka gaṛre seṅgel lagaok̇a, Ram Rabonkin lạṛhạia.
- Kamar sal.

212. Goċ ḍaṅgrae hukạlekhan jhạṇṭi laṛaok̇a.
- Tumdak̇, ṭamak ar naconiạ.

213. Goċ darere porodhol baha.
- Rahaṛ.

214. Gogo do patlage, baba do moṭage, unkinren pea gidrạ.
-Bijli paṅkha.

215. Goma dạmci, hoponma cumḍin.
- Mạric.

216. Gom gom, oka dare gomana?
- Mandargom.

217. Guli ḍaṅgrae hukạlekhan bạṇḍiạ ḍaṅgrae hukạ ạguia.
- Tumdak̇-ṭamak.

218. Guli gại doe ạk̇yura, kubi gại doe rorok̇a.

- *Jạnum jo̱ ar dare reak̉ jạnum.*

219. Guli gạiyem sabekhan suili gạiye ro̱ro̱k̉a.
- *Jạnum jo̱ ar jạnum.*

220. Gun gunạuk̉kanae, dumur do̱e baṅ kana, ho̱ṭo̱k̉retae poeta, Babṛẽ̱ do̱e baṅ kana.
- *Carkha.*

Gh

221. Ghane mo̱c mo̱co̱, ghane kabaṅ kubuṅ.
- *Hão.*

222. Gho̱r gusṭi miťṭe̱ngeko ...
- *Rạsun.*

223. Ghuṭureko casa dak̉reko maṇḍaea.
- *Jãṛĩ/so̱n.*

H

224. Hane̱ haṇḍe̱ ṅõ̱k̉õ̱e no̱ṇḍe̱.
- *Mẽ̱ť.*

225. Harta reak̉ ho̱e guli mũge ṭuṭi jo̱jo̱sa.
- *Gạsiċ.*

226. Haṛam ḍaṭa lawaṅ lawaṅ.
- *Ul jo̱.*

227. Haṛam ḍaṭa le̱we̱ le̱we̱.
- *Jo̱jo̱.*

228. Haṛam ho̱po̱n do̱ bako gocok̉a, buḍhi ho̱po̱ngeko gocok̉a.
- *Me̱ro̱m.*

229. Haṛamkate hõ̱e koṛa ruạṛok̉a.
- *Biṅ ar kakṛa.*

230. Haṛhať sisirko rapaga.
- *Cuṭi.*

231. Hasareko casa, hartareko khạrạia.
- *Thamakur.*

232. Haṭak̉ leka lutur bạṭi leka mẽṫ.
- *Hạti.*

233. Haṭe sẹnlenkhan Lal dada dọ bẹgọr dọsteko dalea.
- *Kuṅkạl bhajan.*

234. Hạriạṛ bagwan talare poṇḍ oṛak̉ menak̉a, ona talare hẹndẹ hoṛko tahẹnkana.
- *Mandargọm.*

235, Hạriạṛgey jok̉a, arak̉gey belek̉a.
- *Mạric.*

236. Hạti bele ḍamkać ḍumkuć.
- *Tale jọ.*

237. ...

238. Hạti lać bikạr bọkọr.
- *Bọṛ.*

239. Hạti latar cẹrọ bẹrọ.
- *Oṛak̉re họṛ.*

240. Hạ̃s ńẹlteń hataokeda, kuḍạm sẹćreń akaea.
- *Pagra.*

241. Henda họ, mõṛẽ họṛ poṇḍ buru parọm gọṫkạńpe, hantẹ dọ ińtegeń calak̉a.
- *Ti kạṭup̉ ar daka jọm.*

242. Hẹndẹ birren hẹndẹ gại, arak̉ dak̉ko ńũia.
- *Se.*

243. Hẹndẹ goḍare poṇḍ họṛẹć.
- *Silạṭre ọl.*

244. Hẹndẹ hẹndẹ cẽṛẽ hẹndẹ hẹndẹ ghãse ạtińa, ar hẹndẹ

dhirire jikikate tukạteye bo̱lo̱k̇a.
- *Holať.*

245. He̱nde̱ ho̱ṛe̱ċ poṇḍ goḍareko e̱ra, mocateko ir samṭaoa.
- *Kago̱jre o̱l ar paṛhao.*

246. He̱nde̱ kuṛi bae ḍạbrạk̇a.
- *Ata o̱ho̱ċ.*

247. He̱nde̱geko ade̱ra, arak̇geko oḍoka.
- *Salre pal.*

248. Ho̱rare ho̱ra, ki ho̱ra, rạni ho̱ra; phạd asche, ki bolche? Kal mereche.
- *Jõ̱k, ṭamak, kaṭko̱m.*

249. Hoṛogeye jo̱ma, caolegeye ija.
- *Ḍhiṅki.*

250. Ho̱e guli mũge ṭuik̇a.
- *Gạsiċ.*

251. Ho̱r ho̱rte he̱nde̱ barahe.
- *Sunum mũċ.*

252. Ho̱r ho̱rte poṇḍ simko tawak̇ idiedea.
- *Tho.*

253. Ho̱ro̱g jo̱khe̱n hasoa, ho̱ro̱k̇ ṭhikkate do̱ ạḍi hạ̃s.
- *Cuṛi.*

254. Ho̱ṭo̱k̇iń limbạťmea ariń ko̱yo̱k̇ go̱ťkama.
- *Bo̱to̱l pạurạ.*

255 Huluk buluk dho̱rte parbi to̱ hajar ṭaka pabi.
- *Umul.*

I

256. Iạ hạ, mamo̱, niạ poṇḍ dhiri paro̱mkạńme, hante̱ do̱ ińtegeń calak̇a.

- Jomak̇ ar ḍaṭa.

257. Inạgetae oṛak̇ duạr, inạregeye tahena, inạgeye joma.
- Lenḍet' ar hasa.

258. Indạra kũire on bosta beleakana.
- Hạnḍi.

259. Iṅiṅ gujuk̇a, amko jommea.
- Cẽṛẽ laṭha.

260. Irimiṭi hoṛo baṅ heṛemana.
- Buluṅ.

261. Itiċ topak̇ lebda jhạli.
- Sunuċ.

J

262. Jalat' japat' Jalpa haṛam utui kokoekana.
- Hako jhạli.

263. Janam torama maraṅ utạr, umkede khanma hopon hopon.
- Tulạm.

264. Jaṅ nahel, harta pal, bando pãeṛãteye siok̇kana.
- sukri, sonḍa, mocoṅ ar nạthu.

265. Jarge jạput' ṭiṭiṛhiċ mit'ṭengetae kaṭa.
- Catom.

266. Jãhã senge nãṛĩ calak̇a, ontege joko hõ calak̇a.
- Gaḍa dak̇ ar hako.

267. Jãhãtinạk̇gem hohoae, baṅgeye teṅgona.
- Gaḍa dak̇.

268. Je lok rekhe chilo se to gelo ghor, tumi judi morbi to aeso amake dhoro.
- Ghugri, cẽṛẽ, ar lak̇ṭhayiċ.

269. Jele dạdạṛkana, dereń bạnuk̓taea; setae khuk̓dạukana, jaṅga bạnuk̓taea; kuṅkạl koṛae ńe̠ńe̠lkana, bo̠ho̠k̓ bạnuk̓taea.
- *Ro̠ṭe̠, bih́, ar kaṭko̠m.*

270. Jel cetan jaṅ, jaṅ cetan harta.
- *Nạṛiạṛ jo̠.*

271. Jel hõ̠ jelge, jaṅ hõ̠ jelgetakoa.
- *Jõ̠k.*

272. Jo̠mlere hõ̠ bam bik̓a, ńũlere hõ̠ bam bik̓a.
- *Thamakur ar cuṭi.*

273. Jo̠ cetan jaṅ.
- *So̠so̠.*

274. Joṛao ghạṛiċ mit̓ṭe̠n, aṛak̓ ghạṛiċ barea.
- *Dạṭạuni.*

275. Jo̠to̠ buru reak̓ mat̓ uṭiana, ḍhopo buru reak̓ mat̓ baṅ uṭiana.
- *Bo̠ho̠k̓ up̔.*

276. Jo̠to̠ ho̠ṛko ḍạbrạk̓a, Phe̠de̠ eṅgat bae ḍạbrạk̓a.
- *O̠ho̠ċ.*

277. Jo̠to̠ ho̠ṛlih́ ńe̠lkoa, ạlih́ ạlih́ do̠ ạurilń ńe̠pe̠la.
- *Mẽ̠t̓.*

278. Jo̠to̠ak̓ge lo̠k̓a, koṅka moṭra baṅ lo̠k̓a.
- *Dhiri.*

279. Jo̠to̠ko me̠na; ạḍi maraṅ asrae ạḍi maraṅ asrae; me̠nkhan eṭak̓ko do̠ bae hara ocoakoa.
- *Baṛe dare.*

280. Jo̠to̠ko me̠na; lạṭugeae lạṭugeae; me̠nkhan aċ ṭhen do̠ bae duṛup̔ ocoakoa.
- *Tale dare.*

281. Jurite pukhri, jobra ńũrak̕khange dak̕ se odokok̕a.
- *Mẽt̕ ar mẽt̕ dak̕.*

282. Jo jhabar jhubur, sakam lili bici.
- *Buṭ*

283. Jo cetanre baha.
- *Kadam.*

284. Jom kene ńu kene, lecre sadomre don deċ kene.
- *Jom bikate parkomre duṛup̕.*

Jh

285. Jhador pador oṛak̕re pạkko dodonkana.
- *Ohoċre joṇḍra ata.*

286. Jhiki miki kuṛi hihi haha.
- *Mạric.*

K

287. Kaḍae burumkok̕a, joṛagey ạtińa.
- *Kohṇḍa.*

288. Kaṇḍa pheḍen, baber topak̕en.
- *Iċ.*

289. Kạri gại mit̕ṭengeye cuńciana.
- *Daka ṭukuċ.*

290. Kaṭ bạṅkure joma, dana pạniye ńũia, mundạmgeye ija.
- *Huhạṛ.*

291. Kaṭ bitkil mẽṛhẽt̕ko duhạuea.
- *Tale ar khijur dare, tạṛi celaṅ ar kato.*

292. Kaṭ gại hasa mĩhũ, gại do bako chandayea, duk̕hạuiċgeye chandak̕a.
- *Tale, tạṛi lạbni, ar tạṛi tik̕yok̕iċ.*

293. Kaṭ kholte katha calak̕a, Nạrkol bajarre bicạr hoyok̕a.

- *Hukạ.*

294. Kaṭ koro koro, kubạ ḍhae ḍhae.
- *Ḍhol.*

295. Kaṭ mạkuṛe jo̱ma, ho̱lo̱ṅ ḍigire ija.
- *Huti.*

296. Kaṭa ke̱be̱ ke̱be̱, kubạ ḍhae ḍhae.
- *Ḍho̱l.*

297. Kạilạ ḍaṅgrae hukạia, kạri gạiye bhokraoa, jhạṇṭi laṛao go̱dok̓a.
- *Tumdak̓ ṭamak ar naco̱nịạ.*

298. Kạri gại baro̱mas babar karaheye toaea.
- *Ạ̃ṛič dak̓ mạṇḍi.*

299. Kạṭič kạṭič gidrạ, lạṭu lạṭu dolan; ńe̱ltalepe họ aleak̓ khe̱mo̱ta.
- *Bhuku.*

300. Kạṭičrema putli bande, haraenkhanma bhũṛĩ ḍo̱ṅ ḍo̱ṅ.
- *Tale dare.*

301. Kisạ̃ṛ ho̱ṛ do̱ko baea, re̱ṅge̱č ho̱ṛ do̱ko giḍikak̓a.
- *Sunuč.*

302. Ko̱bjo̱ gạṇḍi kukučlenkhan ho̱po̱nmeye dạṛa.
- *Ak̓ sar.*

303. Ko̱če̱kateye calak̓a, sojhekateye ruạṛa.
- *Kaṇḍa.*

304. Kolkataren he̱nde̱ saheb bhitri jaṅreye up̓ana.
- *Tale jo̱.*

305. Kolkataren ho̱ṛ lutur phe̱ḍreye lại ama.
- *Ṭelephon.*

306. Koṭha koṭha 24 koṭha, loa jhini jhini dobṛa koṭha.

- *Ńele chata.*

307. Koṭha koṭha 32 koṭha, loa jhini jhini dobṛa koṭha.
- *Ńele chata.*

308. Koṭha koṭha 32 koṭha, bablar koṭha, lohar jhun jhuni.
- *Susurbaṅ.*

309. Kuḍạmre parwa ṭạũgi.
- *Pagra*

310. Kudum kuṛiť kuṛiť; Ḍumkạ talare ceť menaǩa?
- *M menaǩa (Ḍu-M-kạ)*

311. Kudum kuṛiť kuṛiť; hanaṭaǩ nhawaṭaǩ.
- *Haṭaǩ.*

312. Kudum kuṛiť kuṛiť; miťṭen hoṛren biṭi hopontae, jotoge cạndlạwa.
- *Kạṭuḃ, rama.*

313. Kudum kuṛiť kuṛiť; kudum caba.
- *Jhaba.*

314. Kudum kuṛiť kuṛiť; kudum dạṛmạṅ.
- *Ṭamak.*

315. Kudum kuṛiť kuṛiť; ma ceť?
- *Mạci.*

316. Kudum kuṛiť kuṛiť; muċ ḍhol.
- *Khạjạṛi.*

317. Kudum kuṛiť kuṛiť; ńutumtiń hõ ińge, sebel hõ ińge.
- *Jojo.*

318. Kudum kuṛiť kuṛiť; rajaǩ rapajaǩ mạricem goť daṛekea?
- *Susurbaṅ.*

319. Kudum kuṛiť kuṛiť; roṭe maṛom.
- *Daǩ.*

320. Kudum kuṛiť kuṛiť; ṭak̇ ṭak̇ okaṭak̇?
- *Haṭak̇.*

321. Kũi ho̱ sikuṗen, baber hõ̱ topak̇ena.
- *Iċ sa̱tena.*

322. Kuḷaimae ḍaḍaṛkan, caṇḍbo̱lma bạnuk̇tae; setamae khuk̇ḍạukan, jaṅgama bạnuk̇tae; rajamae ko̱yo̱k̇akaťkin, bo̱ho̱k̇ma bạnuk̇tae.
- *Ro̱ṭe̱, biń, ar kaṭko̱m.*

323. ...

324. Kuṅkạlak̇ bhajan, Tiliak̇ sunum, onare hạtiak̇ suṇḍ, ar ona cetanre aboak̇ jhaṇḍa.
- *Mạli.*

325. Kuṛi do̱e baṅ kana, sạṛiye bandek̇a; koṛa do̱e baṅ kana, gocoanae.
- *Joṇḍra pho̱ṭ.*

Kh

326. Khalak̇ reak̇ pukhrire care̱ċteko bã̤ṛsikoa.
- *Matko̱m.*

327. Khayar birre bayar kaḍako ạtińa ar arak̇ bandre dak̇ko ńũia.
- *Se.*

328. Khayar birren bayar kaḍae go̱ċlenkhan mãyãm do̱ko ńũitaea ar jel do̱ko giḍikak̇a.
- *Hạṇḍi ar mera.*

329. Khayar burure bayar kaḍako lạṛhạikana.
- *Se.*

330. Khuṇṭireko casa, kumbeťreko khạṛạia, ar khạṛạí do̱ko je̱re̱ťaťge.
- *Kuṅkạl bhajan ar bhaṭa.*

L

331. Laha tayom joḱa, miť domte beleḱa.
- *Kuṅkal bhajan.*

332. Laha tayomko aḍakoa miť domteko uḍarkoa.
- *Sim bele ar hopon.*

333. Lacretae moca, jãhãtinạḱgeye jom baṅgeye biḱa.
- *Jante.*

334. Lahate do ṭhoṛoḱ ṭhoṛoḱ, inạkate gasal gasal.
- *Sasaṅ riť.*

335. Lal baba haṭe jae, binạ dose mar khae.
- *Kuṅkal bhajan.*

336. Lal ńutuman koṛa ṭen kilạsreye paṛhaoḱkana.
- *Lalṭen.*

337. Laṛga hoṛren gidrạ tarenreko ḍhilwạṅoḱa.
- *Tale jo.*

338. Lạṛgi kuṛiren heneo gidrại gocoana.
- *Joṇḍra.*

339. Lạṭić maraṛ ńelte ulidaḱge joroḱa.
- *Jojo jo.*

340. Lạṭu darere kạṭić jo, kạṭić darere lạṭu jo.
- *Hesaḱ ar beṅgaṛ.*

341. Lạṭu hoṛ doe ḍoboga, kạṭić hoṛ doe ataṅa.
- *Daka ạṛić.*

342. Lebeť lekhangeye gạsija.
- *Ḍhiṅki.*

343. Lecek pecek ḍeḍeṅ ḍeḍeṅ, pea bohoḱ gel goṭen kaṭa.
- *Sioḱ hoṛ ar barea ḍaṅgra.*

344. Lẹń lẹṅgọṛ parọmena, sutạm lẹṅgọṛ tahẹ̃yena.
- *Gaḍa dak̕ ar sealom.*

345. Lik lik lik, jhilik lipik ḍạr.
- *Kaera dare.*

346. Lipi kaṭa jọrọṅ jọrọṅ.
- *Mạric.*

347. Lọlọte seteṅok̕a, setoṅte sahrẹk̕, họete rọhọṛọk̕a.
- Bal bal dak̕.

348. Laṅtiti cẹ̃ṛẹ̃, sona reak̕ ṭhọṇṭatae, cupite dak̕e ńũia.
- *Mạli.*

M

349. Mã-baba cikạn cọkọn beṭa kạbuạ.
- *Kaera.*

350. Marak̕ kaṭa hampa, lipi kaṭa jọrọṅ jọrọṅ.
- *Mạric.*

351. Maraṅ buruko sendraea, poṇḍ dhirire jelko gọc̕koa.
- *Se.*

352. Maraṅ utạr oṛak̕, mit̕ṭẹnge khuṇṭi dọ.
- *Catọm.*

353. Mạńjhi haṛame dạdạṛkana. jaṅga bạnuk̕taea; paranike kọyọk̕akada, bọhọk̕ bạnuk̕taea.
- *Hako ar kaṭkọm.*

354. Mãyãmge sebela, jel dọ baṅ.
- *Hạṇḍi.*

355. Mãyãmgeko jọma, jel dọko giḍikak̕a.
- *Hạṇḍi.*

356. Mehra mihri dare aema lekan sakam.
- *Bharṇḍo.*

357. Men gidrạ ńirjoṅpe lạṭiċkateń gujuk̓kana.
- *Siń saṛpa jo.*

358. Men ya gidạr pidạr dạṛjoṅpe; iń doń cahaṗ gujuk̓kana.
- *Siń aṛak̓ jo.*

359. Mẽt̓ menak̓taea, bae ńeńela, moca menak̓taea, bae roṛa; mũ menak̓taea, bae saheda; lạime okoe kanae.
- *Putul.*

360. Mimit̓ goṭente jok̓a, mit̓ dhaote belek̓a.
- *Kuṅkạl bhajan.*

361. Mit̓ apatren aema lekan hopon.
- *Kuṅkạl bhajan.*

362. Mit̓ bitạ dare hajar leka jok̓a.
- *Kuṅkạl cãk.*

363. Mit̓ bojha mẽṛhẽt̓ rikuṗtegeye topaga.
- *Iċ.*

364. Mit̓ capak̓ guriċ goṭa duniạ bhelaoṇḍi.
- *Cando ar Ipil.*

365. Mit̓ cukạk̓ ghaṅgra ata.
- *Ḍaṭa.*

366. Mit̓ cukạk̓ ghaṅgra teke.
- *Moca ḍaṭa.*

367. Mit̓ dereńan gại, tinạk̓em emaea, unạk̓geye joma, menkhan bige bae bik̓a.
- *Jante.*

368. Mit̓ gel hoṛ, mit̓ṭen sińjạ bele joto hoṛ goṭa goṭageko joma.
- *Hukạ.*

369. Mit̓ ghạṛitem gateyea, mit̓ ghạṛitem laga giḍikaea.
- *Patṛa.*

370. Mit̓ gaṇḍorekin duṛup̓re hō̱ bakin jo̱po̱ṭedok̓a.
- *Dereń.*

371. Mit̓ ghaṇṭare pea sạṛi ro̱ho̱ṛo̱k̓kana, to̱be̱ 6 go̱ṭe̱n sạṛi ro̱ho̱ṛo̱k̓ lạgit̓ tinạk̓ ghaṇṭa lagaok̓a?
- *Mit̓ ghaṇṭa.*

372. Mit̓ go̱ṭe̱n tale jaṅ, mamo̱ bhạgnạ, sanam ho̱ṛteko co̱po̱c̓ hạṭińa.
- *Hukạ.*

373. ..

374. Mit̓ ho̱ṛ barea bostae go̱k̓ baṛaea.
- *Jhinuk.*

375. Mit̓ ho̱ṛ dak̓rey calak̓khan umạr ghaṭaok̓taea.
- *Sạbun.*

376. Mit̓ ho̱ṛ do̱ dinạm hilạk̓e karhaea, e̱nhō̱ baṅe sạt daṛeak̓a.
- *Hatarok̓.*

377. Mit̓ ho̱ṛ do̱ dinạm hilạk̓ mocae misik̓a.
- *Ko̱lo̱m*

378. Mit̓ ho̱ṛ do̱ bhurni bhugạk̓re hante̱ nhate̱ye ńir paro̱mok̓a.
- *Kicric̓ teń mạku.*

379. Mit̓ ho̱ṛ do̱ bire karhaea.
- *Nạkic̓.*

380. Mit̓ ho̱ṛ do̱ bhitri lac̓reye ḍaṭawana.
- *Holat̓.*

381. Mit̓ ho̱ṛ do̱ bo̱ho̱k̓ko kuṭạmea, e̱ṇḍe̱khane jo̱ma.
- *Rukạ.*

382. Mit̓ ho̱ṛ do̱ cahap̓kategeye arjaoa.
- *Saera.*

383. Mit' hoṛ do bukạm linletaekhangeye beṅgeda.
- *Limbạt' bạti (torch light).*

384. Mit' hoṛ do tayom sec̓em linikhangeye joma.
- *Kạpci.*

385. Mit' hoṛ do hende dhiriye joma, landawateye dạṛa, ar dhũạ̃geye gạsija.
- *Relgạḍi.*

386. Mit' hoṛ do goṭa hoṛmoe bhumbriana.
- *Kaṇṭhaṛ.*

387. Mit' hoṛ do lac̓teye daṛana.
- *Biń.*

388. Mit' hoṛ do lac̓em bokṛo lekhangeye sereńa.
- *Banam.*

389. Mit' hoṛ do hajar goṭen ńutumtae.
- *Hạṭiạ.*

390. Mit' hoṛ do oṛak̓e asen baṛaea.
- *Goṅgha.*

391. Mit' hoṛ do unumkategeye arjaoa.
- *Jhạli.*

392. Mit' hoṛ do oṛak̓e cakha ạcura.
- *Pạ̣i.*

393. Mit' hoṛ do mit' rogoṛ ạkhạiniye gok̓ baṛaea.
- *Seta (caṇḍbol)*

394. Mit' hoṛ do setagok̓e ńel hora, ar mit' hoṛ do ạyubok̓e ńel hora.
- *Parkom ar ḍhiṅki.*

395. Mit' hoṛ do mãyãmgeye ńũia.
- *Sikṛĩc̓.*

396. Miť hoṛ do piṇḍhạ latarreye cahap̍kak̍a.
- *ṭoroḍaṅ.*

397. Miť hoṛ do tinạk̍ko lebedea, unạk̍geye joma, menkhan bige bae bik̍a.
- *Ḍhiṅki.*

398. Miť hoṛ do mũtege dak̍e ńũia.
- *Hạti.*

399. Miť hoṛ do tarenreye mẽťana.
- *Kaṭkom.*

400. Miť hoṛ do kopedae ulạiae.
- *Pạ.*

419. Miť hoṛ doe mena setak̍ hodok̍ma; ar miť hoṛ doe mena, alo setak̍ hodok̍ma.
- *Parkom ar ḍhiṅki.*

401. Miť hoṛ do gel goṭeće kaṭawana.
- *Kaṭkom.*

402. Miť hoṛ do jãhãtegeye calak̍, oṛak̍ doe idi toraea.
- *Goṅgha.*

403. Miť hoṛ koṛare do bahae rebeťkak̍a, haṛamlenkhane tarwaṛeye gok̍kak̍a.
- *Hoṛeć.*

404. Miť hoṛ pe hoṛteko dipilkaea.
- *Culhạre ṭukuć.*

405. Miť hoṛ setak̍ tora khon ạyup̍ hạbić ạkhạiniye gok̍ baṛaea.
- *Seta ar caṇḍbol.*

406. Miť hoṛmae dạdạṛkan, jaṅga bạnuk̍taea, miť hoṛmae ńeńelkan, bohok̍ bạnuk̍taea.
- *Biṅ ar kaṭkom.*

407. Miť hoṛak̓ hoṛmore aema bhugạk̓.
- *Parkom.*

408. Miť hoṛe aḍakoa, joto hoṛteko uḍạrkoa.
- *Daka.*

409. Miť hoṛe meneda, iń do am lạgiť; ar am do hạniye duṛup̓akan, uni lạgiť.
- *Leṇḍeť, hako ar bạ̃k̓ṛsi hoṛ.*

410. Miť hoṛem oyoṅekhangeye bar horok̓a.
- *Ạrsi.*

411. Miť hoṛren merom do joṭeť lekhangeye raga.
- *Tumdak̓.*

412. Miť iṭạ reak̓ kũi, hajar hajar bhugạk̓; dak̓ loloko dhão dhão.
- *Dumur chata.*

413. Miť jạt hoṛ do bin dak̓tege hasa oṛak̓ko benaoa.
- *Bhuku.*

414. Miť kumbạre barea duạr.
- *Mũ.*

415. Miť kuṭi jel barea haṭak̓teko hạrup̓kak̓a.
- *Jhinuk.*

416. Miť kuṭrạ ạ̃kge joto hoṛteko cepeč hạṭiṅa.
- *Cuṭi.*

417. Miť nahelteye siok̓a, barea ãṛgomteye ãṛgoma.
- *Dạtạuni.*

418. Miť pạilạ rambṛa atam lekha cabakea?
- *Ipil.*

419. Miť patṛa leher suṛạ mõṛẽ sae hoṛko joma.
- *Kaḍa gurič ar uru.*

420. Mit̕ ro̱ko̱me aḍakoa, aema ro̱ko̱me uḍạrkoa.
- *Sim bele.*

421. Mit̕ ro̱ṅrenko aḍakoa aema ro̱ṅrenko uḍạrkoa.
- *Sim bele ar ho̱po̱n.*

422. Mit̕ sae bitkil mit̕ ḍahartegeko dạṛa.
- *Relgạḍi.*

423. Mit̕ soṇḍatege disạmiń haraṛ cabakeda.
- *Pal.*

424. Mit̕ ṭạṇḍi me̱ro̱m bhelaoṇḍi, mit̕ capak̕ guric̕.
- *Ipil ar cando.*

425. Mit̕ thạri lạḍum jo̱m cabakea?
- *Ipil.*

426. Mit̕ṭe̱n arak̕ ḍaṅgra dak̕e ńũlekhangeye gujuk̕a.
- *Se̱ṅge̱l.*

427. Mit̕ṭe̱n ayo gidrạre do̱e bandek̕a, sẽ̱ṛãkate do̱e uluṅok̕a.
- *Mat̕ dare.*

428. Mit̕ṭe̱n baṅgla sat ṭi duạrana.
- *Tirio.*

429. Mit̕ṭe̱n bitkil lac̕retae ḍaṭa.
- *Jante.*

430. Mit̕ṭe̱n buḍhi ḍe̱ke̱re le̱be̱t̕lekhan caolegeye ulạia.
- *Ḍhiṅki.*

431. Mit̕ṭe̱n buḍhi do̱ siń hõ̱ko o̱rea ńindạ hõ̱ko o̱rea.
- *Silpiń.*

432. Mit̕ṭe̱n buḍhi duạrregeye thapṛoga.
- *Kaṭko̱m.*

433. Mit̕ṭe̱n buḍhi ge̱jae gurijae duạrregeye thapṛok̕kak̕a.
- *Kaṭko̱m.*

434. Miťṭen buḍhi gidrạko rejea arko lebeť bhindạṛ goťkaea.
 - *Jonḍra oreċ.*

435. Miťṭen buḍhi jaoge setaḱre mẽťhãko abea ar mocareko jholayea.
 - *Culhạ.*

436. Miťṭen buḍhi rạṭu pạṭui joma, ponḍgeye ija.
 - *Culhạ ar toroċ.*

437. Miťṭen cạndlạ cẽṛẽ nonḍem aṛaḱ lekhan goṭa disạme dãṛã ạcura.
 - *Ciṭhi.*

438. Miťṭen cẽṛẽ banar seċ cupi menaḱtaea.
 - *Phuṛuḱ.*

439. Miťṭen cẽṛẽ canḍbolte daḱe ńũia ar mocate do seńgelgeye ulạia.
 - *Ḍibiạ.*

440. Miťṭen cẽṛẽ seċte carae idia.
 -*Sui ar sutạm.*

441. Miťṭen cẽṛẽ din dine belea miť dine hoponkoa.
 - *Kuńkạl bhajan.*

442. Miťṭen cẽṛẽ goṭa oṛaḱe jela.
 - *diuhạ.*

443. Miťṭen cẽṛẽ laha tayome cupiana.
 - *Phuṛuḱ.*

444. Miťṭen cẽṛẽ mocategeye belea.
 - *Gońgha.*

445. Miťṭen cẽṛẽ phạ̃kṛạ̃ḱtegeye belea.
 - *Meral jo.*

446. Miťṭen cẽṛẽ uḍạuḱ tuluċgeye belea.
 - *Carkha.*

447. Miťṭe̱n cẽ̱ṛẽ̱aḱ jeltege disạm ho̱ṛko aṇṭaoḱa.
- *Diuhạ.*

448. Miťṭe̱n ḍakṭo̱r aema rugi, ḍakṭo̱r miť ho̱ṛe ńe̱llekhange jo̱ṭo̱ko besoḱa.
- *Ṭukuc̓re isinoḱ daka.*

449. Miťṭe̱n ḍaṅgra bin lagateye calaḱa, arem ṭuṇḍutane̱c̓ lekhan sojheye gitic̓ kuṛcuṅoḱa.
- *Le̱ṇḍo̱ṅ.*

450. Miťṭe̱n ḍaṅgra bukạregeye biḱa.
- *Huṇḍạ jhạli.*

451. Miťṭe̱n ḍaṅgra caṇḍbo̱lreko joṛaoea.
- *Sui.*

452. Miťṭe̱n ḍaṅgra do̱ caṇḍbo̱lreko do̱r damea.
- *Tulạ.*

.453. Miťṭe̱n ḍaṅgra to̱lkategeye ạtińa.
- *Kohṇḍa.*

454. Miťṭe̱n ḍaṅgrae jo̱m bilenkhange caṇḍbo̱le tula.
- *Tulạ.*

455. Miťṭe̱n dare aema leka jo̱ḱa.
- *Kuṅkạl cãk.*

456. Miťṭe̱n dare baṅ buṭạwana.
- *Alakjạ̃ṛĩ.*

457. Miťṭe̱n dare baṅ do̱ re̱he̱ťana baṅ do̱ sakamana.
- *Alakjạ̃ṛĩ.*

458. Miťṭe̱n dare e̱ke̱n miťṭe̱nge sakamana.
- *Jhaṇḍa.*

459. Miťṭe̱n darere aema jo̱ḱa ar miťte beleḱa.
- *Kuṅkạl bhajan.*

460. Mit̕ten darere mit̕ge joḱa ar baro rokom bahaḱa.
- *Sim bele ar hopon.*

461. Mit̕ṭen ḍaṅgra phā̃kr̥ā̃ḱ menaḱtaea; jom bilenkhan racarey manḍraoḱa; ado garjaotey uḍauḱa.
- *Uḍauḱ gaḍi.*

462. Mit̕ṭen ḍet̕ ḍet̕ sim, mit̕ oṛaḱe jela.
- *Ḍibia.*

463. Mit̕ṭen ḍhipcui mit̕ṭen hoṛ phuc phuce ạtkirea.
- *Saekel.*

464. Mit̕ṭen ganḍar kaṭe joma, cikā̃ṛ hõe cikā̃ṛa; ar piṭwạ paṭwaye ija.
- *Ronda.*

465. Mit̕ṭen gaḍare mit̕ṭen hakom goc̕lekhan sanam hakoko gujuḱa.
- *Daka tunum.*

466. Mit̕ṭen gại goṭa bạihạṛ reaḱ daḱe ńũ cabaere hõ bae biḱa.
- *Saera.*

467. Mit̕ṭen gại goṭa bạihạṛe ạtiṅa, canḍbolreye biḱa.
- *Hunḍạ jhạli.*

468. Mit̕ṭen gại goṭa bạihạṛe ạtiṅa, enhõ bae biḱa.
- *Datrom.*

469. Mit̕ṭen gại lac̕regeye pạgura.
- *Jante.*

470. Mit̕ṭen gại do jạrhiregeye ạtiṅa, ar canḍbolregeye biḱa.
- *Hunḍạ jhạli.*

471. Mit̕ṭen gidrạ ạyup̕lenkhangeye mena; delaṅ baba pinḍhạ gitic̕.
- *Ṭoroḍaṅ.*

472. Miťţen gidrạ cokaekhangeye raga.
- *Tirio.*

473. Miťţen gidrạ coţ buru khone rum ãŗgona.
- Sarjom jo.

474. Miťţen gidrạ jãhãegeko cokae, mocareye gạsićakoa.
- *Cuţi.*

475. Miťţen gidrạ Lal-aea, kilạs ţenreye paŗhaokakana.
- *Lalţen.*

476. Miťţen gidrạ setaklen khangeye mena; delaṅ baba gaḍa don parom.
- *Kicrić teń mạku.*

477. Miťţen gidrạ setaklen khangeye mena; delaṅ baba kõk bele halaṅ.
- *Matkom halaṅ.*

478. Miťţen gidrạ setaklenkhangeye mena; delaṅ baba unumok.
- *Pal.*

479. Miťţen gidrạ do ḍorako orle khangeye raga.
- *Ţena ḍaṅ.*

480. Miťţen gidrạ lutur doko peţerea, lać doko gedea, khan khube landaea.
- *Banam.*

481. Miťţen gunḍri goţa ḍuṅgriye ńir ạcuroka.
- *Kạpci.*

482. Miťţen haḍgar lebeťlekhan aḍraokateye dạŗa, ar paraţ paraţe gạsić idia.
- *Phoţo gạḍi.*

483. Miťţen hạti sunḍte turui goţene ḍukạwana.
- *Culhạ.*

484. Mit̕ṭe̠n ho̠po̠nera, barea jãwãe gomket, pea balatte̠t̕; ma ńumkom?
- *Ho̠po̠nerat do̠ am, jãwãe gomket do̠ aben, ar balatte̠t̕ do̠ ape.*

485. Mit̕ṭe̠n ho̠ṛ ạyup̕ tora kho̠n piṇḍhạ latarreye cahap̕kak̕a, setak̕ utạr oṛak̕teye ruạṛa.
- *Ṭo̠ro̠ḍań.*

486. Mit̕ṭe̠n ho̠ṛ beṛhae ḍuṅgriye ńir ạcurok̕a.
- *Kạpci.*

487. Mit̕ṭe̠n ho̠ṛ calak̕ do̠e baḍaea, hijuk̕ do̠ bań.
- *ạpạṛi.*

588. Mit̕ṭe̠n ho̠ṛ co̠ṭ buru kho̠ne rum phe̠ḍo̠k̕a.
- *Sarjo̠m jo̠.*

489. Mit̕ṭe̠n ho̠ṛ dinạm hilạk̕ mocae he̠nde̠k̕a.
- *Ko̠lo̠m.*

490. Mit̕ṭe̠n ho̠ṛ dinạmge mocae misik̕a.
- *Ko̠lo̠m.*

491. Mit̕ṭe̠n ho̠ṛ diṛim diṛimko dalea e̠nhõ̠ baṅgeye raga.
- *Bạndi guḍạu.*

492. Mit̕ṭe̠n ho̠ṛ goṭa bạihạṛ reak̕ dak̕e ńũ cabaea, e̠nhõ̠ bae bik̕a.
- *Saera.*

493. Mit̕ṭe̠n ho̠ṛ goṭa ho̠ṛmo̠e bhumbriana.
- *Kạṇṭhaṛ.*

494. Mit̕ṭe̠n ho̠ṛ lacre to̠lkateko tulea, ado̠e bik̕a.
- *Tulạ.*

495. Mit̕ṭe̠n ho̠ṛ mocateye taṛama ar he̠nde̠ dak̕e ulạ idia.
- *Ko̠lo̠m.*

496. Miťṭen hor̤ ponea jaṅgatae, mẹnkhan bareategeye tar̤ama.
- Saekel ar hor̤.

497. Miťṭen hor̤ sadọmreko dẹjẹa ar ọr ṭẹń ṭẹńkate mutạkte luṭhum luṭhumko dalea, dal gulạṇḍ utạreako.
- Ghur̤iạ ar bạndi.

498. Miťṭen hor̤ setak̇re 32 gọṭẹn khẹte sia, ar si bhagaokate nahel dọ kuṭrạkateye capaṫ giḍikak̇a.
- Dạtạuni.

499. Miťṭen hor̤ setak̇rey unumok̇a, ar ạyup̀e puṭạgok̇a.
- Nahel ar pal.

500. Miťṭen hor̤ siń sạṭup̀ lar̤aok̇tegeye tahẹna, are thir tanẹc̀len khan luturko pẹṭẹrea.
- Ghạr̤i.

501. Miťṭen hor̤ ṭuilạko ọrlekhangeye phupuạk̇a, ar aṅgrageye ulạia.
- Cạpuạ.

502. Miťṭen hor̤ dọ inạtegeye siok̇a, inạtegeye ãgọma.
- Dạtạuni.

503. Miťṭen hor̤ dọ mocam gasaolekhan hẹndẹgeye bẹja.
- Jharna kọlọm.

504. Miťṭen hor̤ dọ nẹse or̤aga, kalọme duạra.
- Lumạṅ.

505. Miťṭen hor̤ dọ or̤ak̇e kuṭuṅ bar̤aea.
- Goṅgha.

506. Miťṭen hor̤ dọ piṇḍhạ latarreye cahap̀kak̇a.
- Ṭọrọḍaṅ.

507. Miťṭen isirege gẹl gọṭẹn ḍaṅgrako jor̤aokoa.
- Hatarok̇.

508. Miťṭen janwar goṭa buru reaǩ palhae jom cabaea, ar poṇḍge miť celaṅe ija.
- *Culhą.*

509. Miťṭen kaḍa do goṭa jolae ątińre hõ caṇḍbolregeye biǩa.
- *Huṇḍą jhąli.*

510. Miťṭen kaṇḍare pe lekan daǩ.
- *Sim bele.*

511. Miťṭen karha mõṛẽ hoṛteko otaea.
- *Nąkič.*

512. Miťṭen khąrąi tis hõ baṅ rohoṛoǩa.
- *Alaṅ.*

513. Miťṭen kombṛoe saṗlenkhan joto kombṛoko saboǩa.
- *Ṭukuč daka tunum.*

514. Miťṭen kuṅkąl do eae sae bhajane goga.
- *Tale dare ar jo.*

515. Miťṭen kuṅkąl teṅgokatege bhajane ąkhrińtaea.
- *Tale dare ar jo.*

516. Miťṭen kuṛi dearetae nunu.
- *Haṭaǩ.*

517. Miťṭen kuṛi gidrąre doe bandeǩa, ląṭukate doe ląṅṭiǩa.
- *Mať dare.*

518. ...

519. Miťṭen ląkuǩ phąkuǩ haṛam tuiląko orlekhane phupąuǩa, ar seṅgelgeye gąsija.
- *Cąpuą.*

520. Miťṭen toa bele, barea ḍhipcuite bakin jom caba daṛeaǩa.
- *Ṭamak.*

521. Miťṭen mącire barea balayakin duṛuṗkoǩa, enhõ bakin

jhogṛak̇a.
- *Culhaṛe conda ṭukuc̓.*

522. Mit̓ṭen maejiu ac̓ren hende merom kuḍạmregeye tolkaea.
- *Sut̓.*

523. Mit̓ṭen oṛak̓re mit̓ hoṛe bolok̇a, bar hoṛkin oḍokok̇a.
- *Jantere dạl rit̓.*

524. Mit̓ṭen oṛak̓ren sanam hoṛko ruạk̓kana, mit̓ hoṛak̓ nãṛĩm tunumlekhan sanam hoṛak̓ ruạm baḍaetakoa.
- *Isinok̓ daka.*

525. Mit̓ṭen mahajon setak̓ tora mit̓ṭen gidrại kuliyedea, Hã re tor baba kothae gelo? Gidrại roṛ ruạṛkeda; iń gogo do ekṭakate dui ar iń baba do ạglạ pạclạ khelte gelo.
- *Eṅgattet̓ do dạl rit̓e senakana ar apattet̓ do jorok̓.*

526. Mit̓ṭen merom do dak̓re hõe ạtińa, ar ṭạṇḍire hõe ạtińa.
- *Roṭe.*

527. Mit̓ṭen merom lac̓retae bohok̓.
- *Carkha.*

528. Mit̓ṭen nahel pe hoṛteko siok̇a, ar dos hoṛteko ãṛgoma.
- *Dạtạuni ar hatarok̓ kaḍec̓.*

529. Mit̓ṭen nunure sae sae hoponko jembet̓kok̇a.
- *Kaṇṭhaṛ.*

530. Mit̓ṭen oṛak̓re baro goṭen sener, mit̓ṭengea khuṇṭi do.
- *Catom.*

531. Mit̓ṭen oṛak̓re mit̓ hoṛe bolok̇a, bar hoṛtekin oḍokok̇a.
- *Jantere dạl rit̓.*

532. Mit̓ṭen oṛak̓ren sanam hoṛko ruạk̓kana, mit̓ hoṛak̓ nãṛĩm tunumlekhan sanam hoṛak̓ ruạm baḍaetakoa.
- *Isinok̓ daka.*

533. Miťțen phuci cẽṛẽ miť oṛak̇e jela.
- *Diuhạ.*

534. Miťțen pukhrire jobra ńũrlenkhange dak̇ se oḍokok̇a.
- *Mẽť ar mẽť dak̇*

535. Miťțen rạniak̇ kicrić tisge baṅ rohoṛok̇a.
- *Alaṅ.*

536. Miťțen rosgola barea khạji kuthạpadakin idia.
- *Gurić guli ar barea uru.*

537. Miťțen rugi țhok̇ martem koțećlekhangeye bogek̇a.
- *Daka țukuć.*

538. Miťțen sạdhu ḍukạ țhene suduk̇a.
- *Jonok̇.*

539. Miťțen sạṛi bande goco kuṛi heo khon bae pheḍok̇a.
- *Joṇḍra phoț.*

540. Miťțen sim hopon miť oṛak̇e jela.
- *Ḍibiạ.*

541. Miťțen țạṇḍire eken poṇḍ gạiko aḍawakan tahẽkana, uḍạrenkhange aemako roṅena.
- *Sim bele ar hopon.*

542. Miťțen thạrire barea rosgola, miťțen do lolo ar miťțen do reaṛ.
- *Siṅ cando ar ńindạ cando.*

543. Miťțen țhuṇḍgạ darere sakam do miťțengea, ona do pe roṅana.
- *Peroṅ jhaṇḍa.*

544. Miťțen topare mõṛẽ gel goć hoṛ, moca do hendegetakoa.
- *Sạlại.*

545. Miťțene jaṅgawana, gelbar goțene pańjarana.
- *Catom.*

546. Miťṭe̱ne joṛaoea bareae aṛak̇kinạ.
- *Dạtạuni.*

547. Miťṭe̱ntey siok̇a, bareatey karhaea.
- *Dạtạuni ar hatarok̇.*

548. Mocateye jo̱ma lac̆teye pạgura.
- *Jante.*

549. Mõ̱ńj ńe̱lteń ho̱ro̱ga, adha bo̱lo̱lenkhaniń is isa, purạ bo̱lo̱len khaniń landaea.
- *Cuṛi.*

550. Mõ̱ṛẽ̱ boeha miťtegeko tahe̱na.
- *Kạṭuṗ̣.*

551. Mõ̱ṛẽ̱ boeha miťṭe̱n nahelte dinạm hilạk̇ miťṭe̱n kocage ko siok̇a.
- *Dạtạunik̇.*

552. Mõ̱ṛẽ̱ boehawako, sanamko cạndlạgea.
- Kạṭuṗ̣.

553. Mõ̱ṛẽ̱ gaḍa dak̇ miť bhugạk̇tege paro̱m calak̇a.
- *Gại toa.*

554. Mõ̱ṛẽ̱ ho̱ṛteko siok̇a, do̱s jo̱nateko karhaea.
- *Dạtạunik̇ ar hatarok̇.*

555. Mõ̱ṛẽ̱ ro̱ṅren mõ̱ṛẽ̱ go̱ṭe̱n parwa, ṭạ̃ugiteko bo̱lo̱lenkhanko miť ro̱ṅenge.
- *Pan.*

556. Muṇḍạ boṅga co̱ṭ buru kho̱ne rum phe̱ḍo̱k̇a.
- *Sarjo̱m jo̱.*

557. Muṇḍạ ḍaṅgram gupikea?
- *Tạruṗ̣.*

558. Muṇḍạ kạ̃ṛbam otakea?
- *Kidiń kaṭko̱m.*

559. Muṇḍạkoren peṭhãṛem eseť sambṛaokea?
- *Ạpạṛi.*

560. Mũremae duṛuṗakan, mẽťremae japaǩakan, luturremae saṗakan; ma lạime, cele kanae?
- *Casma.*

N

561 Na na, oka dare nawana?
- *Akaona.*

562. Noa poṇḍ dhiri parọmkạńme, hante dọ ińtegeń calaǩa.
- *Jọm jinis ar ḍaṭa.*

563. Nirọnre, rabańre miť eḍhegeye tahena.
- *Jante.*

564. Noaṭaǩ dọ bań hanaṭaǩ.
- *Haṭaǩ.*

565. Ńindạ bhore daṛana, siń dọ kaṭa kuṭuṅkateye jạpida.
- *Bardũṛũċ.*

O

566. Okate buḍhim calaǩkan, iń hõ ọr torakạńme.
- *Silpiń.*

567. Okate họ Kạilạ mạńjhi? Nọtege họ Goco Paranik.
- *Jõk ar icạǩ hako.*

568. Okate mamọm calaǩkana, iń hõ ọr torakạńme.
- *Silpiń.*

569. Oṛaǩ dọ khiṛki khọn dọn toťena, tahen hoṛ dọko saṗ ocoena.
- *Daǩ, jhạli ar hako.*

570. Oṛaǩ menaǩa, duạr bạnuǩa, hoṛ menaea, rọṛ bạnuǩa.
- *Hoṛ topa.*

571. Oṛagako, duạrako, dakaeako-utuiako; mẹnkhan bako jọma.
- *Gidrạkoak̇ daka utu ẹnẹċ.*

Ọ

572. Ọnẹ cọń ẹmaťme, adọ cẹťem bẹńgẹť ruạṛạńkana?
- *Tọhọť.*

P

573. Pẹgẹl bar rạniteko huṛuṅa, kạṛmi Sạlgiye telea.
- *Ḍaṭa ar alaṅ.*

574. Pẹṭẹr pẹṭẹr dare, sal mesal sakam.
- *Bharṇḍo.*

575. Poṇḍ buru dasaoena, arak̇ge dak̇ ạtuyena.
- *Ḍaṭa coak̇.*

576. Poṇḍ dhiri parọmkạńme, ọntẹ dọińtegeń calak̇a.
- *Daka jọm.*

577. Poṇḍ goḍare hẹndẹ hoṛẹċ cas.
- *Kagọcre ọl.*

578. Poṇḍ mẹrọm hẹndẹ joṛateko tọlea.
- *Lumạṅ.*

579. Pukhri talare candoe rarak̇kana.
- *Sunum piṭhạ.*

R

580. Raj rapaj kũi ọhọm oyoṅ tiok̇lea.
- *Mũ bhugạk̇.*

581. Raj rapajak̇ pạṭkạ ọhọm dạhṛilea.
- *Sọṛọk.*

582. Rajak̇ boṛ ọhọm samṭaolea.
- *Sagaṛ pańja.*

583. Rajak̇ mat̉ baṅ uṭiana.
- *Up̀.*

584. Rajak̇ kãṛbam ota daṛekea?
- *Kidiń kaṭkom.*

585. Rajak̇ kãṛchum sap̀ daṛekea?
- *Ayaṅ bin.*

586. Rajak̇ kũiem oyoṅ daṛekea?
- *Mũ bhugak̇.*

587. Rajak̇ thạrim mańjao daṛekea?
- *Cando.*

588. Rạput̉ rạput̉ oṛak̇re pạkko dodonkana.
- *Ohoc̀re joṇḍra ata.*

589. Ret̉ tepet̉ burure karha lagaok̇a.
- *Nạkic̀.*

590. Rugi doe gitic̀kok̇a, ojhageko gujuk̇a.
- *Saerare hako.*

S

591. Sadom doe burumkok̇a, ladhnage ladek̇a.
- *Parkomre hoṛ.*

592. Sahan sakame joma holoṅgeye ija.
- *Seṅgel.*

593. Saheb kuṛi hende ṭukuc̀e dipilakada.
- *Soso.*

594. Saj menteń kirińleda, kuḍạm sec̀reń akakada.
- *Pagra.*

595. Saj menteń kirińleda kuḍạm sec̀reń sogekada.
- *Baha sulạk.*

596. Sakam do sakamana, menkhan dare ḍạr do bạnuk̇anaṅ.

- *Bharṇḍo.*

597. Sakamtẹt́ma ciribiti jọtẹt́ma sakwa leka.
- *Kisṭucuṛạ.*

598. Sanam hoṛo hẹṛẹana, suni suṭi hoṛo baṅ hẹṛẹana.
- *Buluṅ.*

599. Sanam mat́ uṭiana, bar laṅga mat́ baṅ uṭiana.
- *Uṗ.*

600. Sasaṗ dọe baḍaea, gọgọċ dọ baṅ.
- *Jhạli*

601. Satọ sae bitkil mit́ capak̇geko ija.
- *Susurbaṅ.*

602. Satọ sae gora palṭọn siduṗteko gitiċa.
- *Bardũṛũċ.*

603. Sermare aka datrọm.
- *Molok̇ cando.*

604. Sạṛi bande goco kuṛi hẹo khọn bae phẹḍọk̇a.
- *Joṇḍra phọṭ.*

605. Sebel utạr jeltae, mạilạ utạr janwar.
- *Sukri.*

606. Sedae khọn ẹkẹn manwawak̇ mãyãm jọmte jivẹt́ menak̇koa.
- *Se ar ọṛmọċ.*

607. Sedaeren họṛ mit́ kuṭi jel barea haṭak̇teko hạruṗ oṭoakada.
- *Jhinuk.*

608. Sendra birre jelko gọċkedea, kuṭitẹt́ dọ bako aṇṭaolena, phạṛite dọ sanam họṛko aṇṭaoena.
- *Gẹgẹṭẹrẹń sẹ lẹṇḍọṅ.*

609. Sendrare sasaṗ dọe baḍaegea, gọgọċ dọ baṅ.

- *Jhali.*

610. Serma ṭuṅgau dare cele hõ bako dejoka.
- *Dhũa.*

611. Sermama oṛak cetanre ńũrhaen, oṛak do duar hortey daṛkeda; iń do oka horteń daṛa?
- *Jhalire hako.*

612. Sermare aka ṭaku.
- *Munga suṭi.*

613. Sermare bet ṭukuc.
- *Terel jo.*

614. Sermare datrom aka.
- *Jojo jo.*

615. Sermare rapak bhajan.
- *Loa bele.*

616. Seṅgelgeye joma dhũageye gasija.
- *Cuṭi.*

617. Simko rakkeda, delań baba kõk bele halań.
- *Matkom halań.*

618. Siń hõ cap capa, ńinda hõ cap capa.
- *Bakaḍulu.*

619. Siń hõ rap rapa, ńinda hõ rap rapa.
- *Bindi.*

620. Siok do mit nahelte, karha do gel ḍaṅgrate.
- *Daṭaunik ar hatarok.*

621. Siok hõ naheltege, karhae hõ naheltege.
- *Daṭauni.*

622. Siok jokhen do mit ḍaṅgratege, aṛag jokhen do barea ḍaṅgra.

- *Ḍaṭạuni.*

623. Sirṛiċ birṛiċ sakamana, jo̱ do̱ amba gạurạ.
- *Jo̱jo̱.*

624. So̱ṛo̱kte poṇḍ simko tawak̇ idikoa.
- *Tho.*

T

625. Taṛamae usulok̇ae, teṅgonae ge̱ḍrak̇ae.
- *Jõ̱k.*

626. Tekeako, bako jo̱ma.
- *Kicriċ.*

627. Teṅgokate miť ghạṛi, gitiċkate ạḍi ghạṛiċ.
- *Sasaṅ riť.*

628. Titeko e̱na, mocateko hunạra.
- *O̱lo̱k̇-paṛhaok̇.*

629. Turui jaṅga barea bo̱ho̱k̇, miť bo̱ho̱k̇geye ro̱ṛa.
- *Aswariạ.*

Ṭ

630. Ṭa ṭa, ce̱ť bajna ṭawana?
- *Baṭa.*

631. Ṭak̇ ṭak̇, ce̱ť jinis ṭak̇ ana?
- *Haṭak̇.*

632. Ṭạṇḍireko casa, dak̇reko khạṛạia.
- *Jạ̃ṛĩ ar paṭ.*

633. Ṭạṇḍireko casa, hartareko khạṛạia.
- *Thamakur.*

634. Ṭaṗ ṭiṗ jo̱k̇a, miť do̱mte belek̇a.
- *Kuṅkạl bhajan.*

635. Ṭi ṭi, cet̓ ṭi?
- *Kajraṭi.*

Ṭh

636. Ṭhanak ṭhạkur rupạ, ar kạṭċ kạṭiċ jaṅteť, lạṭu lạṭu dare.
- *Hesak̓ dare.*

637. Ṭhi ṭhi, cet̓ mẽṛhẽt̓ ṭhiana?
- *Binṭhi.*

638. Ṭhoṛok̓ ṭhoṛok̓ gasal gasal, ti saṅkha saṛeċ saṛeċ, lutur pagra ḍuruṅ ḍuruṅ.
- *Sasaṅ rit̓ dhiri.*

639. Ṭhunḍgạ dare hartateko geda, hende kaḍateko sagaṛa.
- *Iċ ar uru.*

640. Ṭhunḍgạ dare bhindạṛena, gogok̓ hoṛko seṭerena.
- *Iċ ar uru.*

641. Ṭhuṭki jonok̓ ṭhere ṭhepe bhạdu bhela bhaṛ bhaṛ.
- *Merom bhelaonḍi.*

U

642. Ukhuṛ leka jaṅgatae, ḍạḍu leka canḍboltae. Haṭak̓ leka luturtae, ar bạṭi leka mẽt̓tae.
- *Hạti.*

643. Uni doe cele cẽṛẽ kana, one uni janwarak̓ ńutumteye bikạuk̓kan.
- *Ũṭ cẽṛẽ.*

644. Unumenae menkhan dhiri leka, capeyenae menkhan sakam leka.
- *Roṭe.*

645. Urni birren jel barea ponḍ dhiriteko koṭeċ goċkoa.
- *Se*

646. Urni birren he̱nde̱ jel arak̓ dak̓ko ńũia.
- *Bo̱ho̱k̓ren se.*

SANTAL RIDDLES

by

P. O. BODDING

1. Kudum kuṛit̓ kuṛit̓ : Suċ birko sendraea, poṇḍ dhirire mạr hoyok̓a. Ma ńumpe.

Bhe̱d do̱ : Suċ bir do̱ bo̱ho̱k̓ up̓ kana; sendra ho̱ṛ do̱ kạṭup̓ kana; janwar do̱ko se kana ar poṇḍ dhiri do̱ rama.

Ado̱ko ńum go̱da, se kanako; me̱nkhan bako ńum daṛeak̓khan do̱ birko mak̓ ocokoa, metakoako : Bape ńum daṛeak̓kana, ma bir magpe, ado̱ń ńumapea.

Khange ado̱ birko mak̓ket̓ge; ado̱ko me̱na : Hẽ̱, birle mak̓ket̓a.

Ado̱e kulikoa : Oka birpe mak̓ket̓a? Ado̱ko me̱na : Hana phalna bir.

Ado̱ arhõe metakoa : Ce̱t̓kope mak̓ ńamket̓a? Ado̱ko me̱na : Loa darele mak̓ ńamket̓a, bogete beleakana.

Ado̱ unreye metakoa : Uni phalna buḍhi loa jo̱me de̱ċakana. (o̱ko̱eko go̱ṛo̱mte̱t̓ buḍhiko hoyok̓a, onkan buḍhigeye metakoa. : Ado̱ ma uni buḍhi loa ko̱eyepe.)

Ado̱ko ko̱eyea : De̱n, buḍhi, loa. Ado̱e metakoa : Ce̱t̓re?

Onkoko me̱na : Tire. Ado̱e metakoa : Ti tige so̱a.

Arhõko me̱na : De̱n, buḍhi, loa. Metakoae : Ce̱t̓re? Ado̱ko me̱na : O̱tre. Metakoae : O̱t o̱tge so̱a.

De̱n, buḍhi, loa. Ce̱t̓re? Khạclạk̓re. Khạclạk̓ khạclạk̓ge so̱a.

Den, buḍhi, loa.

Cet're? Mocare. Mit' mocae ciḍirat'mege.

Noa bir mag reak' do mocarege katha do purauk'a. Mocareye khojket' do caba got'ena; ado/ene bhedtet'e laiadege, banma, noa kana mente; khange arhõ dosranak'e kuduma.

2. Bar lanɡa mat' bań uṭiana.
   Bhed do : *Up*

3. Bar lanɡa mat' do bań uṭia, kari bańki hoṛo do bań herea.
   Bhed do : *Hoṛ up ar buluń*

4. Rapajkoak' satem koyok' tiok'kea?
   Bhed do : *Caṇdi moloń*

5. Muṇḍakoak' sate do tisre hõ ohom koyok' tiok' daṛelea.
   Bhed do : *Caṇdi moloń*

6. Dhũnd latar jurul, jurul latar se, se latar phede.
   Bhed do : *Mẽt', mũ, moca*

7. Erle, pasirle, goṭa ṭaṇḍi; irle (samṭaole), tohople, mit' tohop hõ bań hoyok'a.
   Bhed do : *Mẽt'; beńget'lekhan goṭam ńela; japit'lekhan cet' hõ banuk'a.*

8. Buru paromren hoṛ do tis hõ bako ńepela.
   Bhed do : *Mẽt' mẽt' bań ńepela, buru do mũ.*

9. Hane tora arhõ nõk'õe nonḍe.
   Bhed do : *Mẽt' kana; beńget'lekhan goṭa ṭaṇḍim ńel got'ket'a, arhõm japit'lekhan cabayena.*

10. Mit' hoṛ tale beleye ńũrket'a; ańjom ńũrket' hoṛ do bae senlena; eṭak' hoṛe senena, senen hoṛ hõ bae ńamlet'a; eṭak' hoṛe ńamket'a; ńamket' hoṛ hõ bae halańlet'a; eṭak' hoṛe halańket'a; halańket' hoṛ hõ bae jomlet'a; eṭak' hoṛe jomket'a; uni jomket' hoṛ hõ bae bilena; eṭak' hoṛe biyena, biyen hoṛ

hõ̱ bae iċlaḱa; eṭaḱ ho̱ṛe iċkeťa.

Bhe̱d do̱ : *Luturtebo aṅjo̱ma, jaṅgatebo calaḱa, mẽ̱ťtebo ńe̱l ńama, mocatebo jo̱ma, moca do̱ baṅ biḱtabona; laċ biḱa, ar laċte hõ̱ babon ija, liṇḍhitebon ija.*

11. Kuṛiť kuṛiťte calaoena.
Bhe̱d do̱ : *Mẽ̱ť hõ̱, sakwa hõ̱ko metaḱa.*

12. Ṭuṭuċ tumbạ dui duạr.
Bhe̱d do̱ : *Mũ*

13. Muṇḍkoaḱ kũi o̱ho̱m oyoṅ tioḱ daṛelea.
Bhe̱d do̱ : *Mũ bhugạḱ*

14. Cukạḱretam ghaṅgra ata.
Bhe̱d do̱ : *Moca reaḱ ḍaṭa*

15. Mõ̱ṛẽ̱ ho̱ṛteko tulea, sae ho̱ṛteko go̱jea; miť ho̱ṛteye ṭhelao go̱ťkaea.
Bhe̱d do̱ : *Mõ̱ṛẽ̱ ho̱ṛ do̱ko kạṭuṗ kana; sae ho̱ṛ do̱ko ḍaṭa kana; ṭheḱlaoiċ do̱e alaṅ kana; go̱ċ ocoḱiċ do̱e daka kana.*

16. Họ bihại, sulo so̱tro̱ sae gohalergo rur siṅ, sumdhi, e̱kṭi siṅto̱, sumdhi, bahire thake̱.

Bhe̱d do̱ : *Maejiuko reaḱ bạs kana; noa do̱ noṅka kana, un maraṅ khạṇḍi kicriċteko go̱go̱ḱkaḱre hõ̱ miťṭaṅ nunu do̱ baṅ e̱se̱do̱ḱa; ghạṛi ghạṛi ona do̱ko ńe̱l ocoegea, onate noa do̱ko katha akaťa.*

17. Ge̱l bar moka goṛare miťṭaṅ gại miťṭaṅ dereń baṅgeye saho̱ṗ ocoetaea.

Bhe̱d do̱ : *Ge̱l bar moka khạṇḍi kicriċe bandeakaťre hõ̱, miť nunu do̱ jaogeko ghaṅje̱ṛ toť ocoea.*

18. Miťṭaṅ cato̱m miť ṭhen to̱ltege ṭarhaoḱa.

Bhe̱d do̱ : *Bukạ; ho̱ṛaḱ ho̱ṛmo̱ harta do̱ e̱ke̱n bukạ ṭhen to̱ltege ṭar haoakana.*

19. .....
    .....

20. Henda họ sumdhi, khạrại mape lak̇keť, gundli thọ bape ẹneťkan.
    Bhẹd dọ : *Balatteť cẹḍẹgeae.*

21. Henda họ, sumdhi, sedaema rạsi bạstipe tahẽkan, nahak̇ma cekate bape hiṭạṅ jhaṛaṅena.
    Bhẹd dọ : *Balatteť dọ phogṛage; sedaema khub ripi ciriť ḍaṭa tahẽkantaea, ar nahak̇mae khaṇḍọyen.*

22. Gẹl hoṛ sendrako calak̇a birte, ar poṇḍ dhiri ṭhen kulạiko gọċkoa.
    Bhẹd dọ : *Banar ti kạṭup̀, bir dọ bọhọk̇ up̀, kulại dọ se, ar poṇḍ dhiri dọ rama.*

23. Mõṛẽ boeha miťtegeko tahẹna; tis hõ baṅgeko apan ạpinok̇a.
    Bhẹd dọ : *Ti jaṅga reak̇ kạṭup̀.*

24. Miťṭaṅ ḍaṅgra dọ ciriť kulhire burumkateye hukạia.
    Bhẹd dọ : *Gạsic̀*

25. Parkọm latar gayaṅ guyuṅ.
    Bhẹd dọ : *Gạsic̀*

26. Miťṭẹc̀ mẽṛhẽť bhiṇḍ dọ hartatege gẹť topagok̇a.
    Bhẹd dọ : *Ic̀*

27. Piṇḍhạ latar bhoṇḍa baṭa.
    Bhẹd dọ : *Ic̀*

28. Miťṭaṅ hoṛ dọ gidrạre lạhiye ạsulkoa, harakate dọ bae ạsulkoa.
    Bhẹd dọ : *Ic̀ jẹṭkẹ*

29. Simạ sim bok̇ṅgaic̀ marak̇ morok̇.
    Bhẹd dọ : *Ic̀jọṅ hoṛ dọ duṛup̀kok̇ jọkhẹc̀ ọntẹ nọtẹ marak̇ morok̇ko bẹṅgẹť baṛaea.*

30. Simạ boṅga oṛak̀ oṛak̀.
Bhẹd dọ : *Iċjọṅ họṛ*

31. Họr họrte poṇḍ simko tawak̀ idikoa.
Bhẹd dọ : *Tho*

32. Rẹṅgẹċ họṛ dọko giḍikak̀a, kisạ̃ṛ họṛ dọko baekak̀a.
Bhẹd dọ : *Họṛ dọko suluċ giḍia, saheb dọ suluċkate buglireko dọhọea.*

33. Ẹnẹń emat̀me, ẹnẹm ńẹńẹlkan.
Bhẹd dọ : *Tọhọt̀enam, arhọ̃m bẹṅgẹt̀at̀ge.*

34. Mit̀ṭaṅ mạsrite eae boehako aṇṭaolena.
Bhẹd dọ : *Eae bhạiạdite mit̀ṭaṅ erako dọhọledea.*

35. Setak̀ jọkhẹċ dọ pon jaṅgateko daṛana, tikin jọkhẹċ dọ bar jaṅgate, ar ạyup̀ jọkhẹċ dọ pẹ jaṅgateko daṛana.
Bhẹd dọ : *Setak̀ reak̀ man dọ gidrạ umer; un jọkhẹċ dọ ombak̀ om- bak̀teko daṛana; inạ dọ pon jaṅga hoyena. Tikin reak̀ man dọ hara umer, unre dọ barea jaṅgateko daṛana. Ạyup̀ reak̀ man dọ haṛam sẹ buḍhi umer; unre dọ kobo kobokatebon daṛana, barea jaṅga ar ṭheṅga tirup̀kate.*

36. Hạti latar cẹrọ.
Bhẹd dọ : *Oṛak̀ ar oṛak̀re tahẹnko.*

37. Giḍime ya, giḍime; ṭhuṇṭạ dọe gọk̀akat̀gea.
Bhẹd dọ : *Jaṅge khuṇṭi ar jhạṇṭi.*

38. Mit̀ họṛ jivẹt̀e tahẹnre dọe bọbẹgea; gọċlenkhan liṇḍhireko sahẹt̀aekhane raga.
Bhẹd dọ *: Kạ̃ṛạ̃ kạuḍi eṅga.*

39. Ḍaṅgra dọe burumkok̀a, joṛage ladek̀a.
Bhẹd dọ : *Parkọm ar họṛ.*

40. Chala ḍaṅgra dọe burumkok̀a, ar chala dọ aċtege lade gọdọk̀a.

Bhed do : *Parkom chala ḍaṅgra ar hoṛ do chalateť.*

41. Henda ho̤, sumdhi, cukṛũċ daǩrebo puǩruskan. Ma ho̤, sumdhi, ńumtabonpe.
Bhed do : *Umoǩ jokheċ sunum cukṛũċte dulkate ojoǩ jokheċe purus godoǩa.*

42. Ho̤ sumdhi, icaǩ munḍu rokote godo kũãriye gurakan, henda ho̤, sumdhipe hoyoakana se baṅ?
Bhed do : *Dạtạuniǩ reaǩ kathae kuliketkoa, icạǩ jhạuạre godoe geleċleťa; ado uniko la goċkedea, ar hoṛoko oḍokleťa; ado ona hoṛo reaǩge hạnḍiko dohoakaťa; ado balatteťe senakan takrege hạnḍi do isinakan tahẽkana; ado uniko emae lạgiťko kuliyedekana. Henda ho̤, sumdhipe dạtạuniakana se baṅ? Ado noa kathage bhentateye kulikedea.*

43. Barea biń miť bhugạǩrekin boloǩa, bakin jopoṭedoǩa.
Bhed do : *Tok ar ukhuṛ huṛuṅ jokheċ.*

44. Miťṭen ḍaṅgra hoṛoe joma ar caolegeye ulạia.
Bhed do : *Ukhuṛ se ḍhiṅki.*

45. Miťṭen kuṛi do linḍhireko lebedea, ado caolegeye beja.
Bhed do : *Ḍhiṅki.*

46. Miťṭen ḍaṅgra do goṭategeye joma, laċregeye pạgura.
Bhed do : *Jante dhiri.*

47. Mẽṛhẽť mẽṛhẽť, oka mẽṛhẽť do ṭhiana?
Bhed do : *Binṭhi*

48. ...

49. Miťṭen ḍhipcui do ḍạhiye horhokana.
Bhed do : *Kãṛchu*

50. Miťṭen ḍhipcui do barea tukạreye oboroǩa.
Bhed do : *Kãṛchu*

51. Delabon ya, mō̱ṛē̱ boeha, poṇḍ dhiri paro̱mkạṅpe.
Bhe̱d do̱ : *Daka, ar mō̱ṛē̱ boeha do̱ onako mō̱ṛē̱ go̱ṭe̱ċ kạṭup̀ kana.*

52. Saheb, pãc jonate uṭhe, sae jonate mare, e̱k jonate ṭhe̱le̱.
Bhe̱d do̱ : *Daka, kạṭup̀, ḍaṭa ar alaṅ.*

53. Miť ho̱ṛe tunumlekhange sae ho̱ṛak̀ mo̱ne ṅama.
Bhe̱d do̱ : *Daka, miťṭaṅ caolem tunumlekhange onatem baḍae daṛeak̀a, isinakana se̱ ạuriak̀a.*

54. Hộ sumdhi, miťṭē̱n gại do̱ moca ho̱rteye busạgok̀kan, unibo ṅe̱ṅe̱lkan, onatebo diriyena.
Bhe̱d do̱ : *Daka ṭukuċ.*

55. Miťṭaṅ gại do̱ moca ho̱rteko duhạuea.
Bhe̱d do̱ : *Daka ạ̃rij.*

56. Miť ho̱ṛteye aḍakoa, aema ho̱ṛteko uḍạrkoa.
Bhe̱d do̱ : *Miť ho̱ṛte dakae loea, aema ho̱ṛteko jo̱ma.*

57. Rạimudi hoṛo do̱ baṅ he̱ṛe̱ana.
Bhe̱d do̱ : *Paṅga buluṅ.*

58. Miťṭaṅ ho̱ṛ do̱ tis hō̱ bae umok̀a.
Bhe̱d do̱ : *Ata o̱ho̱ċ .*

59. Jo̱to̱ ho̱ṛko umok̀a. Bejo eṅgat tis hō̱ bae umok̀a.
Bhe̱d do̱ : *Ata o̱ho̱ċ bako ạruba.*

60. Dhe̱dre̱ oṛak̀re pạkko do̱neťa.
Bhe̱d do̱ : *o̱ho̱ċre joṇḍra atae jo̱khe̱ċ.*

61. Sanam ho̱ṛko ṅira, miťṭaṅ le̱be̱ buḍhi do̱ bae ṅira.
Bhe̱d do̱ : *Culhạ.*

62. Miťṭaṅ ḍaṅgra do̱ kaṭae jo̱ma ar ho̱loṅgeye ija.
Bhe̱d do̱ : *Culhạ.*

63. Pea kuṛite miťṭaṅ ṭukuċko dipilkak̀a.
Bhe̱d do̱ : *Culhạ ocoť.*

64. Kạchmạ uporre ḍim, sumdhi, tạrjuạko lewa saṛe.
Bhe̱d do̱ : *Biṇḍi cetanre hạṇḍi ṭukuċ, ńũńũ ho̱ṛ lewa saṛe̱ko bulena. Kạchmạ do̱ biṇḍi, ḍim do̱ ṭukuċ kana, ar tạrjuạ do̱ ńũńũ ho̱ṛ.*

65. Henda họ, sumdhi, kaṭko̱m care̱ċ bombore lutiko chatakať tahẽ̱kana, onakobo ńe̱ńe̱lkan.
Bhe̱d do̱ : *Hạṇḍi ar jo̱no̱k̓.*

66. Eae isi cạńcir miť bhugạk̓reko bo̱lo̱k̓a.
Bhe̱d do̱ : *Hạṇḍi daka.*

67. Icạk̓ muṇḍu rokate goḍo kũạ̃riye gurakan, henda họ, sumdhi, ho̱yo̱akanape se̱ bań?
Bhe̱d do̱ : *Hạṇḍiko dulakaťa; unre balatte̱ťe kuliyedekana.dạtạuniakanam se̱ bań.*

68. Họ sumdhi saheb, abo do̱ họ, saheb, ḍobhak̓ dak̓bon puk̓ruskan tahẽ̱kantegebon tayo̱men daramena.
Bhe̱d do̱ : *Ale do̱ o̱ne̱ kupi sunumtele o̱k̓jo̱k̓kan tahẽ̱kantele bilomena.*

69. Dhe̱dre̱ dhe̱dre kuṛiạre pạkko do̱do̱nkan.
Bhe̱d do̱ : *Joṇḍra ata.*

70. Ạṅkuṭ bạṅkuṭ kubạ kaṭ Bijui lak̓ sojhea.
Bhe̱d do̱ : *Se̱ṅge̱l do̱ jo̱to̱ lekan koṇḍea kaṭe sojhe daṛeak̓a.*

71. Kaṭ makoṛe jo̱ma, ho̱lo̱ṅ ḍigire ija.
Bhe̱d do̱ : *Culhạ se̱ṅge̱l ar to̱ro̱ċ.*

72. Ḍubte kuť kuť, uṭhạite to̱ṛe̱ to̱ṛạ.
Bhe̱d do̱ : *Kũi dak̓ lo baber ar ṭhili.*

73. Họ sumdhi, cas cas oka cas ja do̱bon metak̓a.
Bhe̱d do̱ : *Surguja.*

74. Hạ̃s ńe̱lteń kirińkeť, kuḍạmreń aka giḍikať.
Bhe̱d do̱ : *Pagra kirińkate luturreye akakaťa.*

75. Miťṭe̱n ho̱ṛ koṛa do̱ beṛhae ḍuṅgriye ńir ạcurok̉a.
Bhe̱d do̱ : *Holaṫ.*

76. Poṇḍ goḍare he̱nde̱ ho̱ṛe̱c̉; titeko e̱ra, mocateko samṭaoa.
Bhe̱d do̱ : *Kago̱c, kạli ar paṛhao.*

77. Goṭa jarge jạpuť miť jaṅgateye daṛana.
Bhe̱d do̱ : *Cato̱m*

78 Miťṭaṅ parko̱m do̱ miťṭaṅge kuṭheana.
Bhe̱d do̱ : *Mahle cato̱m.*

79. Buḍhi dearem do̱n de̱c̉kok̉a?
Bhe̱d do̱ : *Bhit.*

80. Buḍhi dea kondoṛkeť.
Bhe̱d do̱ : *Bhit*

81. Buḍhi luṭi jae jumdhạ.
Bhe̱d do̱ : *Pakha*

82. Miťṭaṅ buḍhi do̱ setak̉regeko o̱r baṛayea.
Bhe̱d do̱ : *Silpiń*

83. Eae isi cạńcir miť ṭhen bo̱ho̱k̉kateko gitic̉a.
Bhe̱d do̱ : *Se̱ne̱r*

84. Miťṭaṅ phuci cẽ̱ṛẽ̱ do̱ miť oṛak̉e jela.
Bhe̱d do̱ : *Divhe.*

85. Miťṭaṅ ho̱ṛ do̱ liṇḍhigeko co̱k̉aea.
Bhe̱d do̱ : *Cilimte ńũi jo̱khe̱c̉ko me̱na.*

86. Co̱ṭrema gidi tukạ lo̱k̉kan, phe̱ḍrema bumbuc̉ hakoe bhuṛ bhuṛạueť.
Bhe̱d do̱ : *Hukạko ńũlere.*

87. Ṭạṇạireko casa, hartareko khạṛạia.
Bhe̱d do̱ : *Thamakur, ti talkareko benaoa.*

88. Mit̕ṭaṅ gại dọ gọṭa bạihạṛe ạtińa, mit̕ capak̕ hō̃ bae ija, gọṭa dhạrtiye ạtińre hō̃ baṅgeye bik̕a.
Bhẹd dọ : *Datrọm*

89. Bar họṛ dọ laċreko lẹbẹt̕ lekin khangekin sahẹda, baṅkhan dọ baṅ.
Bhẹd dọ : *Kamar cạpuạ*

90. Mit̕ṭaṅ ḍaṅgra dọe burumok̕a ar gạḍi dọ calak̕a.
Bhẹd dọ : *Kuṅkạl cãk.*

91. Ạkuṭ bạkuṭ kubạ kaṭ, tal bạisạl jãhãn kaṭ.
Bhẹd dọ : *Tili reak̕ kulhu kaṭ.*

92. Mit̕ṭaṅ cẽ̱ṛẽ̱ dọ liṇḍhite carae adẹra.
Bhẹd dọ : *Sui*

93. Mit̕ṭaṅ phicu phicu cẽ̱ṛẽ̱ dọ liṇḍhitege carae gẹr adẹra.
Bhẹd dọ : *Sui, cara dọ sutạm*

94. Mit̕ṭaṅ koṛa dọ bọhọk̕em kuṭạmlekhange dakae jọma.
Bhẹd dọ : *Rukạ*

95. Mit̕ṭaṅ họṛ dọ bọhọk̕ sẹċreko pẹṭẹrea ar jaṅga sẹċre tamasako ńẹltaea.
Bhẹd dọ : *Carkha*

96. Saheb, mit̕ṭaṅ buḍhi dọ lutur pẹṭẹr baṛalekhangeye udura ar poṇḍgeye ulạia.
Bhẹd dọ : *Carkha.*

97. Mit̕ṭaṅ ḍaṅgra dọ bọhọk̕ko pẹṭẹrtaea, sutạmgeye iċ toda.
Bhẹd dọ : *Carkha.*

98. Chọṭa beṭa, chọṭi biṭi, buḍhi poaṭi.
Bhẹd dọ : *Carkha.*

99. Toyo dọ jạture ẹnẹċkana, goḍo dọ laċe duk̕hạukana.
Bhẹd dọ : *Carkha ar sutạm.*

100. Oka kaṭ do dak̇re, oka kaṭ doe rọṛa, ar oka dare do muṅgạr leka jok̇a?
Bhẹd do : *Cọk khuṇṭi, carkha ar kaṇṭhaṛ.*

101. Mit̓ṭaṅ kuṛi do luturko pẹṭẹrlekhangeye joma.
Bhẹd do : *Cạrkhi*

102. Mit̓ṭaṅ ḍaṅgra do kaskome joma, tulạmgeye ič oḍoka.
Bhẹd do : *Cạrkhi.*

103. Mit̓ṭaṅ buḍhi do lutur pẹṭẹr baṛalekhan poṇḍgeye belea.
Bhẹd do : *Cạrkhi.*

104. Saheb, mit̓ṭẹn kuṛi doe joma, ijae.
Bhẹd do : *Cạrkhi.*

105. Mit̓ hoṛ do setak̇reye unumok̇a, tikin anẹče puṭạgok̇a.
Bhẹd do : *Nahel siok̇re*

106. Gaḍa gaḍate lạṗ lạṗ.
Bhẹd do : *Jal, gạnạri.*

107. Ulut̓ tumbut̓ coeta, eṅgat ńutum kokoekan.
Bhẹd do : *Gạnạri.*

108. Mit̓ṭaṅ gại do tala jolareye ạtińa, goṭa hoṛmoe unumkok̇a, caṇḍbolṭẹt̓ do baṅ unumok̇taea.
Bhẹd do : *Jal.*

109. Mit̓ hoṛ do gitičkategeye arjaoa.
Bhẹd do : *Saera ar ṭoroḍaṅ.*

110. Teńam liṇḍhi ohom sok̇ tiok̇lea.
Bhẹd do : *ṭoroḍaṅ.*

111. Mit̓ṭaṅ hoṛ do gitičkategeye bik̇a.
Bhẹd do : *Saera, ṭoroḍaṅ.*

112. Mit̓ṭaṅ hoṛ do ḍẹkẹregeye suduk̇a.
Bhẹd do : *ṭoroḍaṅ.*

113. Gạiye bhokraolekhange mĩhũ dọe dạṛ gọda.
Bhẹd dọ : *Bạnduk.*

114. Bẽt lẹńbọń, beṭa kạbuạ.
Bhẹd dọ : *Kạpi ar ḍaṇḍọmtẹť.*

115. Harta latar pạṇḍu biń.
Bhẹd dọ : *Tarwaṛe.*

116. Miťṭaṅ baṅgla oṛak̇ dọ eae ṭhenko duạra.
Bhẹd dọ : *Tirio*

117. Tạmru tatam eae mẽť.
Bhẹd dọ : *Tirio.*

118. Miťṭaṅ haṛam họṛ dọ datrọmte retalekhangeye sereńa.
Bhẹd dọ : *Banam.*

119. Ạṇḍiạ ḍaṅgrae hukạlekhan jaṅge jhạṇṭi laṛao gọdọk̇a.
Bhẹd dọ : *Ṭamak tumdak̇ ru sạḍelekhan ẹnẹċko dọko hilạu gọdok̇a.*

120. Miťṭaṅ họṛ dọe guṅgạgea, moca thapalekhangeye rọṛa.
Bhẹd dọ : *Tumdak̇.*

121. Tạrup̀e rak̇lekhange por dọ laṛao gọdok̇a.
Bhẹd dọ : *Tumdak̇ ar ẹnẹċ họṛ.*

122. Miťṭaṅ họṛ dọ nasenak̇em thapalekhangeye rak̇ gọda.
Bhẹd dọ : *Tumdak̇.*

123. Bar họṛ miť gaṇḍorekin duṛup̀a, baṅkin jọpọṭẹťa.
Bhẹd dọ : *Gại kạḍa, cạndi reak̇ dereń.*

124. Bar boeha miť mạcirekin duṛup̀a, bakin jọpọṭẹdọk̇a.
Bhẹd dọ : *Janwarko reak̇ dereń.*

125. Miťṭaṅ họṛ dọ mũ họrte dak̇e ńũia.
Bhẹd dọ : *Hạti.*

126. Bạnuk̇tepe jo̱meť a, tahe̱nkhan do̱ o̱ho̱pe jo̱mlea.
Bhe̱d do̱ : *Miť go̱ṭaṅ ḍaṅgrae ghaoakana, ar rõ̱ko ạṛisedekana; uni ḍaṅgra do̱ caṇḍbo̱l bạnuk̇taea; ado̱ un jo̱khe̱ċ uni ḍaṅgra onko rõ̱ onkae metaťkoa.*

127. Miťṭaṅ mạcire pon ho̱ṛko duṛup̀a, tis hõ̱ baṅko jo̱po̱ṭe̱do̱k̇a.
Bhe̱d do̱ : *Gạī cuṅci.*

128. Goṭa bạihạṛ reak̇ dak̇ miť bhugạk̇tege bo̱lo̱ cabak̇a.
Bhe̱d do̱ : *Toa ar jạluạ.*

129. Abo do̱ sumdhi ḍobhak̇ dak̇bon puk̇ruskan tahẽ̱kantegebon tayo̱men daramena.
Bhe̱d do̱ : *O̱ne̱ kupi sunumle ok̇yoṅkan, onatele bilomena.*

130. Jaṅ nahel, harta pal.
Bhe̱d do̱ : *Sukri nạthu.*

131. Miťṭaṅ sim do̱ puṭhuc̀kategeye kakraťa.
Bhe̱d do̱ : *Ṭo̱ṭko̱.*

132. Miť go̱ṭaṅ gidrạ do̱ setak̇regeye me̱na : Delaṅ, baba, jel jo̱m, delaṅ baba, jel jo̱m.
Bhe̱d do̱ : *Arjan (kạḍa arjan).*

133. Ṭhuṭki jo̱no̱k̇ rukulekhange so̱ bele ńũr go̱dok̇a.
Bhe̱d do̱ : *Me̱ro̱m bhelaoṇḍi caṇḍbo̱lko ṭhe̱re̱ ṭhe̱pe̱lekhange iċ do̱ bạḍar buḍur ńũr go̱dok̇a.*

134. Ge̱jpe, ge̱jpe, lipi mą̃i cup̀.
Bhe̱d do̱ : *Simiċ.*

135. Cas ną̃hi bas, uni kathae ạkhạiniye go̱k̇ baṛayeť.
Bhe̱d do̱ : *Seta caṇḍbo̱l kana.*

136. Go̱llekhange mahra ṭheṅga live̱ť go̱do̱k̇a.
Bhe̱d do̱ : *Seta caṇḍbo̱l.*

137. Miť thạri ṭakam lekha cabakea?
Bhe̱d do̱ : *Sermaren ipilko.*

138. Miť phuṛuk̓ joṇḍra atam lekha cabakea?
Bhẹd dọ : *Ipil.*

139. Miťṭaṅ rajren gidrạpe lekha cabakekoa?
Bhẹd dọ : *Serma ipil.*

140. Miťṭaṅ raj reak̓ ńutum barọṭik̓taea.
Bhẹd dọ : *Cando ar bọchọr.*

141. Miťṭaṅ dare reak̓ ḍạr ńutum dọ begar begargea.
Bhẹd dọ : *Bọchọr ar cando.*

142. Gaḍa gaḍate hạṇḍi raṛẹc̓.
Bhẹd dọ : *Gaḍa gitil.*

143. Cọṭ serma reak̓ potam belepe lekha cabakea?
Bhẹd dọ : *Arel.*

144. Bin rẹhẹť dare, bin ḍạrrege harẹk rọkọm sakam tahẹna.
Bhẹd dọ : *Bharṇḍo.*

145. Goṭa ṭạṇḍi lọk̓a, hạti bele dọ tisre hõ baṅ lọk̓a.
Bhẹd dọ : *Dhiri.*

146. Hat nā̃hĩ, gọṛ nā̃hĩ, jae guḍur guḍur.
Bhẹd dọ : *Sagaṛ.*

147. Haṛam liṇḍhi sọrọṅ pọtọṅ.
Bhẹd dọ : *Sagaṛ bhugạk̓.*

148. Rapajkoak̓ pạṭkạm dạhri cabakea?
Bhẹd dọ : *Sagaṛ pańja.*

149. Goṭa birge lọk̓a, miťṭaṅ mahra ṭheṅga baṅge lọk̓a.
Bhẹd dọ : *Họr sẹ ḍahar.*

150. Dare dọ (oṭaṅ) calak̓a, sakam dọ tahẹngea.
Bhẹd dọ : *Họṛ pańja.*

151. Miťṭaṅ gại dọ jaṅgeye busạga, ar jaṅ khọn dọ mĩhũi busạgok̓a.
Bhẹd dọ : *Sim bele.*

152. Mimiť mimiťte aḍakoa, miť dhaoteko uḍạrkoa.
Bhe̱d do̱ : *Sim bele.*

153. Ul belere muruť baha.
Bhe̱d do̱ : *Sim sạṇḍi docoť.*

154. Gidrạ do̱ko re̱je̱a, eṅgat do̱ko le̱be̱ť bindạṛ go̱ťkaea.
Bhe̱d do̱ : *Joṇḍra pho̱ṭ do̱m o̱ṛe̱ja, darete̱ť do̱m le̱be̱ť go̱ťkaťa.*

155. Hạti lač bikạr bo̱ko̱r.
Bhe̱d do̱ : *Bạndi bo̱ṛ.*

156. Por latar poṭor kulại.
Bhe̱d do̱ : *Beṅgaṛ jo̱.*

157. Sirṛič birṛič sakam, Joepurre jo̱te̱ť.
Bhe̱d do̱ : *Buṭ jo̱.*

158. Lipi kaṭa jo̱ro̱ṅ jo̱ro̱ṅ.
Bhe̱d do̱ : *Mạric bele.*

159. Miťṭaṅ cẽ̱ṛẽ̱ do̱ co̱ṭreye tukạia ar o̱treye belea.
Bhe̱d do̱ : *Matko̱m.*

160. Mĩhũ do̱e burumkoǩa, joṛageye ạtiṅa.
Bhe̱d do̱ : *Kohṇḍa, ho̱ṭo̱ť.*

161. Darere do̱ baṅ jo̱ǩa, re̱he̱ťrege jo̱ǩa.
Bhe̱d do̱ : *Sạru.*

162. Haṛam ḍaṭa lawaṅ lawaṅ.
Bhe̱d do̱ : *Kasko̱m jo̱ (Ul jo̱).*

163. Ṭạṇḍireko casa, daǩreko khạrạia.
Bhe̱d do̱ : *Jạ̃ṛĩ.*

164 Miťṭaṅ phuci cẽ̱ṛẽ̱ do̱ miť haraṛe jela.
Bhe̱d do̱ : *Tilmiṅ jo̱.*

165. Tahenme ya, tahenme ya dạṛmạ, iń do dareteń deċlenge.
Bhed do : *Piskạ da ar ñạ̃ṛĩteť.*

166. Sermare aka ṭạku.
Bhed do : *Mungạ suṭi.*

167. Gaḍa gaḍate ṭoklak̀ hạruṗ.
Bhed do : *Horo.*

168. Okate na cimạ caṭe, notege na dondor puli miťreko rasekelaṅa.
Bhed do : *Hor ar dundu; ạtiń jokheċkin ńapamlenrekin roṛleťa.*

169. Miťṭaṅ bitkil do dalere hõ bae bereťa.
Bhed do : *Horo.*

170 Miťṭaṅ hoṛ do coṭ dare khone dona, paha tulạmregeye ńũruk̀a.
Bhed do : *Toṛ.*

171. Bar jaṅgawan ar pon jaṅgawan janwar reak̀ rak̀ do miťgetakinạ.
Bhed do : *Kuṛiť ar sadom.*

172. Miť hoṛ do ḍekereye bukạk̀a.
Bhed do : *Uṛiċ.*

173. Miťṭaṅ kuṛi do goṭa oṛak̀e gurija, ona guriċ do duạrregeye giḍia.
Bhed do : *Kaṭkom.*

174. Gaḍa gaḍate bạnduk ṭeṇḍar.
Bhed do : *Icạk̀ hako, umjhạulekhan aṛe aṛeteko japagok̀a.*

175. Okate ya bin bohok̀an, notege ya bin jaṅan.
Bhed do : *Icạk̀ hako ar jõk.*

176. Dak̀ren janwar ar bir renak̀ dare ńutum do miťgea.
Bhed do : *Icạk̀ hako ar icạk̀ dare.*

177. Gaḍa gaḍate sui topa.
Bhẹd do̱ : *Bumbuċ hako.*

178. Dine hõ̱ cap capa, rate hõ̱ cap capa.
Bhẹd do̱ : *Bakḍulu.*

179. Mit̓ṭaṅ ho̱ṛ do̱ liṇḍhite dak̓e ńũia.
Bhẹd do̱ : *Bakḍulu.*

180. Mit̓ṭaṅ kạsi do̱ko magea, arhõ̱e joṛao go̱do̱k̓a.
Bhẹd do̱ : *Bunum.*

181. Mit̓ sae gạire mit̓ capak̓getako guriċ.
Bhẹd do̱ : *Dumur chata.*

182. Rapajkoak̓ mạricem go̱t̓ daṛekea?
Bhẹd do̱ : *Susurbaṅ.*

183. Dhạrti mo̱to̱re o̱ko̱eko maraṅa? (laharege jo̱jo̱mko duṛup̓ go̱do̱k̓a.)
Bhẹd do̱ : *Rõ̱.*

184. Mit̓ṭaṅ ho̱ṛ do̱ baro̱ kaṭ bạndi pạclạtegeye phanda idia.
Bhẹd do̱ : *Uru.*

185-187 about beetles, omitted.

188. Teńam liṇḍhima jo̱jo̱ge.
Bhẹd do̱ : *Hão liṇḍhitako jo̱jo̱gea.*

189. Jeldha burure, baba, mit̓ṭaṅ jel sato̱sae laskartele go̱ck̓edea; joṛolekhan do̱ bale aṇṭaok̓a ar phạṛite do̱le aṇṭaok̓gea.
Bhẹd do̱ : *Muċ.*

190. Aema ho̱ṛ sendrako calak̓a, phạṛite do̱ko aṇṭaok̓a, joṛote do̱ baṅ.
Bhẹd do̱ : *Aema ho̱ṛ do̱ muċ kanako, ar jel do̱ lẹṇḍo̱ṅ kanako.*

191. Ho̱r ho̱rte hẹndẹ barahe.
Bhẹd do̱ : *Sunum muċ.*

192. Ghor ache duar nai, orak horgeko tol gujuka.
Bhed do : *Lumam tejo.*

193. Pond merom hende jora.
Bhed do : *Tol lumam.*

194. Ghor acheto, duar nai.
Bhed do : *Tol lumam.*

195. Okate ya, karyo, notege ya, sodro kada jom.
Bhed do : *Jõk ar icak hako.*

196. Okate ya kaole kora, notege ya sodgo bodgo herel.
Bhed do : *Jõk ar icak hako.*

197. Okate ya, sić sikwar latić marar? Notege ya bhandan jom, sodore bodo lapit nãire.
Bhed do : *Jõk ar icak hako.*

198. Joto jat motore cele bako jańana?
Bhed do : *Jõk.*

199. Okate ya latić marar ńońgo? Notege ya, dhip jalat kabua.
Bhed do : *Jõk ar icak hako.*

200. Mittań hor do gitićkategeye sioka.
Bhed do : *Jhinuk.*

201. Mittań hor do orak sudhai dipil baraea.
Bhed do : *Gońgha.*

202. Jańren dańgra ar harta reak dereń.
Bhed do : *Bir gońgha.*

203. Gelbar sermaren kasi mit kutigeye jela.
Bhed do : *Rokoć.*

204. Saheb, mit goten raj reak ińjinpe lekha cabakea.
Bhed do : *Lendoń jańga.*

205. Ḍhelka latar cerca boda.
Bhe̱d do̱ : *Po̱ko̱t' ro̱ṭe̱.*

206. Henda ho̱, sumdhi, sendrabon se̱nlena, mit'ṭaṅ jele ńir tot' go̱t'ena; ado̱ mit'ṭaṅ setae lagakedea; uni seta reak' do̱ jaṅga bạnuk'taea; ado̱bo laga at'kedea; ńam baṛa ńam baṛa, ayoge, mit'ṭaṅ ho̱ṛbo ńe̱lkedea, pạcri paro̱m kho̱ne ko̱k'yo̱k'kan, uniak' do̱ bo̱ho̱k' bạnuk'taea.
Bhe̱d do̱ : *Jel do̱e ro̱ṭe̱ kana, ar seta do̱e biń kana; ar bin bo̱ho̱k'an ho̱ṛ do̱e kaṭko̱m kana.*

207. Mit'ṭaṅ ho̱ṛe sendrakana, uni ho̱ṛ do̱ jaṅga bạnuk'taea; ado̱ mit'ṭaṅ jele ńamkedea, uni do̱ caṇḍbo̱l bạnuk'taea; ado̱ uni jele lagaye jo̱khe̱n pạcri paro̱m kho̱n mit'ṭaṅ raje ńe̱ńe̱lkana, uni do̱ bo̱ho̱k' bạnuk'taea.
Bhe̱d do̱ : *Biń, ro̱ṭe̱, ar kaṭko̱m.*

208. Bin caṇḍbo̱lan jele dạṛet'kan, bin jaṅgawan setae lak'gakan, ar bin bo̱ho̱k'an rạni pạcri cetan kho̱ne ko̱k'yo̱k'kana.
Bhe̱d do̱ : *Ro̱ṭe̱, biń ar kaṭko̱m.*

209. Raj reak' kā̃ṛbatem si daṛekea?
Bhe̱d do̱ : *Kidiń kaṭko̱m.*

210. Bape pute e̱koi nam, choṭka beṭa ṭạroi nam.
Bhe̱d do̱ : *Matko̱m, kũiṇḍi; dare ar baha do̱ mit' ńutumge, jo̱ do̱ judạ ńutum.*

211. Mit'ṭaṅ gidrạ do̱ co̱ṭ buru kho̱ne rum ā̃ṛgok'a.
Bhe̱d do̱ : *Sarjo̱m jo̱.*

212. Bap chaela boela, beṭa kạbuạ.
Bhe̱d do̱ : *Kaera jo̱.*

213. Sermare datro̱m akawakana.
Bhe̱d do̱ : *Jo̱jo̱ jo̱.*

214. Mit'ṭaṅ raj reak' datro̱mpe lekha cabakea?
Bhe̱d do̱ : *Jo̱jo̱ jo̱.*

215. Sermare aka binṭhi.
Bhẹd dọ : *Jọjọ jọ.*

216. Sermare rapak̇ bhajan.
Bhẹd dọ : *Loa bele.*

217. Sermare bẹt̕ ṭukuċ.
Bhẹd dọ : *Terel jọ.*

218. Sermare guṛgu akawakana.
Bhẹd dọ : *Ul jọ.*

219. Ạpum ḍaṭa lawaṅ lawaṅ.
Bhẹd dọ : *Ul jọ.*

220. Hạti linḍhi ṭhaba ṭhube.
Bhẹd dọ : *Tale jọ.*

221. Kaṭren bitkil ar hasaren kạḍrui nunukana.
Bhẹd dọ : *Talere tạṛi.*

222. Guli gạī dọe ạk̇yura, kubi gạī dọe rọrọk̇a.
Bhẹd dọ : *Jạnum bele.*

223. Ẹsẹl kuṛi hẹndẹ ṭukuċe dipilakat̕a.
Bhẹd dọ : *Bele sọsọ jọ ar jaṅtẹt̕.*

224. Mẹn ya, koṛako, ńirjọṅpe, iń dọ kukuċkateń gujuk̇a.
Bhẹd dọ : *Lamak̇ jọ jaṅtẹt̕.*

225. Eae sae cạńcir cọṭte cahaṗkateko gujuk̇a.
Bhẹd dọ : *Sẹkrẹċ jọ.*

226. Mae dhạpci, biṭi sundọri.
Bhẹd dọ : *Jạnum dare.*

227. Mit̕ṭaṅ kuṛi dọ gidrạre dọe bandena, harakate dọe lạṅṭiyena.
Bhẹd dọ : *Tale dare.*

228. Dare dare, oka dare bin bahate jọk̇a?
Bhẹd dọ : *Hesak̇, baṛe.*

229. Gach ḍhaṅga, phul raṅga, phuṭe kapas.
Bhe̱d do̱ : *E̱de̱l dare.*

230. Miṭ haṛam buḍhi, kuṛi koṛare do̱kin sulukoḱa, ar haṛam buḍhikate do̱kin kạphạriạu rapacagoḱa.
Bhe̱d do̱ : *Sạuṛi ge̱le̱.*

231. Goṭa bir lo̱ḱa, gunḍri cupi do̱ tis hõ baṅ lo̱ḱa.
Bhe̱d do̱ : *Dhiri ar ghãs re̱he̱ṭ.*

232. Gaḍa gaḍate bạrchi biṭ.
Bhe̱d do̱ : *Gaḍa suṛạ.*

233. Judạ judạ dare, judạge sakam, jo̱ ar baha do̱ miṭge ńe̱loḱa.
Bhe̱d do̱ : *Akaona ar mo̱ro̱n aṛaḱ.*

234. Baha hõ miṭgea, sakam do̱ judạ judạ.
Bhe̱d do̱ : *Akaona ar mo̱ro̱n aṛaḱ.*

235. Dare dare, oka dare nawana.
Bhe̱d do̱ : *Akaona.*

236. Alak balak ḍạr, Joepurre re̱he̱ṭ.
Bhe̱d do̱ : *Alakjạ̃ṛi.*

237. Apat kho̱n ho̱po̱n do̱ miṭ bo̱ho̱ḱe usula.
Bhe̱d do̱ : *Upel baha.*

238. Ti talkare janamenae, ho̱e ho̱rteye calaoena, aċe go̱ċkede, aċ do̱ bae jo̱mledea, eṭaḱiċe jo̱mkedea, o̱ko̱eye jo̱mkede, uni hõ bae bilena, eṭaḱiċe biyena.
Bhe̱d do̱ : *Giṇduạr guli; onama tireko gulia ar gorkha aḱre sajaokate cẽ̱ṛẽ̱ko ṭuṭi go̱ċ; ado̱ ona guliteye go̱ċen cẽ̱ṛẽ̱ acina bae jo̱mlede, me̱nkhan mocae jo̱mkede. Mocama bae bilena, laċge biyena.*

239. Hoˌ sumdhi, no̱te̱bon hijuḱkan hijukan; ado̱bon ńe̱lekan ho̱rrege miṭṭaṅ cuṭiại dhĩṛũakan, uniaḱ ãwãr giḍite eae isi kuṛi koṛako jhãeakana, onkobon ńe̱ńe̱lkantegebon tayo̱mena.

Bhẹd do : *Miťṭaṅ huḍiń huḍiń oṛaǩre hạṇḍi ńũteko bul tuhelakana, abo hõ oṇḍẹbo salaǩen dobon bulen, onatebon tayomen daramena.*

240. Họ sumdhi saheb, miťṭaṅ kạri gạiye tahẹna, goṭa lo bire ạtińa, lo pạiye toaea; ado bihại uni gại duhạu duhạuteko tumbuťkedea; ado mĩhũ doko loraoena, ado miť cupuť dhubi ghãstebon pạṛchạu ruạṛkedea, jãhã lekate mĩhũ doko loraoena, ado miť cupuť dhubi ghãstebon pạṛchạu ruạṛkedea, jãhã lekate mĩhũ aloko loraoǩ.

Bhẹd do : *Hạṇḍi. Hạṇḍi doko ńũ cabakeťkhan ado cẹťko cekaea; adoko haeta hoetoyena, tinre arhõ miť ṭhili daǩko dulaǩkana tobẹ sarsao ruạṛena.*

241. Cetanre era, latarre hẹrẹl do mocateye bhoraoa, laćreye pạgura; itạť uniaǩ do joto hoṛko joma.

Bhẹd do : *Jante. Jantere dạlko rida, ar ona dạlma joto hoṛbon joma.*

242. *Gam gam kudum kudum,*
Okate pusim dukạna?
Holoṅ gaḍaṅ dukạna.
Okortam cẹť?
Nẽǩẽtiń jhuri;
Hesaǩ buṭạ kiḍroć koḍroć
Cedaǩ daǩ bam dakeť?
Roṭẹkoge bako raǩeť.
Cedaǩ roṭẹ bape raǩeť?
Ḍuluḍuṅgeye uť horayeťle.
Cedaǩ ḍuluḍuṅpe uťeťko?
Nekogetale kedoǩ mańjan.

ẠKIL BHAŃJAO - 21

A. Ṭoyoťkate jobab ẹmoǩme :-

1. Kudum kuṛiť-kuṛiť - *"Ạḍigem jotonkediṅa, kuḍạm sẹćrem*

akakediña." Ma ce̱t̕?
(a) cuṛi (b) sut̕ (c) pagra (d) mạkṛi
(e) Noako modre oka hõ̱ baṅ.

2. Kudum kuṛit̕-kuṛit̕ - *"Bar ho̱ṛ mit̕ talaokin tapama."* Ma ce̱t̕?
(a) alaṅ (b) ḍaṭa (c) luṭi (d) mũ (e) Noako modre oka hõ̱ baṅ.
3. Kudum kuṛit̕-kuṛit̕ - *"Calak̕ do̱e baḍaea, ruạṛ do̱ baṅ."* Ma ce̱t̕?
(a) sar (b) ak̕ (c) ṭe̱ṅgo̱ċ (d) ṭheṅga
(e) Noako modre oka hõ̱ baṅ.
4. Kudum kuṛit̕-kuṛit̕ - *"Gidrạre do̱e bandena, harakate do̱ baṅ."* Ma ce̱t̕?
(a) ul (b) hoṛo (c) mat̕ (d) ñạ̃ṛĩ (e) Noako modre oka hõ̱ baṅ.
5. Kudum kuṛit̕-kuṛit̕ - *"Lạṭu darere kạṭiċ jo̱, kạṭiċ darere lạṭu jo̱."* Ma ce̱t̕?
(a) jao ar guhum (b) hesak̕ ar beṅgaṛ (c) ạlu ar kubi
(d) jo̱ ar baha (e) Noako modre oka hõ̱ baṅ.

B. O̱lkate jobab e̱mo̱k̕me :-
1. Kudum do̱ ce̱t̕ko metak̕a? Khaṭo̱te o̱lme.
2. Tin o̱kte̱ko kuduma?
3. Kudum do̱ aso̱kaete gharo̱ñjren oka lekan ho̱ṛko lạia?
4. So̱majre kudum reak̕ mo̱ho̱t lạime.
5. Ne̱ hạli so̱majre kudum lạiạgo̱k̕ reak̕ o̱bo̱stha lạime.

22

MẸN KATHA/HAPṚAMKOAK̇ LẠI ẠGU KATHA/KẠHTUK/PHẸN/BHENTA KATHA *(PROVERB)*

Mẹn Katha/Hapṛamkoak̇ Lại Ạgu Katha/Kạhtuk/Phẹn/ Bhenta Kathako dọ kaka-khurạ bọkọ-boeha reak̇ sọmbọnd menak̇takoa. Noko dọ miṫ lac̈ boeha dọko baṅ kana. Noa sabadko hõ sãohẹṫ reak̇ ạḍi daman jinisko kana. Mẹnako kathae; oka pạrsi reak̇ noṅkan kathako tinạk̇ jạsti tahẹna, ona pạrsi dọ unạk̇ge sọrọs pạrsi mẹnkate lekhak̇a. Mẹn Katha miṫ dinre dọ baṅ sirjạu daṛeak̇a. Noa dọ tinạk̇ jug jọmanẹc̈ cọ gulạṇḍọk̇kana. Noṅkan katha dọ hoṛko lạia ar ona dọ sọmaj reak̇ anaṅgọce ńamleanẹc̈ge Mẹn Katha ar sẹ Hapṛamkoak̇ Lại Ạgu Katha lekate sọmajren hoṛko manao-ganaoa. Nạmuna lạgiṫ miṫ Mẹn Katha reak̇ ayatbon ńẹla - *"Hoṛ peṛa sarjọm khuṇṭi: Deko peṛa jạnum jhạṇṭi."* Noa Mẹn Kathare noage lạiạgọk̇kana je jẹmọn sarjọm khuṇṭi dọ mõ̱ńjge ạḍi sidhạ ar sõ̱ṛõ̱kọc̈gea, onkage Hoṛ sãote ghar ghạri joṛao dọ ạḍi napaeak̇ katha kana; mẹnkhan Deko sãote peṛak̇ dọ jạnum jhạṇṭire bagok̇ lekan kạituk hoyok̇a. Mẹn reak̇ jọs katha dọ niạge je jãhã dọ jãhã lekage Deko sãote peṛak̇ dọ baṅ ṭhika, onko dọ ạḍiko harmadgea.

Bhenta ar sẹ phẹn reak̇ mọtlọb dọ oka katha reak̇ dobṛa mane hoyok̇kan, onkan kathage Bhenta sẹ Phẹn katha dọko metak̇a. Noṅkan kathako dọ asọkaete bala-saka ar sẹ landa sạgại hoṛko jạsti dọko beohara.

MEN KATHA/
HAPṚAMKOAK̓ LẠI ẠGU KATHA

A

1. Aṅga tora katha caṅgak̓gea.
 Mane : Usạrage mon judạk̓.
 Beohar : *Holage bapla nạrjoṛle ṭhikleda, menkhan ceka co aṅga tora katha do caṅgaena.*

2. Apnarak̓ jomte bir hạti do tinạk̓iń lagawama.
 Mane : Bin mạjurite kạmi
 Beohar : *Ạdiń goroat̓pea, ado bhala tinạk̓ apnar jomte bir hạti do ar tinạk̓iń lagawapea?*

3. Ato nạihạr, bucạ cilim.
 Mane : Sor nạihạrjoṅ do baṅ ṭhika.
 Beohar : *Netar do sedae leka nạihạrre man mạrjạt do ba coko imạńkan, ato nạihạr do ente, bukạ cilim barag.*

B

4. Baha hõm tiạga, jạnum hõ bam pạṭik̓a/rogok̓a.
 Mane : Muskilak̓ tahen tuluc̓ kạmi purạuk̓.
 Beohar : *Do uni badmas hoṛ ṭhen calak̓te galmarao jutpe, noṅkape galmaraoa jemon - "Baha hõpe tiạg, ar jạnumte hõ alope rogok̓."*

5. Bapla oṛak̓re maejiu raj
 Mane : Eken maejiukoak̓ katha ańjomok̓.
 Beohar : *Noa bapla oṛak̓re ạdi saṅge hoṛko jarwawakana, menkhan bapla oṛak̓re nit do maejiu raj hoyakana.*

6. Baṅ bujhạu hoṛ tinạk̓em bujhạuaea, dhiri do tinạk̓em tekea.
 Mane : Oka lekatege baṅ bujhạu oco daṛe.
 Beohar : *Hola bicạrre Nạnkạ do ato hoṛte ạdi bujhạuae reak̓ko kurumuṭukeda, menkhan bujhạuge bae rebenkana, oneko men sik – "Baṅ bujhạu hoṛ tinạk̓em bujhạuaea, dhiri*

do̱ tinạk̇em tekea."

7. Baḓaekhanem ran, baṅkhan do̱ bir sahan.
   Mane : Baḓaerege sanamak̇ do̱
   Beohar : *Ne̱ noa ran idieme, biswạskate jo̱mme besok̇am nãhãk̇, e̱nte baḓaekhan do̱m ran, ar baṅkhan do̱ sahan.*

8. Bạbulen khanem kạbuk̇a, bho̱dro̱len khanem dho̱dro̱k̇a.
   Mane : Go̱ro̱bo̱k̇ do̱ baṅ ṭhika.
   Beohar : *Alom go̱ro̱bo̱k̇a, baṅkhanem ńũruk̇a e̱nteko me̱nakada – "Bạbulen khanem kạbuk̇a, bho̱dro̱len khanem dho̱dro̱k̇a."*

9. Bạd bunum hara ocoan, ato bunum do̱ alo.
   Mane : Bahre reak̇ duk atore alo bo̱lo̱k̇ma.
   Beohar : *Mạńjhi baba lạiaepe je abo do̱ atore ạḓi sulukte menak̇bona, eṭak̇ ato reak̇ mamla no̱ṇḓe̱ do̱ aloe ạguima, e̱nteko me̱nakada – "Bạd bunum hara ocoan, ato bunum do̱ alo."*

10. Biṅ hõ̱e gujuk̇ ar ṭheṅga hõ̱ alo rạpudok̇.
    Mane : Muskilak̇ tahe̱n tuluċ kạmi mõ̱ńjte purạuk̇.
    Beohar : *Do mõ̱ńjte kạmiepe, noṅka kạmiepe je̱mo̱n biṅ hõ̱e gujuk̇ ar ṭheṅga hõ̱ alo rạpudok̇.*

C

11. Carkha do̱ ạcurok̇gea.
    Mane : Suk tayo̱m duk do̱ hijuk̇gea.
    Beohar : *Niạko din ạḓi muskilre menak̇lea, cekaeam miṫ din nãhãk̇ aleak̇ noa duk do̱ cabak̇gea, e̱nte – "Carkha do̱ ạcurok̇gea."*

12. Cetan bho̱dro̱ bhitri dho̱dro̱.
    Mane : Ńe̱lok̇re cetan kho̱n bhage me̱nkhan bhitri kho̱n do̱ bạriċgea.
    Beohar : *Uni ho̱ṛ do̱ tinạk̇ bhageye ńe̱lok̇kana?*

Bạḍaeape uni do̱ ạḍi bạṛic̓ ho̱ṛ kanae, noṅkan ho̱ṛgeko metakoa : "Cetan bho̱dro̱ bhitri dho̱dro̱."

13. Cetan ro̱ṅ-cho̱ṅ, bhitri o̱ndro̱ṅ.
Mane : Bahre ńe̱lok̓re mõ̱ńj, me̱nkhan bhitri kho̱n do̱ bạṛic̓.
Beohar : *Mase bhala uni kuṛi ńe̱lạpe, tinạk̓ jhil jho̱le ńe̱lok̓kana, onkankogeko metakoa : "Cetan ro̱ṅ-cho̱ṅ, bhitri ho̱ndro̱ṅ."*

14. Cinle ran, na cinle sahan.
Mane : Bujhạulekhan do̱m bhage jinis kana ar baṅkhan do̱ bạṛic̓ak̓gem metak̓a.
Beohar : *Ma noa do̱ kirińpe ạḍi mõ̱ńj jinis kana ar baṅkhan tayo̱mtepe kastaok̓a, cedak̓je o̱ne̱ko me̱n leka – "Cinle ran, na cinle sahan."*

Ch

15. Chạḍwạ he̱re̱l cakha cuṇḍuc̓ tin din gan co̱ṅ.
Mane : Chạḍwạ he̱re̱l do̱ bako ṭhika.
Beohar : *Henda mại, phalna do̱e chạḍwạ he̱re̱l kana. Chạḍwạ he̱re̱l do̱ bako ṭhika, e̱nteko me̱na - "Chạḍwạ he̱re̱l cakha cuṇḍuc̓ tin din gan co̱ṅ."*

16. Chạḍwi kuṛi bandhar sado̱m han han.
Mane : Chạḍwi kuṛi do̱ ạḍiko daṛana.
Beohar : *Chạḍwi kuṛi jãhã mela-ṭhelaregem ńe̱lea onategeko me̱nakada - "Chạḍwi kuṛi bandhar sado̱m han han."*

17. Chạḍwi kuṛi baro̱mạsiạ cẽ̱ṛẽ̱, hajar lekako raga.
Mane : Chạḍwi kuṛi do̱ e̱ṛe̱geko ro̱ṛa.
Beohar : *Chạḍwi kuṛiak̓ ro̱ṛ do̱ o̱ho̱te̱t̓gem pạtiạulena, onategeko me̱na - "Chạḍwi kuṛi baro̱mạsiạ cẽ̱ṛẽ̱, hajar lekako raga."*

18. Chạḍwi kuṛi buru co̱ḍgo̱c̓, bako tahẽ̱ thirok̓a.

Mane : Chạḍwi kuri jirạu dọ bako tahẹna.
Beohar : *Chạḍwi kuṛi dọ miť daṛangem ńẹlea, onategeko mẹna - "Chạḍwi kuṛi buru cọḍgọċ, bako tahẽ thiroḱa."*

19. Chạḍwi kuṛi gạhi citri, ạḱṇḍiċgea.
Mane : Chạḍwi kuṛi dọ miť ghạṛiteko buḱlạua.
Beohar : *Chạḍwi kuṛi dọ ạḍi liṭhurko galmaraoḱa, miť ghạṛiteko buḱlạua; onategeko mẹnakada - "Chạḍwi kuṛi gạhi citri, ạḱṇḍiċgea."*

20. Chạḍwi kuṛi kisni bọhọḱ cẹṛkọť cẹṛkọť.
Mane : Chạḍwi kuṛi dọ bẹbuj khạtirko hihi haha baṛaea.
Beohar : *Chạḍwi kuṛi dọ ạḍiko birnạhagea, onategeko mẹna - "Chạḍwi kuṛi kisni bọhọḱ cẹṛkọť cẹṛkọť."*

21. Chuṭki era terel sahan, cẹṭẹ-cẹṭẹḱgea.
Mane : Chuṭki era dọ ạḍiko rọṛ gọda.
Beohar : *Chuṭki era dọ tọgọċ ḍaṭakateko rọṛ daṛeaḱa, onategeko mẹna - "Chuṭki era terel sahan, cẹṭẹ-cẹṭẹḱgea."*

22. Chuṭki era ar terel sahan sọmangea.
Mane : Chuṭki era dọko khạṛigea.
Beohar : *Chuṭki era dọ cẹť bam mẹn ekalte miť ghạṛiteko rańgao gọdoḱa, onategeko mẹna - "Chuṭki era ar terel sahan sọmangea."*

D

23. Daka khan ką̃hũ, ṭaka khan bạhu.
Mane : Dhọn tahẹnkhange sanamaḱ hoyoḱa.
Beohar : *Rẹńgẹċgeale, onate bạhu hõ bale ńam daṛeakokana, onatege celečko mẹnakada - "Daka khan ką̃hũ, ṭaka khan bạhu."*

24. Daḱ dọ latar sẹċge lińgiḱa, cetan sẹċ dọ bań.
Mane : Sạri dọ sạrige tahẹna.

Beohar : *Uhũk̓ ẹṛẹgem rọṛeda, bam pạtiạu ocolediń̇a, ẹnte - "Dak̓ dọ latar sẹc̓ge liṅgik̓a, cetan sẹc̓ dọ baṅ."*

25. Daṛe tahẹnre sẹ aṛerem racagok̓a.
Mane : Daṛe hoṛge jãhãnak̓ko ceka daṛeak̓a.
Beohar : *Nẹ hạli ạdi muskilre menak̓lea, nõk̓õe ran-murgạn reak̓ hõ bale upại daṛeak̓kana, ẹnteko mẹna - "Daṛe tahẹnre sẹ aṛerem racagok̓a."*

26. Deko peṛa jạnum jhạṇṭi.
Mane : Deko dọ jãhãtinạk̓em mạrjạte, muskilmegeae.
Beohar : *Uni Deko sãote dọ alo sẹ unạk̓ dọm hẹṛa gẹsak̓a, mit̓ din kalre nãhãk̓e muskilmegea, ẹnteko mẹnakada - "Deko peṛa jạnum jhạṇṭi."*

27. Din kombṛo dọ mit̓ dine sabok̓gea.
Mane : Bạṛic̓ kạmi dọ baṅ okok̓a.
Beohar : *Mase tinạk̓ bạṛic̓ hoṛ kanae. teheń dọko sap̓kedegea, onategeko mẹnakada - "Din kombṛo dọ mit̓ dine sabok̓gea."*

28. Dinạm kombṛo mõṛẽ mãhãre dọe sabok̓gea.
Mane : Mit̓ talao ẹṛẹm rọṛkhan dọm sap̓ ocok̓gea.
Beohar : *Jãhãtinạk̓ teheńem ẹṛẹ idiet̓le, hapen nãhãk̓ mit̓ din dọm bạḍaeok̓gea, ẹnteko mẹnakada -*

"Dinạm kombṛo mõṛẽ mãhãre dọe sabok̓gea."

29. Duk jalate laṭhẹń huṛuṅ, duk dọ ukhuṛre tok dọ laṭhẹyen.
Mane : Duk upạr duk
Beohar : *Nõk̓õe jọm-ńũ hõ ạdile harọnọk̓kana, ar nọtẹ ruạ haso hõ ńamakat̓lea, kajete bam mẹna - "Duk jalate laṭhẹń huṛuṅ, duk dọ ukhuṛre tok dọ laṭhẹyen."*

Dh

30. Dhuṛạulen khanem puṛạua, umullen khanem tunuma.
Mane : Kurumuṭurege bhage jọ dọ ńamok̓a.

Beohar : *Tin hạbiċ bam kurumuṭuia, un hạbiċ bhage jo̱ do̱ bam ńama, e̱nteko me̱nakada - "Dhurạulen khanem purạua, umullen khanem tunuma."*

31. Ḍaṅgra hõe ạtiń ocoan, ṭo̱ṭko̱ hõ saḍe ocoan.
Mane : Banar se̱ċte labh.
Beohar : *Ghar jãwãe ho̱ṛ do̱ ạdi sukre, o̱ne̱ko me̱n sik -"Ḍaṅgra hõe ạtiń ocoan, ṭo̱ṭko̱ hõ saḍe ocoan."*

32. Ḍhõ̱ṛ bińak̓ bis o̱ko̱ye bo̱to̱ro̱k̓a.
Mane : Jãhãtinạk̓ lạṭu ho̱ṛ, ko̱mjo̱rge khane uni do̱ bako bo̱to̱raea.
Beohar : *Ńe̱lok̓te ạḍi lạṭui ńe̱lok̓kana, daṛe do̱ bạnuk̓taea, onate uni do̱ bako bo̱to̱raea, e̱nteko me̱nakada - "Ḍhõ̱ṛ bińak̓ bis o̱ko̱ye bo̱to̱rak̓a."*

Ḍh

33. Ḍhiṅki buṭạm se̱nok̓, re̱se̱ lobok̓ khodem jo̱ma.
Mane : Kisạ̃ṛ tahe̱nre hõ baṅ kulạuk̓.
Beohar : *Rạmutako do̱ ạḍi kisạ̃ṛ ho̱ṛ, me̱nkhan onko do̱ ḍhiṅki buṭạko se̱nok̓re hõ re̱se̱ lobok̓geko jo̱ma.*

E

34. Eka do̱ bokage, hajar do̱ jo̱range.
Mane : Mit̓ ho̱ṛ mo̱to̱te jãhãn kạmi do̱ baṅ le̱ṭe̱jo̱k̓a.
Beohar : *Dela jo̱to̱ ho̱ṛbon ranajo̱ṭo̱k̓a, khạṭige ona kạmi do̱ nãhãk̓bon o̱ṛgea, e̱nteko me̱nakada - "Eka do̱ bokage, hajar do̱ jo̱range."*

E̱

35. E̱ke̱n ṭhili do̱ saḍegea.
Mane : Lelha ho̱ṛ do̱ hạu hạuko ro̱ṛa.
Beohar : *Unim ńe̱lekan do̱ ạuṛigeye ro̱ṛet̓a, bam baḍaea - "E̱ke̱n ṭhili do̱ saḍegea."*

36. E̱rak̓geko ira.
Mane : Jãhãnak̓em casa ona reak̓ jo̱gem ńama.
Beohar : *Phalna do̱ biḍạure ạḍi mõ̱ńjteye pasena, onategeko me̱nakada - "E̱rak̓geko ira."*

G

37. Gõ̱eṭha lo̱k̓a, guruċe landaea.
Mane : Eṭak̓ ho̱ṛak̓ duk ńe̱lte baṅko landaea amak̓ hõ̱ inạ do̱sage nãhãk̓ hoyok̓a.
Beohar : *Ạdibạsi kanre hõ̱ń teheń ińak̓ jumi lilạmok̓kana, ma landaeme hape̱ nãhãk̓ gapa amak̓ hõ̱ jumi lilạmok̓a, e̱nte hapṛamkoko me̱nakada*

- "Gõ̱eṭha lo̱k̓a, guriċe landaea."

H

38. Hanhar era busạk̓ sim, tot̓ racak̓ bako sapańjaok̓a.
Mane : Hanhar era baṅko jutok̓a.
Beohar : *Bạhu-biṭi do̱ hanharte̱t̓ são tisge baṅko jutuk̓a, o̱ne̱ko me̱n sik - "Hanhar era busạk̓ sim, tot̓ racak̓ bako sapańjaok̓a."*

39. Hanhar era haṛhat̓ ho̱to̱t̓ baṅ sebela.
Mane : Hanhar era do̱ baṅko ṭhika.
Beohar : *Kiminko do̱ hanhar go̱go̱ do̱ tisge baṅko kusiakoa, je̱mo̱n - "Hanhar era haṛhat̓ ho̱to̱t̓ baṅ sebela."*

40. Hanhar era sui sagak̓ pạk̓ṭigea.
Mane : Hanhar go̱go̱ do̱ko ruhạdgea.
Beohar : *Hanhar go̱go̱ do̱ teheń baṅ gapa khạṭigeko rukhạt̓gea, onategeko me̱nakada - "Hanhar era sui sagak̓ pạk̓ṭigea."*

41. Hape̱ kathate salo mạńjhie ghańje̱ṛo̱k̓a.
Mane : Thirok̓ge ran do̱.
Beohar : *Thir tahe̱nge bhage upại do̱, e̱nteko me̱nakada -*

"Hapẹ kathate salo mạńjhie ghańjẹṛọk̇a."

42. Haṛam-buḍhi kạphạri, parkọm kanae hạkim.
Mane : Juri-pạri jãhãtinạk̇kin jhogṛak̇, ạyup̀ dọkin suluk ruạṛenge.
Beohar : *Juri-pạri jãhãtinạk̇ din bhorkin lạṛhại-tapam, ńindạlen khan dọkin suluk ruạṛenge, onategeko mẹnakada - "Haṛam- buḍhi kạphạri, parkọm kanae hạkim."*

43. Haṭak̇ haṭak̇ baṅkhan dọ baṭak̇ baṭak̇.
Mane : Dhọn tahẹn khan ona dọ mọńjte khọrọc hoyok̇a.
Beohar : *Abo Họṛ dọ oka hilạk̇ dhọn tahẹn khan dọ ạḍibon dọn baṛaea ar baṅ hilạk̇re dọbon cahap̀ baṛaea, onategeko mẹnakada - "Haṭak̇ haṭak̇ baṅkhan dọ baṭak̇ baṭak̇."*

44. Haṭak̇te hạti dọ ọhọm dapalkea.
Mane : Kọm tahẹnre lạṭu kạmi dọ baṅ hoyok̇a.
Beohar : *Reṅgeċgeale ar notẹ baplakore ạḍi khọrca, bale daṛeak̇a unạk̇ khọrọc dọ, ẹnteko mẹnakada - "Haṭak̇te hạti dọ ọhọm dapalkea."*

45. Hẹrẹlak̇ dọ goco sadọmak̇ dọ cãwãr.
Mane : Ijjạt reak̇ katha.
Beohar : *Jãhãtinãk̇le nacarge mẹnkhan ḍọbọk-johar dọ aleak̇ man dạhṛi kana, jẹmọn - "Hẹrẹlak̇ dọ goco, sadọmak̇ dọ cãwãr."*

46. Hirạm era etka sikiṛ dọ baṅ sahaok̇a.
Mane : Barea bạhu dọ baṅgekin suluk daṛeak̇a.
Beohar : *Phalna dọ nẹhạli ạḍi muskilre menaea. dosariċ bạhu khạtir gharọńj dọ bạṛiċ cabaentakoa, onategeko mẹna - "Hirạm era etka sikiṛ dọ baṅ sahaok̇a."*

47. Hirạm era sui sagat̓, pạk̇ṭigea.
Mane : Barea bạhu dọkin jhogṛak̇gea.
Beohar : *Mit̓ jãwãeren barea bạhukin*

tahenkhan dokin jhograkgea, onategeko mena - "Hiram era sui sagat', paktigea."

48. Hiram sikir bań sahaoka, etka sikir sahaoka.
Mane : Etak muskilak do sahaokgea, menkhan mit' bahu tahen tuluc etak bahu do bańko ńel sahaokoa.
Beohar : *Ayo hor do ac jãwãe etakice bahujońkhan adiko rańgaoka, onategeko mena - "Hiram sikir bań sahaoka,etka sikir sahaoka."*

49. Horoge petecа, hor do bań.
Mane : Hor do jotoko thikgea.
Beohar : *Okoe hõ nisrauko do bań jarura, ente - "Horoge peteca, hor do bań."*

50. Hoe jivi hasa hormo, barsiń lagit' arsi leka.
Mane : Jibon do bar dinge.
Beohar : *Dhonre bako dona, ente - "Hoe jivi hasa hormo, barsiń lagit' arsi leka."*

K

51. Hor arere petec ar caolere khode do tahengea.
Mane : Aema hor talare baric hor doko tahengea.
Beohar : *Phalna do adi badmas hor kanae, cekayeam - "Hor arere petec ar caolere khode do tahengea."*

52. Hor bhorsa, tumba rasa.
Mane : Etak horre tehadok do bań thika.
Beohar : *Jãhãere tehadok do ekal bań thika, cedakjeko menakada - "Hor bhorsa, tumba rasa."*

53. Horgey haramoka, mone do bań.
Mane : Mone do juange tahena.
Beohar : *Mase ńelepe uni haram do teheń-gapa ho adi kora lekaye dãrã baraekana, onate hapramko do noa katha adi sarigeko menakada - "Horgey haramoka, mone do bań."*

54. Hoṛ katha kaṭ mãyãm, seta kaṭarem pạsi gujuǩ.
Mane : Ạḍi muskil.
Beohar : *Hoṛ somaj ńẹlte noṅkam aṭkara - "Hoṛ katha kaṭ mãyãm, seta kaṭarem pạsi gujuǩ leka."*

55. Hoṛ lại katha ar arẹċ cal daǩ do haǩsogea.
Mane : Cugli katha do haǩsogea.
Beohar : *Phalnawaǩ kathate do cedaǩem raṅgaoǩkana, bam baḍaea je - "Hoṛ lại katha ar arẹċ cal daǩ do haǩsogea?"*

56. Hoṛ monẹ ńũt oṛaǩ, ceka lekarem bujhạua.
Mane : Monẹ reaǩ katha do ohom tunumlea.
Beohar : *Amaǩ monge co baṅ ńamoǩkan, cedaǩje sạrigeko mẹnakada - "Hoṛ monẹ ńũt oṛaǩ, ceka lekarem bujhạua."*

57. Hoṛ peṛa sarjom khunṭi, Deko peṛa jạnum jhạnṭi.
Mane : Apnar hoṛge pạṭiạr do.
Beohar : *Onko Deko peṛa sãote do alom gateǩa, bako ṭhika, ẹnteko mẹnakada - "Hoṛ peṛa sarjom khunṭi, Deko peṛa jạnum jhạnṭi."*

J

58. Jạnumte jạnumge so hoyoǩa.
Mane : Bạṛiċ hoṛ do bạṛiċge beoharaeme.
Beohar : *Uni badmas hoṛ do ṭaka bae ẹmkatama, uni do badmasitege kạbuem, ẹnteko mẹna -*

"Jạnumte jạnumge so hoyoǩa."

59. Jon oṛaǩre dhon, dhon oṛaǩre hon.
Mane : Menaǩtae hoṛ do arhõe ńam idia.
Beohar : *Mase ńẹlepe unạǩ dhon menaǩtaea, arhõ ona doe ḍher idieda, onategeko mẹna - "Jon oṛaǩre dhon, dhon oṛaǩre hon."*

Jh

60. Jhạl reaḱ ḍhọl dọ mọ̃ńjge ańjọmọḱa.
Mane : Jhạl reaḱ dọ ańjọmjọṅrege sebel.
Beohar : *Lạikederema ạḍi cẹrha mẹnkhan ńẹlkederema ekal bacọle kusilen, onategeko mẹna - "Jhạl reaḱ ḍhọl dọ mọ̃ńjge ańjọmọḱa."*

K

61. Kathage sebela jọmaḱ dọ baṅ.
Mane : Mọ̃ńj galmaraoge sọrọsa.
Beohar : *Peṛako dọ jãhãtinạḱ jel-utu dakam jọm ocoye, mọ̃ńjte bam rọṛaekhan ạḍiko kạruć-bạrujoḱa, cedaḱjeko mẹna - "Kathage sebela, jọmaḱ dọ baṅ."*

62. Kathage tahẹ̃na hoṛ dọ baṅ.
Mane : Rọṛ dọ gọc̓kate hõ tahẹngea.
Beohar : *Noa hasa hoṛmo dọ dhuṛire milạu adọḱa, mẹnkhan rọṛ-landa dọ tahẹngea, ẹnteko mẹnakada - "Kathage tahẹ̃na hoṛ dọ baṅ."*

63. Kãṛã hoṛ dọ ṭheṅga miṭ' dhaogey ada.
Mane : Ar baṅ bhul dohṛae.
Beohar : *Nit ardọ bạń bhula ẹnte - "Kãṛã hoṛ ṭheṅga dọ miṭ' dhaogey ada."*

64. Kọe ṭaṅga dọ baṅ mamaḱa.
Mane : Kọekate ńamaḱte kạmi dọ baṅ hoyoḱa.
Beohar : *Lạiamkan tahẹ̃giạń je ọnẹm kọe ạguakaṭ' ṭẹṅgọć dọ bhotṛogea, baṅ magoḱa ẹnteko mẹnakada - "Kọe ṭaṅga dọ baṅ mamaḱa."*

65. Kuṅkạl bhajan dọ tapakijoḱgea.
Mane : Saṅge bạhu dọko jhogṛaḱgea.
Beohar : *Phalnatako dọ miṭ' jhogṛaḱgem ańjọmkoa, sạrikangea - "Kuṅkạl bhajan dọ tapakijoḱgea."*

66. Kũi ghaṭ dọ kuṛi họpọnaḱ haṭ.

Mane : Kuṛiko dọ kuṅ ghaṭreko galmaraok̇a.
Beohar : *Kuṛiko dọ dak̇ lo ghaṭre kajakko galmaraok̇a, ẹnte - "Kũi ghaṭ dọ kuṛi họpọnak̇ haṭ" kana.*

67. Kuṛit̕e ãṛgolen khan kuṭi dọe halaṅ rakabgea.
Mane : Kurumuṭulekhan jọ dọ ńamok̇gea.
Beohar : *Kurumuṭute kạmime jọ dọ nãhãk̇em ńamgea, ẹnte bam aṅjọmakada - "Kuṛit̕e ãṛgolen khan kuṭi dọe halaṅ rakaọgea."*

Kh

68. Khaṭaolen khanem caṭaogea, laṛaolen khanem paṛaok̇gea.
Mane : Kurumuṭurege jọ dọ.
Beohar : Nit khọn kurumuṭukate paṛhaok̇me, biḍạure dọ nãhãk̇ jạruṛgem pasok̇gea, ẹnteko mẹnakada - *"Khaṭaolen khanem caṭaogea, laṛaolen khanem paṛaok̇gea."*

L

69. Laṛaok̇khanem paṛaok̇a.
Mane : Mehnọt sẹ kạmilekhan joṛo ńamok̇gea.
Beohar : *Alom pạcok̇a, kạmi idime jọ dọm ńamgea, ẹnteko mẹna - "Laṛaok̇khanem paṛaok̇a."*

M

70. Mit̕ dharete piṭhạ dọ baṅ isinok̇a.
Mane : Barabạri hoyok̇ jạruṛa.
Beohar : *Tin jọkhẹn dukreye tahẽkana, gọṛọwadeyạṅ, nit dọ bae bẹṅgẹt̕eda, hapẹ nãhãk̇ - "Mit̕ dharete piṭhạ dọ baṅ isinok̇a."*

71. Mit̕ṭaṅ candogey marsala ipilko dọ baṅge.
Mane : Maraṅ họṛge namjạdi dọ.
Beohar : *Ape dọ cẹt̕ hõ bape bạḍaea, hạni lạṭu họṛ cẹt̕e*

me̱neda, onage ṭhik, e̱nte - "Miťtaṅ candogey marsala ipilko do̱ baṅge."

72. Moca kathage sebela, daka-utu do̱ baṅ sebela.
Mane : Galmaraoge sebel do̱.
Beohar : *Jãhãtinạk' jel utu dakako emaťle, beste hõ̱ bako ro̱ṛaťlete mõ̱ñj hõ̱ bale ạikạuleda, sạrigeko me̱na - "Moca kathage sebela, daka-utu do̱ baṅ sebela."*

73. Mõ̱ṛẽ̱ ho̱ṛ maraṅ Ṭhạkur.
Mane : Mõ̱ṛẽ̱ ho̱ṛ do̱ ạkilankoge.
Beohar : *Kulhi duṛupre okako bicạr, onage so̱ro̱s do̱, e̱nteko me̱na - "Mõ̱ṛẽ̱ ho̱ṛ maraṅ Ṭhạkur."*

Ń

74. Ńamlere haṭak'-haṭak', baṅlere baṭak'-baṭak'.
Mane : Ublạ ḍublạ kho̱ro̱c do̱ baṅ ṭhika.
Beohar : *Cedak' unạk' ạuṛi-sạuṛi do̱m kho̱ro̱ceda, hape̱ nãhãk' gapa dinre kajakem bhabnak'a, e̱nteko me̱nakada - "Ńamlere haṭak'-haṭak', baṅlere baṭak'-baṭak'."*

O

75. Oka lekam e̱ra, ona lekam ira.
Mane : Oka lekam kạmia onkage jo̱ do̱m ńama.
Beohar : *Ma mõ̱ñjte paṛhaok'me, ạḍi napaete nãhãk' biḍạure do̱m pasok'a, e̱nteko me̱nakada - "Oka lekam e̱ra, ona lekam ira."*

76. Oṛak're pại bo̱lo̱len khan baṅ oṇḍokok'a.
Mane : Rin hataolere ona do̱ baṅge sodok'a.
Beohar : *Karja hatao do̱ ekal baṅ ṭhika, e̱nteko me̱na - "Oṛak're pại bo̱lo̱len khan baṅ oṇḍokok'a."*

77. O̱l kho̱n do̱ thutige so̱ro̱sa.
Mane : Lạị ạgu kathage so̱ro̱sa.
Beohar : *Aboren hapṛamko do̱ko me̱nleda*
- "O̱l kho̱n do̱ thutige so̱ro̱sa."

P

78. Pạhil katha ar Aghā̃ṛ itạ baṅ tahe̱na.
Mane : Lahawak̇ do̱ hiṛiṅok̇a.
Beohar : *Teheń laha laha hanka nhankam lại oṭoalekana, hape̱ nãhãk̇ gapa do̱ bam disạia, e̱nteko me̱na - "Pạhil katha ar Aghā̃ṛ itạ baṅ tahe̱na."*

79. Pe̱re̱ċ ṭhili dak̇ do̱ dũṛũċen se̱ cabaen.
Mane : Nase kusire ạdi do̱ baṅ kusik̇ jạruṛa.
Beohar : *Ne̱k̇e nasenak̇rem do̱n baṛaeda, hape̱ nãhãk̇ sana mak̇ cabak̇tama, e̱nteko me̱na -*
"Pe̱re̱ċ ṭhili dak̇ do̱ dũṛũċen se̱ cabaen."

80. Piṭhạ do̱ ulṭạuak̇rege isinok̇a.
Mane : Jãhãnak̇ go̱ṭae se̱ jutuk̇ lạgit̓ do̱ dene banar reak̇ge do̱rkar menak̇a.
Beohar : *Iń do̱ń e̱mat̓mea ar am do̱ bam go̱ṛo̱ạṅkana, hape̱ nãhãk̇ tayo̱mtem buja, e̱nteko me̱na*
- "Piṭhạ do̱ ulṭạuak̇rege isinok̇a."

81. Puthi kho̱n thutige so̱ro̱sa.
Mane : Lạị ạgu kathage so̱ro̱sa.
Beohar : *Aboren hapṛamko cedak̇ co̱ko me̱nakada*
- "Puthi kho̱n thutige so̱ro̱sa."

R

82. Rạni ar pạni baṅko jo̱ṭe̱do̱k̇a.
Mane : Lạṭu ho̱ṛ ar kạṭiċ ho̱ṛ do̱ baṅko jurik̇a.
Beohar : *Iń do̱ ya re̱ṅge̱ċ ho̱ṛ ape lekan lạṭu ho̱ṛ so̱ṅge̱ do̱ bạń jurik̇kana, e̱nteko me̱nakat̓ge co̱ -*

"Rani ar pani banko jotedoka."

83. Randi ayo kisni bohok cerkop cerkop.
Mane : Randi ayo do adiko rora.
Beohar : *Nui randi maejiu do adi bariče ror dareakkana, onate sarigeko mena*
- "Randi ayo kisni bohok cerkop cerkop."

84. Randi era bandhar sadom han-han.
Mane : Randi ayo do mit' talaoko ńir baraea.
Beohar : *Nui randi ayo do jãhãrege mela hoyok ondegem ńamea, thikgeko menakada*
- "Randi era bandhar sadom han-han."

85. Randi era thutki jonok kherec-kherec.
Mane : Randi ayo do adiko becer-beceroka.
Beohar : *Nui randi ayo do mit' baktanokgem ańjomea, onate sarigeko menakada -*
"Randi era thutki jonok kherec-kherec."

86. Rengec bela tengoc, tak bela teke.
Mane : Dhon tahenrege raska, bań tahenre do nalhae hoyoka.
Beohar : *Cet'ińmena; menaktalereń jom baraeda, bań hilak do nãhãkiń nalha baraea, ente sarigeko menakada - "Rengec bela tengoc, tak bela teke."*

87. Rorakge rarak.
Mane : Algate hoyok kami.
Beohar : *Alom bhabnaka, nasenakem kurumutu lekhange jitkar dom ńama, enteko menakada - "Rorakge rarak."*

88. Rup ar dhon reak do ohom gorobkea.
Mane : Dhonre bań gorobok jarura.
Beohar : *Amak dhonre alom gorobokа, enteko menakada*
- "Rup ar dhon reak do ohom gorobkea."

S

89. Sahao khanem lahaok̇a.
Mane : Khaṭao se̱ haro̱n sahao ho̱ṛgeko lahak̇a.
Beohar : *Lahak̇ lạgit' do̱ ko̱ṣto̱ sahaotege hoyok̇a, e̱nteko ro̱ṛakada - "Sahao khanem lahaok̇a."*

90. Sạriak̇ do̱ so̱ro̱sgea.
Mane : E̱ṛe̱ do̱ baṅ ro̱ṛ jạruṛa.
Beohar : *Sạri-sạri ro̱ṛme, onarege Iso̱r do̱, e̱nteko ro̱ṛakada - "Sạriak̇ do̱ so̱ro̱sgea."*

91. Seta kho̱n pusi.
Mane : Rup bo̱do̱l se̱ ḍaṅ ṭhela.
Beohar : *Phalna do̱ ạḍi phạsiạra kathakoe lạia, o̱ho̱m pạtiạulena, uni do̱ mit' ghạṛite seta kho̱n pusie benao go̱dok̇a.*

92. Se̱ṅge̱l do̱ lo̱lo̱gea, jạnum do̱ pạk̇ṭigea.
Mane : Bạṛič ho̱ṛ do̱ bạṭičgeko kạmia.
Beohar : *Uni do̱ jãhãtinạk̇ bhage katham metae o̱ho̱e sudhrạulena, e̱nteko me̱nakada - "Se̱ṅge̱l do̱ lo̱lo̱gea, jạnum do̱ pạk̇ṭigea."*

93. Si sukri sedae lobok̇, inạ ḍaka ḍak̇rege chak̇-chak̇.
Mane : Bạṛič ho̱ṛ do̱ o̱ho̱m sudhrạulea.
Beohar : Abo ho̱ṛ do̱ sudhrạuk̇ge babon me̱na, onategeko me̱nakada - *"Sẹi sukri sedae lobok̇, inạ ḍaka ḍak̇rege chak̇-chak̇."*

94. Si cạṭič, arjao lạṭič.
Mane : Kurumuṭu reak̇ jo̱ do̱ bhagege hoyok̇a.
Beohar : *Kurumuṭu lekhan bhage jo̱ do̱ ńamok̇gea, e̱nteko me̱nakada - "Si cạṭič, arjao lạṭič."*

95. Sojhe kạṭuṗte go̱to̱m baṅ rakabok̇re, kõ̱ṛbe̱t' hoyok̇a.
Mane : Sidhạ kathate jãhãnak̇ baṅ hoyok̇khan, ulṭạute kạmime.

Beohar : Tinre mõńj mõńjte kạmi baṅ hoyoḱa, ona lạgiť geko menakada - *"Sojhe kạṭupte gotom baṅ rakabokre, kõṛbeť hoyoḱa."*

96. Sui leka boloḱa, pal leka daroḱa.
Mane : Rin do baṅ cabaḱa.
Beohar : *Kạṭic culuṅ rin hataolekhan, ona do baṅge sodoḱa, onategeko menakada - "Sui leka boloḱa, pal leka daroḱa."*

97. Sulukrege muluk do menaḱa.
Mane : Sulukte tahenge bhage.
Beohar : *Lạṛhại jhogṛa do baṅ ṭhik katha, baṅ lạṛhạirege suluk do, onategeko mena - "Sulukrege muluk do menaḱa."*

T

98. Tahenrema haṭaḱ-haṭaḱ, baṅrema baṭaḱ-baṭaḱ.
Mane : Tahen khange ublạ ḍublạ, oka hilạḱ baṅ tahen khan upạskaḱ hoyoḱa.
Beohar : *Dhon menaḱtama, alom ublạ ḍublạia, ar baṅkhan dom muskiloḱa, enteko menakada - "Tahenrema haṭaḱ-haṭaḱ, baṅrema baṭaḱ-baṭaḱ."*

99. Toa jom pusi celaṅ doe jalaḱgea.
Mane : Kombṛo doe saboḱgea.
Beohar : *Jãhãtinạḱe komoṛoe miť din doe saoḱgea, ente nãhãḱ jãhã baṅ jãhã sạbud doe bạgiaḱgea, onategeko menakada - "Toa jom pusi celaṅ doe jalaḱgea."*

Ṭ

100. Ṭaka khan bạhu, daka khan kạ̃hũ.
Mane : Dhon tahenrege jotoaḱ do ńamoḱa.
Beohar : *Reṅgeč hoṛ do okoe hõ bako puchạukoa, onate geko mena - "Ṭaka khan bạhu, daka khan kạ̃hũ."*

U

101. Uḍuć-puṭuć kạmi, thạri pẹrẹć daka.
Mane : Mihnạtrege jọ dọ ńamoḱa.
Beohar : *Kajak kạmirege bhage jọ dọ ńamoḱa, ẹnteko mẹna - "Uḍuć-puṭuć kạmi, thạri pẹrẹć daka."*

BHENTA KATHA

A

1. Abọla dhọn
Mane : Gại-ḍaṅgra-mĩhũ-mẹrọm
Beohar : *Birạm harạm dọ ạḍi kisạ̃ṛ hoṛ, oṛaḱre abọla dhọn renaḱ hisạb-jokhage bạnuḱa.*

2. Adkaṇḍa
Mane : Gọgọḱ cet́ kuṛi
Beohar : *Mạńjhi hopọnera dọ adkaṇḍa lekae harawakana.*

3. Adṭhili
Mane : Putli bande kuṛi
Beohar : *Bhạṭu hopọnera dọ nit hõe adṭhiligea.*

4. Adwa caole serma
Mane : Akal
Beohar : *1874 sal dọ nagamre adwa caole serma mẹnte ọlakana.*

5. Aḍa baṛae
Mane : Ạuṛiaḱte ọktẹ bitạu
Beohar : *Rạmi dọe kuṛhiạgea, hạni oṛaḱ nhại oṛaḱe aḍa baṛaea.*

6. Ạdi cetan mo̱nejo̱ṅ
Mane : Go̱ro̱b
Beohar : *Mo̱ṅgo̱lak̓ katha alom lạia, oṛak̓re thoṛagan go̱ṛo̱-caoleye ńamakat'te ạdi cetan mo̱nejo̱ṅ menak̓taea.*

7. Agdạhni
Mane : Ạk̓yuriċ
Beohar : *Ho̱ṛ so̱majre Sidạ-Kạnhutạkin leka agdạhni do̱ ạdi ko̱mgeko janamakana.*

8. Age ḍige
Mane : Ponon se̱ċ so̱man
Beohar : *Age ḍige jạripkate kạmi e̱ho̱bpe.*

9. Ạgil bhạri sado̱m
Mane : Kul-tạruṗ
Beohar : *Bir-pakaṛ ujạṛakante ạgil bhạri sado̱mko hõ̱ko caba he̱ċakana.*

10. Ạglạ-pạclạ e̱ne̱ċ
Mane : jorok̓
Beohar : *Reaṛ iạte gidrạ do̱ ạglạ-pạclạko e̱ne̱ċkana.*

11. Ahaṗ ikṛum
Mane : Bo̱to̱r ocoko
Beohar : *Mõ̱ńjte tahe̱npe, cedak̓pe ahaṗ-ikṛumjo̱ṅkana?*

12. Ajgar darere hilạuk̓
Mane : kisạ̃ṛ oṛak̓re baplak̓
Beohar : *Ajgar darere hilạuk̓kante Lo̱kho̱n ho̱po̱nera do̱ netar o̱ko̱e sāo hõ̱ onka bae mesaoka.*

13. Aka ṭạku
Mane : Mungạ suṭi
Beohar : *Ho̱ṛ atokore aka ṭạku utu do̱ mạ̃ṛĩ guṭi ro̱g rokao lạgit'ko beohara.*

14. Alaṅ ladọk̇
Mane : Bo̱to̱rte alaṅ o̱bo̱ro̱k̇
Beohar : *Bicạr jo̱khe̱ċ hạkim samaṅre mit̕ katha hõ̱ bam ro̱ṛ daṛeak̇a, ekalte alaṅ ladọk̇a.*

15. Ambasre peṛak̇
Mane : Ce̱t̕ hõ̱ baṅ tahe̱n
Beohar : *Ambasre peṛa ho̱ṛo̱k̇ do̱ baṅ ṭhika, jo̱m hõ̱ baṅ ńamok̇a.*

16. Andha dhund
Mane : Aohage, de̱mạrịạ, andhạ mundhạ
Beohar : *Jaliawãlã Bagre Briṭis palṭo̱n andha dhundko ṭhu baṛalet̕te ạḍi ho̱ṛko go̱ċlena.*

17. Aṅgra muṇḍhạt̕
Mane : O̱kạjuạ
Beohar : *Mo̱ṅgla aṅgra muṇḍhạt̕ do̱ alope ạcuyea jãhãn kạmire ce̱t̕ kạmi hõ̱ bae ganok̇a.*

18. Ańcar capat̕ ced
Mane : Juạn kuṛi
Beohar : *Sumi do̱ ńe̱l ńe̱lte ańcar capat̕e cet̕keda.*

19. Ańcarre ataṅ
Mane : Ko̱e
Beohar : *Ti-jaṅga ṭhikgetama, ańcarre ataṅ do̱ baṅ ṭhik kạmi.*

20. Ańje̱t̕
Mane : Gujuk̇
Beohar : *Teheń setak̇rege Kạru apat do̱e ańje̱t̕ena.*

21. Aosanok̇
Mane : Gidrạ janamko
Beohar : *Bhạrti ho̱ṛmo̱e tahẽ̱kana, holae aosanena.*

22. Apho̱r aka
Mane : Apho̱r gujuk̇

Beohar : *Setoń, lọlọ ar dak̇ bạnuk̇te sanam aphọr akaena.*

23. Ap̣kae
Mane : Hirlạkae, jãwãekae
Beohar : *Huḍiń mạị dọ jãhã lekatele ap̣kadea.*

24. Arak̇ dạhṛi
Mane : Sipạhi
Beohar : *Arak̇ dạhṛite ato dọ pẹrẹċakana.*

25. Arak̇ piṇḍạ
Mane : Jẹhẹl khana
Beohar : *Ar cẹt̓em mẹna, apnarak̇ dọstege arak̇ piṇḍạ ńẹńẹl hoyentaea.*

26. Arak̇ kakṛa
Mane : Pulis
Beohar : *Arak̇ kakṛa ńẹlte jọtọ họṛko dạṛkeda.*

27. Arak̇ oṛak̇
Mane : Jẹhẹlkhana
Beohar : *Ińgrạj amọlre Aṇḍaman Selular arak̇ oṛak̇ reak̇ dọ ạḍi ńutum tahẽkana.*

28. Arak̇ poṇḍ bẹṅgẹt̓
Mane : Edre udug
Beohar : *Arak̇ poṇḍ bẹṅgẹt̓lekhan uni gidrạ dọ bae bọtọrọk̇a, chiṭkĩṛĩċ sabme.*

29. Arak̇ sadọm kamsao
Mane : Oṛak̇ jẹrẹd
Beohar : *Uniak̇ oṛak̇re dọ arak̇ sadọmko kamsaok̇kana.*

30. Arak̇ sim sạṇḍi toa
Mane : Pan jọmkate arak̇ge thoe
Beohar : *Dhũt. Nui họṛ dọ ạṛisge họr họrte arak̇ sim sạṇḍie toa idieda.*

31. Arak̓ ṭupri
Mane : Sim sạṇḍi
Beohar : *Ma hẹ beret̓pe! Arak̓ ṭupri do̱ko kukṛukeda. Nitgebon oḍokok̓a.*

32. Arpa
Mane : Bhạrti ho̱ṛmo̱
Beohar : *Hẽ̱ co̱. Jilạpi do̱ oka kho̱n co̱e arpawana, o̱ko̱ baḍae.*

33. Arpa ko̱rpa
Mane : Bhạrti ho̱ṛmo̱
Beohar : *Joba do̱e arpa ko̱rpawante oṛak̓ kho̱n bae oḍokok̓kana.*

34. Aṛak̓ isin
Mane : Jãwãe ucạṛ
Beohar : *Mit̓ e̱ge̱rgem do̱ho̱yińạ. bạgikạńme, jãhãe aṛak̓iń isinakoa.*

35. Aṛak̓ tekey
Mane : Jãwãeok̓
Beohar : *Chạmi do̱ rạṇḍigey tahẽ̱kana, netar do̱ atorege aṛak̓e tekeyeda.*

36. Aṛak̓-sakamte din khemao
Mane : Re̱ńge̱c̓te din bitạu
Beohar : *Rạmitako do̱ aṛak̓-sakamteko tahe̱nkana.*

37. Asapạti
Mane : Ho̱ṛmo̱re gidrạ basak̓
Beohar : *Ramka bạhu do̱e asapạtiakana.*

38. Atnak̓ jo̱
Mane : Gidrạ-pidrạ
Beohar : *Oṛak̓re atnak̓ jo̱ ḍhergete ńindạ ńũtạ okare hõ̱ bale tahe̱na.*

39. Atoren khuṇṭuť
Mane : Mạńjhi haṛam
Beohar : *Atoren khuṇṭuť be̱go̱rte Santal so̱majre bicạr do̱ bań hoe daṛeak̓.*

40. Aṭ cala oṛak̓
Mane : Cato̱m
Beohar : *Jạpuť dinre aṭ cala oṛak̓ge aboak̓ bho̱rsa.*

41. Ạṇḍiạ kisą̃ṛ
Mane : Marań kisą̃ṛ
Beohar : *Bajar se̱ċre aema ạṇḍiạ kisą̃ṛem ńe̱l ńamkoa.*

42. Ą̃ṛgo̱m duk
Mane : Ko̱le̱ra, mạri
Mane : *Un marań rạsi ato jo̱jo̱ghuṭu ą̃ṛgo̱m duktege nisunena.*

43. Ą̃ṛgo̱m laga
Mane : Bin tolaste bicạr
Beohar : *Sạri ghoṭna ą̃ṛgo̱m lagateko cabakeda; nitok̓ iń ar ce̱ťiń cekaea?*

B

44. Babe̱r jo̱ṭe̱ť
Mane : Biń ge̱r
Beohar : *Baṛge e̱ṭe̱ťe̱ť tahẽ̱kanre, un jo̱khe̱nge babe̱rko jo̱ṭe̱ťakadea.*

45. Baha bạnij
Mane : Bạhu ạgu
Mane : *"Bo̱ho̱k̓re cato̱m, jańgare panahi, iń do̱ń se̱nok̓kana baha bạnij."*

46. Baha sãohã
Mane : Rạṇḍi so̱ńge̱ bapla
Beohar : *Kạṭiċ-kạṭiċ gidạr-pidạrko iạte Sạlkhu do̱*

hilittẹt̓geye baha sãohãkedea.

47. Balaya kọpọṭẹć
Mane : Balaya jopohar
Beohar : *Apan ạpinok̓ lahare balayako je lekako kọpọṭẹjok̓a, ona dọ ńẹljọṅ sad.*

48. Bar kaṭa
Mane : Sim/gẹḍẹ eman
Beohar : *Nạihạrre teheń dọ bar kaṭateko peṛakediṅa.*

49. Barọ duạr daṛan
Mane : Kọkọe họṛ
Beohar : *Barọ duạr daṛan họṛ dọ alom pạtiạuakoa.*

50. Bar paesaren họṛ
Mane : Kọmjọr họṛ
Beohar : *Onko kisạ̃ṛ họṛ samaṅre am dọ bar paesaren họṛ hõ̱m baṅ kana.*

51. Baṛge kạsi
Mane : Baṛge reak̓ utu jinis
Beohar : *Teheń dọ peṛako baṛge kạsigele gurakawat̓koa.*

52. Bayar kaḍa
Mane : Kidiń kaṭkọm
Beohar : *Murli dọ hola bayar kaḍako rọk̓kedea.*

53. Bạhu ṭuṭuri
Mane : Aṛak̓
Beohar : *Teheń dọ bạhu ṭuṭurigele utuakada.*

54. Bạd piṇḍhạ
Mane : Cẹpṛẹ mũ
Beohar : *Nui bạd piṇḍhạ kuṛi dọ ọkọe kusiwaea.*

55. Bạihạṛ piṇḍhạ
Mane : Usul mũ
Beohar : *Nebetar bạihạṛ piṇḍhạ koṛa dọko kọmgea.*

56. Beṅgaṛ koca
Mane : Miť sec̓re katha gulạṇḍ
Beohar : *Mape calaḱgea, hapebon beṅgaṛ kocalege.*

57. Bijli baṛae
Mane : Sanam ṭhen hạjir baṛa
Beohar : *Uni kuṛi do sanam ṭhene bijli baṛaea.*

58. Bin rimilte ceṭer ńũruḱ
Mane : Acka dukre ńũruḱ
Beohar : *Dạsu do hopontet' gạḍite tenakan khobor aṅjomkate bin rimilte ceṭer ńũrade lekae ạikạukeda.*

59. Bin rimilte daḱ
Mane : Racate
Beohar : *Bin rimilteaḱ daḱ do ạdi baṛic̓ soḱa.*

60. Bin ṭikạ raj
Mane : Pargana
Beohar : *Iṅgrạj amolre Pạḍerkolaren Sam do bin ṭikạ rajae tahẽkana.*

61. Bin huḍurte ceṭer ńũruḱ
Mane : Acka muskilre paṛao
Beohar : *Kạruaḱ jãhãn rog bań tahẽkana, menkhan ackaye boṅga talaena, noa khobor do sanamko ṭhenge bin huḍurte ceṭer ńũruḱ leka.*

62. Bień bohoḱ
Mane : Raṅgao
Beohar : *Buj sujkate kạmime, bień bohoḱ lekhan jãhãnaḱge jut sãhic̓ bam kạmi daṛeaḱa.*

63. Bir pusi
Mane : Kul, tạrup̓
Beohar : *Netar do bir-pakaṛ ujạṛente bir pusi hõko marca idiena.*

64. Boṅga duạr
Mane : Samaṅ ḍaṭa phogṛa
Beohar : *Jãhãe hoṛko boṅga duạrlenkhan jaṅ dọ bako haḍaṗ daṛeaḱa.*

65. Boṅga katha
Mane : Buṭạ katha
Beohar : *Dupṛuṗre hana-nhawa ạḍi katha galmarao hoyena, mẹnkhan boṅga katha dọ tẹn tahẽyena.*

66. Boṅga tala
Mane : Gujuḱ
Beohar : *Bạjun dọe boṅga talaena.*

67. Boṅga ghạṇṭi
Mane : Sagaṛ ḍaṅgrawaḱ ghạṇṭi
Beohar : *Ńindạ ọktẹ sagaṛiạko dọ boṅga ghạṇṭi akaete sagaṛko lagaea.*

68. Boyaḱ moca
Mane : Kul-ṭạruṗ
Beohar : *Sikạriạko ṭhik sọmọeregeko sẹṭẹrlentege Sibu dọ boyaḱ moca khọne baṅcaoena.*

69. Bọḍẹ daḱte aṗ
Mane : Ẹṛẹ, bulạu
Beohar : *Ẹ họ, bọḍẹ daḱte caḱem aṗ baṛaekana, gidrạgeye mẹnkeťtama baṅma oṛaḱre bạnuḱmea mẹnte.*

70. Bọḍẹ daḱ
Mane : Hạṇḍi
Beohar : *Bọḍẹ daḱte Santal sọmaj reaḱ kạuḍi halọt dọ kọmjuriakana.*

71. Bọhọḱ cetanre kạpi jhalkao
Mane : Gujuḱ muhim sẹṭẹroḱ
Beohar : *Họṛ gọċakadete nitoḱ dọ aċaḱ bọhọḱ cetanrege kạpi jhalkaoḱkana.*

72. Bohokretam cet'
Mane : Cet' utu
Beohar : *Cele ya, teheń lekan dinre ạdi hoṛko hijukkana, ado bohokretam cet' je unạkem bhabnakkana.*

73. Botke
Mane : Gidrạ-pidrạ
Beohar : *Botke baṅ tahenre oṛak do nisunge bujhạuka.*

74. Buḍhạ kạṭup uduk
Mane : Chiạk men
Beohar : *Ńelme nãhãk ekal buḍhạ kạṭupe udukama.*

75. Bukạ lolo
Mane : Jomak
Beohar : *Ạdi jor reṅgecidińkana, bukạ lolo jãhãnak menakkhan de imạńtalaṅme, jomlege.*

76. Bukạ topa
Mane : Janam jaega
Beohar : *Ińak bukạ topa do Jeṭke Durgạpur ato kana.*

77. Buluṅ bosta
Mane : Ạdi hamal
Beohar : *Nui buluṅ bosta gidrạ do ohoń heolea.*

78. Buluṅ-sunum lagaokate
Mane : Labaṛ lại
Beohar : *Gạrjạli do jãhãn kathage buluṅ-sunum lagaokateye lạia.*

79. Burgi jhaṇḍa
Mane : Bajṛa
Beohar : *Jug do palṭaoakana, netar hoṛ do burgi jhaṇḍa ar bako caseda.*

80. Buru cọḍgọć
Mane : Ạḍi hẹndẹ
Beohar : *Rạmu ać baba dọ buru cọḍgọć lekae ńẹloǩkana.*

81. Buru dhasao
Mane : Nunu gidrạ gujuǩ
Beohar : *Joba dọ buru dhasaoente, jọtọ jọm-ńũye bạgiakada.*

82. Buru ḍaṅgra
Mane : Biṭlạha
Beohar : *Kạliramtako buru ḍaṅgrako lạgiť hola disạm hoṛko jarwalena.*

83. Buru khọn peṛa ạgu
Mane : Gidrạ ọmọnko
Beohar : *Henda họ, tiskore cọ buru khọn peṛape ạguketťko?*

Bh

84. Bhadọr seta
Mane : Baṅ lajaoǩić
Beohar : *Uni dọ Bhadọr seta lekan koṛa kanae.*

85. Bhajan bachao
Mane : Bạhu kuṛi kusiako/sendrako
Beohar : *Sunạteko dọ bhajan bachao khọn ạuriko ruạṛa.*

86. Bhanḍan sapha
Mane : Karbar ọl topag
Beohar : *Uni tuluć dọle bhanḍan saphawakana.*

87. Bhit
Mane : Eṅgat hoṛ
Beohar : *Aspatalre bhit dọ jãhã lekateko bańcaokedea, mẹnkhan gidrạ dọ bako daṛeadea.*

88. Bhitri mone hoṛ
Mane : Ạḍi kumãyã hoṛ
Beohar : *Rupcand do ạḍi bhitri mone hoṛ kanae, uni ṭhen oṛak reak joto katha alom lạia.*

89. Bhokta
Mane : Upạs
Beohar : *Teheń dole bhoktaka, alope dakaea.*

90. Bhok kokor
Mane : Oṛak khon bań oḍokok hoṛ
Beohar : *Sibu bhok kokor do disạm reak cete baḍaea?*

91. Bhũiạ
Mane : Taben
Beohar : *Teheń ńindạ daka ar alope isina, bhũiạ jomkategebon tahena.*

92. Bhũiạ phiri
Mane : Joṇḍra daka
Beohar : *Teheń do kuṛạị bań ńamakana, bhũiạ phiri jomkatege tahen hoyoka.*

C

93. Cagaṛ moca
Mane : Ạuṛi roṛ hoṛ
Beohar : *Rạmu do buj sujkate bae roṛa, ạḍi cagaṛ moca kanae.*

94. Cahaṕ moca hoṛ
Mane : Ạuṛige roṛ hoṛ
Beohar : *Uni são suj bujkate roṛme, ạḍi cahaṕ moca hoṛ kanae.*

95. Capaṛ
Mane : Suṇḍi godam
Beohar : *Uni do bam ńamea, capaṛteye senakana.*

96. Cando barabạri hoṛ

Mane : Manotan hoṛ
Beohar : *Cando barabạri hoṛko, de iṅak̕ johar ataṅpe.*

97. Cando boṅga ãṛgo
Mane : Sãwãe
Beohar : *Nes do cando boṅgae ãṛgoakana, onate somoerege cas bas do hoyok̕a.*

98. Cando hạsur loṭom
Mane : Gahna
Beohar : *Teheń do candoe hạsur loṭoma, tobe Bharot disạm khon noa baṅ ńel ńamok̕a.*

99. Caṇḍbol tulkate dạṛ
Mane : Ạḍi tạpis dạṛ
Beohar : *Cet̕ baṅ se uni do botorte caṇḍbol tulkateye dạṛkeda.*

100. Careć leka
Mane : As chuṭạu
Beohar : *Ńindạ oṛak̕re ḍạkuko boloakan tahẽre jivi do careć lekaentalea.*

101. Carkha sunumak̕
Mane : Kạmi
Beohar : *Apnarak̕ carkha sunumak̕te din calak̕kana.*

102. Caṛak bhut
Mane : Oṛak̕re baṅ tahen hoṛ
Beohar : *Kạrmu leka caṛak̕ bhut soṅge mit̕te oṛak̕-duạram cekate, onage bạń buj daṛeak̕kana.*

103. Caṛcạṛi
Mane : Mạric
Beohar : *Caṛcạṛi baṅkhan baskeak̕ do jut baṅ bujhạuk̕a.*

104. Caṛmoṛ
Mane : Aṛak̕-sakam
Beohar : *Teheń do hako utu babon joma, caṛmoṛge utuipe.*

105. Celaṅ gitil
Mane : Jạribana
Beohar : *Mõṛẽ hoṛak̇ bicạrre Sudạm haṛam do mit' sae ṭaka celaṅ gitilko goṭakeda.*

106. Cetan cetan ńel
Mane : Mõńj leka baṅ ńel
Beohar : *Cetan cetan ńelkate ńutume sạhi got'kada.*

107. Cetan dak̇ hako
Mane : Khaṭo ạkil hoṛ
Beohar : *Noa kạmi lạgit' Phạgum metaekana? Uni do bae kạmi daṛeak̇a, ạdi cetan dak̇ hako kanae.*

108. Cilki-bhilki uduk̇
Mane : Botor oco
Beohar : *Mone kusientama tho? Do ado oṛak̇ calak̇me, ńũt-ńindạ cilki-bhilki alom uduk̇alea.*

109. Cikãṛ piṇḍạ
Mane : Jehelkhana
Beohar : *Mejaj alom uduga, cikãṛ piṇḍạlaṅ lebet' ocomea.*

110. Culhạ judạ
Mane : Begarok̇
Beohar : *Holage Ramkatạkin do culhạkin begarkeda.*

111. Culhạ kuḍạm
Mane : Ạḍi sorre
Beohar : *Culhạ kuḍạmre nạihạrjoṅ do baṅ ṭhika.*

112. Cumbukte lại
Mane : Khaṭote lại
Beohar : *30 Jun Sidạ-Kạnhu Mãhã manao hilạk̇ Rupcand bạbu hul reak̇ joto katha cumbuktey lạiat'lea.*

113. Cupi chạḍwi
Mane : Ḍạṅguạte gidrạ eṅgatok̇
Beohar : *Cet' na, Maenomae cupi chạḍwiakan co!*

114. Cuṭi uṭhạu
Mane : Bạisi uṭhạu
Beohar : *Ar miť jagare calaǩ reaǩ katha tahẽ̱kante sabhamukhiạ cuṭie uṭhạukeda.*

115. Cupire sap̌
Mane : Tabe̱dar
Beohar : *Cupi sap̌kate ar ce̱ťem cekaea? Ce̱ť hõ̱ tho̱ baṅ hoyoǩtama.*

116. Cũṭĩạ do̱n gujuǩ
Mane : Oṛaǩre ce̱ť jo̱maǩge baṅ tahe̱n
Beohar : *Uni oṛaǩre cũṭĩạko do̱n gujuǩkana ar uniaǩ go̱ṛo̱b ńe̱lme.*

Ch

117. Chanda daǩ
Mane : Jaṅga daǩ
Beohar : *Peṛakoko se̱ṭe̱rakana, de̱ usạrate chanda daǩ ạguitabonpe.*

118. Chaṅ cho̱ṅ
Mane : Ruhạť
Beohar : *Maraṅ bạbu ne̱s biḍạu bae pas daṛeaťte oṛaǩre bogeteko chaṅ cho̱ṅkedea.*

119. Chapar
Mane : Suṇḍi hạṇḍi
Beohar : *Chapar ńũko se̱nakana.*

120. Chata dare
Mane : Jãwãe
Beohar : *Kuṛi ho̱po̱n do̱ chata dare hirlạ, go̱ṛo̱b do̱ tis hõ̱ baṅ sajaoǩtaea.*

121. Chata jutạ
Mane : Kisạ̃ṛ

Beohar : *Hãsdakkoak oṛakre reḍiạ sạḍekana, onko do chata jutạwan hoṛ.*

122. Chatar umul
Mane : Jãwãe
Beohar : *Chatar umultiń doe hana disạmena.*

123. Chạḍwạ herel cakha cuṇḍuc
Mane : Herel hopon era bodol idiko
Beohar : *Chạḍwạ herel cakha cuṇḍuc do ekal bań ṭhik kạmige.*

D

124. Daka jom bońga
Mane : Ayo hoṛ
Beohar : *Daka jom bońgakoak mon ṭhik moto emakokhan somaj apnartege laha idika.*

125. Dakare dhuṛi er
Mane : Ńam ṭhikak bạṛij
Beohar : *Unạk haronkate noṇḍe hạbice seṭerakana, cedak ado uniak dakare dhuṛi dom erakkana.*

126. Dak dul buḍhi
Mane : Dhại
Beohar : *Mại do ạḍi jore harketokkana. Do dak dul buḍhi khoboraeme.*

127. Dak doṛom
Mane : Goc
Beohar : *1941 salre dhạrti õnõṛhiạ Rạbindranath Ṭhạkur doe dak doṛomakana.*

128. Dak dudulic
Mane : Dhại buḍhi
Beohar : *Nit hõ ato-ṭolapaṛa sec nãwã peṛako hijukre dak dudulic hoṭetege hoyoka.*

129. Dak̇ do̱ṛo̱m do̱ho̱ko
Mane : Ho̱r benao do̱ho̱kak̇
Beohar : *Baplare go̱ṛo̱e e̱mke̱t́te uni do̱ dak̇e do̱ṛo̱makada.*

130. Dak̇ kạ̃hũ laga ạcur
Mane : Khạli harke̱t
Beohar : *Ho̱po̱nte̱t́ ho̱ṛe̱ae me̱nte ạḍie kurumuṭulet́a, me̱nkhan dak̇ kạ̃hũ laga ạcurrege so̱mo̱e hoyena, bae ho̱ṛ daṛeadea.*

131. Dak̇ lekan ho̱ṛ
Mane : So̱ṛa mo̱nan ho̱ṛ
Beohar : *Kạrmu do̱ dak̇ lekan ho̱ṛe tahẽ̱kana.*

132. Dak̇ sendra
Mane : Hako sasaṗ
Beohar : *Gidrạko dak̇ sendra kho̱n ạuriko ruạṛa.*

133. Dak̇kate ạkhriń
Mane : Sastate ạkhriń
Beohar : *Mo̱ho̱n do̱ dak̇kate jiniskoe ạkhrińa, onate uni ṭhen jo̱to̱ ho̱ṛkogeko calak̇a.*

134. Dak̇ ghaṭ, ḍạḍi ghaṭ
Mane : Jãwãe
Beohar : *Lukhi mại lạgit́ dak̇ ghaṭ, ḍạḍi ghaṭge bako ńam daṛeak̇kana.*

135. Dak̇ bana
Mane : Bakjulu
Beohar : *Gidrạko do̱ dak̇ bana sasaṗ lạgit́ hante̱ nhate̱ko dạṛ baṛaeda.*

136. Daka ghaghanṭaić
Mane : Jãwãe
Beohar : *Ho̱po̱n mại lạgit́ daka ghaghanṭako nit hõ̱ ạurile ńamkoa.*

137. Danaṅ peṛa
Mane : Boṅga
Beohar : *Danaṅ peṛako ṭhik moto manao idikope.*

138. Dare
Mane : Baba/gogo
Beohar : *Joba do dare bhindạṛenteye tala ṭạṇḍiena.*

139. Dare japak̇
Mane : Merom
Beohar : *Oṛak̇re mit'-bar dare japak̇ hõ bape ạsulakat'koa.*

140. Dạhṛi ńũrok̇
Mane : Man ghaṭaok̇
Beohar : *Babawak̇ man dạhṛi do bạń ńũr ocoetaea.*

141. Dạrdạha
Mane : Hako utu
Beohar : *Oṛak̇rele dạrdạhawakada, alom bhabnak̇a.*

142. Dạriạ luṭi
Mane : Baṅ roṛ hod hoṛ
Beohar : *Jhopol do ạdi dạriạ luṭi hoṛ kanae.*

143. Daṭa mũte
Mane : Bin jomte
Beohar : *Ato seċ setak̇ bela ạdi gidrạ daṭa mũte iskulko calak̇a.*

144. Daṭa kũạr
Mane : Dhiri kaṭkom
Beohar : *Daṭa kũạr do ạdiko itilok̇a rabaṅ dinre.*

145. Dạuṛạ boṅga
Mane : Ḍạn
Beohar : *Jan ṭhen sunum ńeńelle calaolena, ado dạuṛạ boṅgagey pańja ńamat'lea.*

146. Dạuṛạ daka
Mane : Mạn
Beohar : *Manao lekate mạńjhi goḍetko dạuṛạ daka baňko ńamlekhanko edreǩa.*

147. Dãṛã dũṛũċ
Mane : Acka gujuǩ
Beohar : *Gopinath do̱ holageye dãṛã dũṛũċena.*

148. Dea ḍoho ho̱ṛ
Mane : Ḍo̱m
Beohar : *Ape atore tinạǩ oṛaǩ ḍea ḍoho ho̱ṛ menaǩkoa?*

149. Deare jaḍa sunum o̱jo̱ǩ
Mane : Sạjại lạgiť tear tahe̱n
Beohar : *Teheń do̱ iskul bam se̱nakana? Hape̱ko baḍae ocomea. Deare jaḍa sunum o̱jo̱ǩkate tahe̱nme.*

150. De̱we̱r po̱ṭo̱m
Mane : Tayo̱m eraren ạgudara gidrạ
Beohar : *Bạjun do̱e de̱we̱r po̱ṭo̱m kana.*

151. Disạm bạriạt hijuǩ
Mane : Biṭlạha
Beohar : *So̱mae do̱ disạm bạriạtko he̱ċakawadea.*

152. Disạmkeť
Mane : Go̱ċ
Beohar : *Mare mạńjhi do̱e disạmkeda.*

153. Dipil se̱ bhạriạ
Mane : Kuṛi se̱ koṛa gidrạ
Beohar : *Dipil se̱ bhạriạko he̱ċena?*

154. Duhạu sapha
Mane : Karbar topaǩ utạr
Beohar : *Uni tuluċ do̱ń duhạu saphawakana.*

155. Duṛup̀ din tiạgoḱ
Mane : Gidrạ janamoḱ din tiạgoḱ
Beohar : *Chạmi do duṛuboḱ din tiạgoḱkantaea.*

156. Doho sãohã
Mane : Rạṇḍi soṅge baplaḱ
Beohar : *Jhopol do hilitteťgey doho sãohãkedea.*

157. Dor marao
Mane : Dor dam ṭhikkate
Beohar : *Dor maraokatege joto jokhen jinispạti kiriṅme.*

158. Dud bhại
Mane : Baba judạ gogo miť boeha
Beohar : *Hopon ar Ṭhopon do dud bhại kanakin.*

159. Duhạu sapha
Mane : Sibạṛ caba
Beohar : *Deko mahajon do Gunạ haṛame duhạu saphakedea.*

160. Duṛup̀ din tiạgoḱ
Mane : Gidrạ omonoḱ din tiạgoḱ
Beohar : *Maeno do duṛup̀ din tiạḱentaea.*

Dh

161. Dhạrti latar
Mane : Gujuḱ
Beohar : *Miť cando hoyoḱkana. Loba apat do dhạrti latare senena.*

162. Dhirite jivi ten
Mane : Duk sahao
Beohar : *Ne hạli do dhirite jivi tenkate tahen hoyoḱkantiṅạ.*

163. Dho̱ro̱m-ko̱ro̱m
Mane : Mạn
Beohar : *Ho̱pna do̱ jo̱to̱ dho̱ro̱m-ko̱ro̱me cabakeda.*

164. Dho̱nren mande
Mane : Sado̱m
Beohar : *Mahajo̱nko do̱ dho̱nren mandeteko daṛana.*

165. Dhuṛi koṭa
Mane : Jaṅga ạbuk
Beohar : *E̱ mại, mase peṛa ho̱ṛ do̱ dhuṛi koṭa go̱ṭ'kataeme.*

166. Dhuṛire milạuk̇
Mane : Gujuk̇
Beohar : *Mimit' manwa do̱ dhuṛiregeko milạuk̇a.*

Ḍ

167. Ḍahar siạk̇
Mane : Bajar kạmi
Beohar : *Rạskạtako do̱ ḍahar siạk̇ko calaoakana.*

168. Ḍaharte se̱ sũṛũċ ho̱rte
Mane : Saṅge ho̱ṛ se̱ ko̱m ho̱ṛ
Beohar : *Ado̱ jãwãe dhuti do̱ ḍaharte se̱ sũṛũċ ho̱rtele calak̇a?*

169. Ḍaṭa alaṅ
Mane : Jo̱mak̇
Beohar : *Ḍaṭa alaṅ bạnuk̇talete ạdi muhimrele paṛaoakana.*

170. Ḍaṭa mạilạ to̱go̱ċkate
Mane : Ạḍi ko̱ṣṭo̱kate
Beohar : *Bạbu do̱ ḍaṭa mạilạ to̱go̱ċkateliṅ paṛhao ocokedea.*

171. Ḍihi sãṛ
Mane : Ạidạri calao ho̱ṛ

Beohar : *Bodge thenge dela, unige banma noa atoren dihi sãr*

172. Ḍanra-ḍanri
Mane : Jaḍam-jaḍam
Beohar : *Tehen do gota ninda ḍanra-ḍanrie dakakada.*

173. Ḍar-pala melan
Mane : Gidra-pidra hoe
Beohar : *Ḍar-pala melanentakina, netar hõ si-purusben kaphariaka? Hor cetko mena?*

174. Ḍar-pat
Mane : Ti-janga
Beohar : *Ḍar-pat tahen tulucem koe baraeda? Okoe doe emama?*

175. Ḍar sapjon
Mane : Hirla, bapla
Beohar : *Hopon mai do ḍarko sapadea.*

Ḍh

176. Ḍhalka lutur
Mane : Thoratege anjom
Beohar : *Somae doe adi ḍhalka lutur hor kana.*

177. Ḍhipcu cupi
Mane : Pungi, cuti
Beohar : *Eh, ḍhipcu cupi menakkhan odokme, thora ganlan copoclekhan jut ban bujhauka.*

178. Ḍhila mũ
Mane : Ḍhili sili
Beohar : *Am leka ḍhila mũ hor do banukkoa.*

179. Ḍhinki kandire bohok bhorao
Mane : Muskilakre paraokate hõ kami
Beohar : *Hẽman hẽketge, cekaeam ḍhinki kandire bohokin*

bhoraoke̱t'khan kạmietege hoyok̇a.

180. Ḍhompo
Mane : Pukhri benao
Beohar : *Cạmpạ̣i do̱ ho̱po̱n ho̱po̱ne ḍhompoakada.*

181. Ḍho̱ṅga calao
Mane : Buluṅ-mạric reak̇ phuṛuk̇ calao
Beohar : *Ḍho̱ṅga do̱ ale se̱n hõ̱ calaope.*

182. Ḍho̱l ru/piṭạu baṛae
Mane : Lạ̣i baṛae
Beohar : *Cedak̇ ado̱ ḍho̱l do̱m ru baṛaeda?*

183. Ḍho̱l kuṭạm
Mane : Kho̱bo̱r pasnao
Beohar : *Teheń hạṭiạre ce̱t' reak̇ ḍho̱lko kuṭạmkeda?*

E

184. Edre jo̱m ruạṛ
Mane : Thirok̇
Beohar : *Ạḍi raṅgaogeye tahẽ̱kana, me̱nkhan edre do̱e jo̱m ruạṛkeda.*

185. Eṅgam-ạpum bapla ńe̱l
Mane : Gujuk̇
Beohar : *Unạk̇ nanha ḍạr se̱ċ do̱ alom calak̇a, ar baṅkhan eṅgam-ạpum baplam ńe̱la nãhãk̇.*

186. Eṅga sạṇḍi
Mane : Hipiskạ
Beohar : *Cạru ar Kạru noṅkakin eṅga sạṇḍiakana je mit' ṭhen o̱ho̱m duṛuṗ ocokekina.*

187. Eṅgat laċre tahẽ̱
Mane : Ńũtre tahe̱n
Beohar : *O̱ko̱e Kolkata bae ńe̱lakada, uni do̱ me̱nme nit*

hõ̱ eṅgat laċrege menaea.

188. Etaṅ khạpri
Mane : Kạhĩs, algate raṅgao
Beohar : *Bạjun do̱ ạdi etaṅ khạpri ho̱ṛ kanae, uni tuluċ alom kạphạria.*

189. Etaṅ luṭi
Mane : Rạgi ho̱ṛ
Beohar : *Bạjun do̱ ạdi etaṅ luṭi ho̱ṛ kanae, jạstim ro̱ṛakat' se̱ raṅgao go̱do̱k̓ae.*

E̱

190. E̱ċjo̱ṅ
Mane : Apnarte ńamjo̱ṅ
Beohar : *Bam daṛeak̓a, dikhitege ona kạmi do̱m e̱ċjo̱ṅkana.*

191. E̱ka ghạriạ ho̱ṛ
Mane : Eskar ho̱ṛ
Beohar : *Dạsu do̱e e̱ka ghạriạ ho̱ṛ kana.*

192. E̱ke̱n jaṅ
Mane : Ro̱ho̱ro̱k̓
Beohar : *Cekate netar do̱ ekalem ro̱ho̱ṛ jaṅ cabaena?*

193. E̱ke̱n ti hurlạ
Mane : Re̱ṅge̱ċ ho̱ṛ
Beohar : *Bachnao jo̱khe̱ċge jo̱to̱ rajạriren do̱ko e̱ke̱n ti hurlạkoak̓ kho̱bo̱rko hataoa.*

194. E̱ne̱ċ halaṅ
Mane : Lo̱ṭghuṭi kạmi
Beohar : *E̱ne̱ċ halaṅ do̱ ekal baṅ ṭhik kạmi.*

195. E̱r giḍi
Mane : Ạuṛi kho̱ro̱c
Beohar : *Unạk̓ ḍher dho̱n ạuṛigeye e̱r giḍikada.*

196. E̱rba
Mane : Koṛa gidrạ
Beohar : *Rạmuren do̱ tinạḱ e̱rba menaḱkotaea?*

197. E̱taṅ pilạ
Mane : Raṅgao go̱do̱ḱ ho̱ṛ
Beohar : *Dasmat do̱ miť ghạṛitey e̱taṅ pilạ go̱do̱ḱa.*

198. E̱ṭe̱ť
Mane : Kicrić
Beohar : *E̱ṭe̱ť bạnuḱtalete rabaṅte ạḍi jo̱rle kạhilakana.*

199. E̱to̱m-kõyẽ̱
Mane : Jo̱to̱ se̱ć
Beohar : *Ar bam ńir daṛeaḱa, e̱to̱m-kõyẽ̱ kho̱n ho̱ṛko hijuḱkana.*

G

200. Gajaṛ moca
Mane : Tuṛuk
Beohar : *Gajaṛ mocako do̱ noa atore bạnuḱkoa.*

201. Garao ro̱g
Mane : Murhuť jo̱m
Beohar : *Garao ro̱g do̱ chut ucạṛ ro̱g do̱ baṅ kana.*

202. Gãṛĩ hatao
Mane : Jạu daka
Beohar : *O̱ko̱e noṅka gãṛĩ hatao leka do̱ko dakawakada?*

203. Gạchi
Mane : Gidrạ-pidrạ
Beohar : *Bạjunren do̱ gạchige bạnuḱkotaea.*

204. Gạḍiạ ro̱ko̱ć leka.
Mane : Ạḍi saṅge
Beohar : *Noa rạsi atore do̱ gạḍiạ ro̱ko̱ć leka kuṛi menaḱkoa.*

205. Ge̱le̱-bale
Mane : Gidạr-pidạr
Beohar : *Nukin do̱ ge̱le̱-bale bạnuk̔kotakinạ.*

206. Ge̱r urič
Mane : Miť rikiṛ
Beohar : *Ačak̔ katharege ge̱r uričkate tahẽ̱nae, ar jãhãn kathage bae rakap̔leda.*

207. Gidi tukạ
Mane : Cilim
Beohar : *Co̱ṭre gidi tukạ lo̱k̔kana, phe̱ḍre haṛam buḍhikin ro̱po̱ṛkan.*

208. Girco̱ rạni
Mane : Le̱ṇḍe̱ť
Beohar : *Sedaere girco̱ rạnige baṅma dak̔ latar kho̱n hasae rakap̔leda.*

209. Gitič peṛa
Mane : Ạnạṛi ho̱ṛ
Beohar : *Netar do̱ gitič peṛa do̱ho̱ do̱ bo̱to̱rgea.*

210. Gitil pạcri
Mane : Usạra bạṛijok̔
Beohar : *Am do̱ ạuṛiak̔tem bhaka baṛaea, amak̔ katha do̱ gitil pạcri leka.*

211. Goḍa rase
Mane : Dạl utu
Beohar : *Jel utu cabawakana, e̱ke̱n goḍa rasege menak̔a, onageń e̱m daṛeama.*

212. Goṛa duạr jhič
Mane : Samaṅ ḍaṭa rạpuť
Beohar : *Holage goṛa duạr jhičentińạ.*

213. Go̱č biń giḍi baṅ ganok̔
Mane : Oka kạmi hõ̱ baṅ ganok̔

Beohar : *E̱ họ! Unim metaekana, go̱ċ biṅ giḍi baṅ ganok̇a. arhō̱ uni noa kạmie kạmiama.*

214. Go̱k̇ sahan
Mane : Mā̤ṛī dahan
Beohar : *Cunku go̱k̇ sahane lạgit̓ko se̱nakana.*

215. Go̱ṛo̱mba
Mane : Hạti
Beohar : *Lalgaṛ birre go̱ṛo̱mbatakoko ḍerawakana, o̱nte̱ do̱ alope calak̇a.*

216. Go̱to̱m sunum reak̇ diuhạ je̱re̱t̓
Mane : Kusi rạskạ
Beohar : *Phalnatako do̱ jaoge go̱to̱m sunum reak̇ diuhạko je̱re̱da.*

217. Guṭi ho̱t̓
Mane : Lekha
Beohar : *Guṭi ho̱dme se̱ tinạk̇ ho̱ṛko he̱ċakana. teheṅak̇ noa bạisire.*

Gh

218. Ghagra
Mane : Koṛa ho̱po̱n
Beohar : *Pe̱ ghagra ṭaka menak̇tiṅạ, onate haṛam bidạl lạgit̓ bạṅ bhabnak̇kana.*

219. Ghaore buluṅ curuċ
Mane : Dukre arhō̱ duk e̱m
Beohar : *Mit̓ma aċ babae be̱ṇḍaoen, cedak̇ ado̱ uniak̇ ghaore buluṅ do̱m curuċak̇kana?*

220. Ghaṭ ńam
Mane : Bạhu ńam
Beohar : *Kombṛo lekate dạgiakante Gopinath do̱ ghaṭ bae ńameda.*

221. Ghẽṭ
Mane : Bhạrti hoṛmo
Beohar : *Phạkirrinič doe ghẽṭleťgea, menkhan atrarege raṛaentaea.*

H

222. Halaṅ tale copoj
Mane : Baṅ ńam
Beohar : *Joto jelko hatao cabakeda, nitok̇ tayomte do ceťem ńama, halaṅ talem copoja.*

223. Hoḍgor
Mane : Bạhu ạgu
Beohar : *Phạgun boṅgaregele hoḍgoraea.*

224. Hana dhare
Mane : Gočʼ
Beohar : *Gạrbhu mạńjhiak̇ miť kuṭạmtege Mahes doroga do hana dhare utạrenae.*

225. Hana celaṅ nhowa celaṅ
Mane : Utu roṅgo
Beohar : *Hana celaṅ nhowa celaṅkidạṅ.*

226. Hanapuri
Mane : Gočʼ gur
Beohar : *Teheń setak̇rege mạńjhi haṛam doe hanapuriena.*

227. Haṛam kaḍa
Mane : Hạti
Beohar : *Hana bir aṛe hoṛo khetre haṛam kaḍako ãṛgoakana.*

228. Hasare milạu
Mane : Gočʼ
Beohar : *Noa hoṛmo do hasarege milạuk̇a miť din.*

229. Haṭ ḍahar
Mane : Ipil ḍahar
Beohar : *Sermare rimil tahẽlekhan haṭ ḍahar dọ baṅ ńẹl ńamok̇a.*

230. Haṭak̇ hạṛuṗ
Mane : Rẹṅgẹċ
Beohar : *Mit' jọkhẹċ ale hõ haṭak̇ hạṛuṗgele tahẽkana.*

231. Haṭ bahate bahak̇
Mane : Pạṇḍu
Beohar : *Nią umerrege haṭ bahatem bahaena? Nią umerrege haṭ baham dipilkeda?*

232. Hạdgum
Mane : Bheḍa
Beohar : *Abge lạgit' hạdgumge lagaok̇a.*

233. Hạmus
Mane : Laṅga
Beohar : *Bapla oṛak̇re din bhor kạmi kạmite ạdiń hạmusakana.*

234. Hạṛi kaṭre bọhọk̇ sambao
Mane : Dạyik bhar hatao
Beohar : *Nitok̇ dọ hạṛi kaṭre bọhọk̇em sambaoakada, kạmi purạu hoyok̇tama, bạgi baṅ ganok̇a.*

235. Hạtiạr
Mane : Siạk̇ ḍaṅgra
Beohar : *Bhage hạtiạr bạń jogaṛ daṛelet'te ạdi muskilte casiń uṭhạukeda.*

236. Hạti bele
Mane : Ṭamak
Beohar : *Dela sẹ họ, mit' chọṭ hạti belelaṅ gọt'lege.*

237. Hạti gugu daḱ
Mane : Pạurạ
Beohar : *Hạti gugu daḱ reaḱ karbartege ạḍi ãṭko kisãṛakana.*

238. Hãṛũ bapla daḱ
Mane : Setoṅ tuluć daḱ
Beohar : *Teheń dọ hãṛũ bapla lekae daḱkeda.*

239. Hãs dhuṛi koṭa
Mane : Gidrạ umer khọn juạn umerte lẹbẹť
Beohar : *Un din gidrạre dọ oṛaḱregey tahẽkana, netar hãs dhuṛi koṭaketkhan daṛane ẹhọṗena.*

240. Hẹo họbọr
Mane : Gidạr pidạrjọṅ
Beohar : *Huḍiń mạiaḱ pon serma bapla hoyakanre hõ ạurie hẹo họbọra.*

241. Hẹṛẹmaḱ
Mane : Mạric
Beohar : *Hẹṛẹmaḱ menaḱkhan dẹn sẹ mitṭẹn.*

242. Hẹsaḱ baṛe jọm
Mane : Apaṅgir
Beohar : *Ọtẹ gọ, mạńjhikić họpọn bạbu ar Bạjun họpọnera baṅma hẹsaḱbaṛe jọjọmkin calaoakan.*

243. Hẽṭ muṛiạ
Mane : Sukri jel
Beohar : *Teheń dọ hẽṭ muṛiạle utuakada.*

244. Họḍgọrae
Mane : Bạhuae
Beohar : *Koṛa dọ họḍgọraepe ar baṅkhan cẹť cọe cekaea nãhãḱ.*

245. Ho̱lo̱ṅ gaḍa ńe̱l he̱ċ
Mane : Go̱ċ
Beohar : *Kạlu do̱ eklage hasa do̱kho̱le se̱nlena, ado̱ mahajo̱nren gutiko ho̱lo̱ṅ gaḍako ńe̱l ocokedea.*

246. Ho̱ṛ bhiṛạ ho̱ṛ
Mane : Mesak̇ ho̱ṛ
Beohar : *Loba do̱ ho̱ṛ bhiṛạk̇ ho̱ṛ do̱ baṅ kanae, pharak pharakgeye tahẽ̱na.*

247. Ho̱ṛ cetan ho̱ṛ
Mane : Bạhu era
Beohar : *Uni kuṛi do̱ ḍạṅguạm metaekana? Tire mẽ̱ṛhẽ̱t' sako̱m ńe̱llekhange bujhạuk̇a uni do̱ ho̱ṛ cetan ho̱ṛ kanae.*

248. Ho̱ṛ cetanre jo̱m
Mane : Ho̱ṛak̇ ro̱jgar jo̱m
Beohar : *Am do̱ ce̱t'em buja? Ho̱ṛ cetanrem jo̱meda, bajar tho̱ bam se̱nakana.*

249. Ho̱ṛ cetanre laċ lade
Mane : Ho̱ṛ ṭhen jo̱m
Beohar : *Tin din noṅka ho̱ṛ cetanre laċ ladekatem jo̱ma?*

250. Ho̱ṛe̱ċ gadar uduk̇
Mane : Tarwaṛe uduk̇, Mak̇ go̱ċ
Beohar : *Noṅka alom lạia, ho̱ṛe̱ċ gadarlaṅ uduk̇ama.*

251. Ho̱ṛ kho̱n be̱ ho̱ṛ
Mane : Gun co̱lo̱n bo̱bo̱l
Beohar : *Uni do̱ teheń ho̱ṛ kho̱ne be̱ho̱ṛakana.*

252. Ho̱ṛmo̱ hạṭiń
Mane : Boeha-misera
Beohar : *Ho̱ṛmo̱ hạṭińko do̱ o̱ko̱e hõ bạnuk̇kotińa.*

253. Ho̱ṛ ran
Mane : Le̱be̱t̓, thạyạ, kolsa
Beohar : *Ho̱ṛ ranko e̱madekhan thirenae.*

254. Ho̱ṭo̱r sińjo
Mane : Okare hõ̱ baṅ lagaok̓ ho̱ṛ
Beohar : *Am ho̱ṭo̱r sińjo do̱ tahẽ̱katege ce̱t̓ ar baṅ tahẽ̱katege ce̱t̓?*

255. Huduṛ raj ṭhen calak̓
Mane : Gujuk̓
Beohar : *Bạjun do̱ huduṛ raj ṭhene calaoena.*

256. Huduṛ raj munis khaṭao
Mane : Gujuk̓
Beohar : *Bạjun do̱ huduṛ raj ṭhen munis khaṭaok̓e calaoena.*

257. Huḍiń mo̱ne jivi
Mane : Mo̱ne khaṭo̱
Beohar : *Baha mạiak̓ baplare Loso baṅko girạ akawadete ạḍi jo̱re huḍiń mo̱ne jiviakana.*

258. Huḍiń kạpi, marаṅ kạpi jhalkao
Mane : Thạri-bạṭiko sapha
Beohar : *Jo̱to̱ko jo̱m baṛakeda, ma huḍiń kạpi, maraṅ kạpi jhalkao go̱dpe.*

259. Huksi
Mane : Ḍạn
Beohar : *Netar o̱lo̱k̓ gidrạko huksi katha ańjo̱mle khanko landaea.*

I

260. Icạk̓ baha
Mane : Ạpạṛi
Beohar : *Icạk̓ baha sarte sukriko tuńkedea.*

261. Iċte naṛkak̇
Mane : Ạkilok̇
Beohar : *Bud bạnuk̇tamkhan, iṅak̇ iċte naṛkak̇me.*

262. Iċ uru leka ṭhelaok̇
Mane : Jo̱bo̱rjạsti
Beohar : *E̱ṛe̱ katha cedak̇em ro̱ṛeda, am do̱ iċ uru lekam ṭhelaok̇kana.*

263. Im jo̱jo̱m ho̱ṛ
Mane : Ḍạn
Beohar : *Im jo̱jo̱m ho̱ṛ menak̇koa noṅkan dharna nịạ jugre hõ̱ ho̱ṛ mo̱ho̱lre ṅe̱l ṅamok̇a.*

264. Inạ halo̱tge
Mane : Miṫ lekange
Beohar : *Tho̱bṛo̱ ṭaṅgate baṅ magok̇kante ar miṫṭe̱niṅ ạgu ocoketmea, me̱nkhan noa hõ̱ baṅ lase̱ra, inạ halo̱tge.*

265. Ini cẽ̱ṛẽ̱ rak̇ge
Mane : Miṫ lekange
Beohar : *Goṭageṅ dãṛãkeda, me̱nkhan sanam se̱ċ ini cẽ̱ṛẽ̱ rak̇ge hal hoyakana.*

266. Ipil lekhate din bitạu
Mane : Re̱ṅge̱ċte din bitạu
Beohar : *Nịạko din ipil lekhate din calak̇kantalea.*

267. Ipil ṅe̱lok̇ oṛak̇
Mane : Rạpuṫ oṛak̇
Beohar : *Aleak̇ do̱ ipil ṅe̱lok̇ oṛak̇ kantalea.*

268. Iṛi-e̱rba
Mane : Kuṛi-koṛa
Beohar : *Iṛi-e̱rbako do̱ jo̱to̱ po̱ro̱b ṅe̱lko se̱nakana.*

269. Irci oḍok̇
Mane : Chõ̱c oḍok

Beohar : *Bapla din sẹṭẹrọk̇ laharege oṛak̇ duạrko irci ọdok̇ hoyok̇a.*

270. Isin dakare capo
Mane : Baṅ khaṭaokate jọm
Beohar : *Nit khọnge isin dakarem capok̇kana, mit' dinem buja.*

271. Itạt' dakate ạsul
Mane : Apnar hĩste ạsul
Beohar : *Rạmsại dọ aċren gidrạko itạt' dakateye ạsulket'koa.*

272. Itilok̇
Mane : Kisạ̃ṛok̇
Beohar : *Phẹr beparre dọ ạḍi labh menak̇a, onate onko dọko itilok̇kana.*

273. Itil chẹr
Mane : Ghọmọṇḍok̇
Beohar : *Ạḍi itil chẹrọk̇kantama, onatege bam kạmikana.*

274. Itil jọrọk̇
Mane : Balbal dak̇ jọrọk̇
Beohar : *Setoṅre kạmilekhan itil jọrọk̇a.*

J

275. Janhẹ biṇḍạ
Mane : Moṭa giḍri kuṛi
Beohar : *Bạhutae dọ janhẹ biṇḍạ.*

276. Jaṅga dak̇
Mane : Jaṅga ạbuk
Beohar : *Sọbha gọmke dọ jaṅga dak̇kateko ataṅkedea.*

277. Jaṅga cetan jaṅga ladekate jọm
Mane : Baṅ khaṭaokate sulukte jọm

Beohar : *Mit̓ jo̱khe̱c̓ ạdie khaṭaolena, onatege nią ghạṛi do̱ jaṅga cetan jaṅga ladekatey jo̱meda.*

278. Jaṅga rạput̓
Mane : Bhaṛa paesa
Beohar : *Jaṅga rạput̓ chạḍa eṭagak̇ do̱ bale e̱m daṛeak̇kana.*

279. Jaṅga latar
Mane : Dabao tahe̱n
Beohar : *Bidesiak̇ jaṅga latarre tahe̱n je tinạk̇ duk reak̇ bisại, ona o̱ko̱e hō̱ babon cintạya.*

280. Jaṅ-jelre bhijạuk̇
Mane : Ạḍi ãṭ haso
Beohar : *Phalna do̱ jaṅ-jelre bhijạuk̇ lekae ruhạt̓et̓ tahē̱kana.*

281. Jahe̱r dare sap̓
Mane : Jãwãeok̇
Beohar : *Sumi do̱ ac̓tege jahe̱r darey sap̓ana.*

282. Jạlirege jo̱ bo̱rao
Mane : E̱ho̱bo̱k̇rege as mucạt̓
Beohar : *Sadhe̱r ho̱po̱n mo̱ner mo̱to̱n ho̱ṛea me̱ntey mo̱neleda, me̱nkhan go̱c̓entae, jạlirege jo̱ boraoen.*

283. Jạnum rampha oṭokak̇
Mane : Ho̱r bo̱nd oṭokak̇
Beohar : *Apnar ho̱ṛ sāo noṅka kạmikate jạnume rampha oṭoana.*

284. Jạrum dak̇
Mane : Mē̱t̓dak̇
Beohar : *So̱mae mo̱nere ạḍi jo̱r duke ńamlet̓te jạrum dak̇ bae sambṛao daṛeada.*

285. Ją̃ṛĩ jote
Mane : Bare itąť mĩhũte
Beohar : *Hoṛ mohol reaḱ baplare do ją̃ṛĩ jotegeko khoja.*

286. Jeleń caṇḍbol
Mane : Ḍaṅgra jel
Beohar : *Netar do ạḍi hoṛko jeleń caṇḍbolko jomgea.*

287. Jeleń hoṛ
Mane : Biń
Beohar : *Ńindą ńũtą alope daṛana, netar do jeleń hoṛko oḍokoḱkana.*

288. Jeleń hor khaṭo jarwa
Mane : Hiri
Beohar : *Dela, teheń do Sumiteko seċge jeleń hor dobo khaṭo ạguia.*

289. Jeleń hoṭoḱ
Mane : Ṭheṅga
Beohar : *Bir tala alosem calaḱa un sạṅgiń, jeleń hoṭoḱtanaḱ saṗ toraeme.*

290. Jeleń ran
Mane : Ṭheṅga
Beohar : *Gidrạko do jeleń ran ạḍiko botoraḱa.*

291. Jeleń jivi
Mane : Ạḍi din bańcao tahen
Beohar : *Ạḍigem upkạrkeda, cando boṅga ṭhen nią̣ge koetiń jemon jeleń jivim ńamma baṛe.*

292. Jel daka jom hoṛ
Mane : Deo-bhạgin
Beohar : *Teheń do ape ṭhen bạń calaḱkana, oṛaḱre jel daka jojom hoṛko seṭerakana.*

293. Jel jaṅre bhijạu
Mane : Buj utạr
Beohar : *Amak̇ bhage katha do̱ jel jaṅre bhijạuakawadea.*

294. Jeṭha ho̱po̱n
Mane : Pạhil gidrạ
Beohar : *Jitrại do̱ iṅren jeṭha ho̱po̱n kanae.*

295. Jivi ạgu
Mane : Go̱ċ
Beohar : *Kombṛo do̱ dal do̱ dalepe, to̱be̱ jivi do̱ alope ạguitaea.*

296. Jivi cupuṫkate
Mane : Ạḍi bo̱to̱r satalak̇
Beohar : *Ḍạkuko he̱ċlena, miṫ ṅindạ jivi cupuṫkatele duṛup̀ aṅgaena.*

297. Jivire baṅ saho̱p̀
Mane : Baṅ sahao
Beohar : *Noṅkan bạṛiċ katha jivire baṅ saho̱p̀lente ạḍiṅ ruhạṫkedea.*

298. Jivi jaṅte
Mane : Apnarak̇ jivi alaekate
Beohar : *Mo̱ṅgla do̱ pukhri dak̇rey unumakan tahẽ̱na, me̱nkhan Rạbilal aċak̇ jivi jaṅte unie baṅcaokedea.*

299. Jivi jo̱po̱r
Mane : Ạḍi askate
Beohar : *Jivi jo̱po̱rkate am ṭheniṅ he̱ċakana, go̱ṛo̱ạṅme baṛe̱.*

300. Jobra kewa
Mane : Gocoan ho̱ṛ/Jo̱lha/Muslạ
Beohar : *Hola do̱ ale ṭhen jobra kewa ho̱ṛko he̱ċlena.*

301. Joṛa lạukạ
Mane : Buluṅ ar mạric
Beohar : *Den họ joṛa lạukạ noteytabonpe.*

302. Jojo jharna
Mane : Jojo dak̇ mạṇḍi
Beohar : *Daka ar alope condaea, jojo jharnage emakope.*

303. Jojo sakam
Mane : Taben
Beohar : *Gidrạ do reṅgec̓et́koa, jojo sakam emakope.*

304. Jojo sakamte dak̇ lo
Mane : Sen aḍgerkok̇
Beohar : *Henda biṭi, okaṭak̇ kuṅre jojo sakamte dak̇ lo dom senlena?*

305. Jom daka
Mane : Bare itạt́
Beohar : *Peṛako lạiakome cạndlạ ḍaṅgrage jom dakako emakada.*

306. Jom duạr
Mane : Adalot
Beohar : *Cedak̇ bam bujeda je jom duạrte senlenkhan amak̇ oṛak̇ reak̇ hal arhõ behaloka?*

307. Jom lolo hoṛ
Mane : Kisạ̃ṛ hoṛ
Beohar : *Mạṅjhi haṛamtale do jom lolok̇ hoṛ kanae.*

308. Jom sakam
Mane : Taben
Beohar : *Ạḍi ṅindạ hoe got́ena, ado daka babon dakaea, jom sakam menak̇khan ona jomkategebon gitic̓a.*

309. Jomraj ṭhen munisok̇ calak̇
Mane : Gujuk̇
Beohar : *Somae do jomraj ṭhen munisoke calaoena.*

310. Jomsimok
Mane : Perak
Beohar : *Uni tuluc mat alom jomsimoka.*

311. Jorok lekan
Mane : Adi cerha
Beohar : *Maeno do jorok lekan kuri kanae.*

312. Jugi seren
Mane : Koe bara
Beohar : *Haram bidalre lac jalate Karmu do jugi serenge asulok hor lekatey sapakada.*

Jh

313. Jhalge aikau
Mane : Hasoge atkar
Beohar : *Iṅak sari katha do adi jhale aikaukeda.*

314. Jhanti kokor
Mane : Sim
Beohar : *Mamontako thenle senlena, jhanti kokorko gocatlea.*

315. Jhanti jhinga
Mane : Ayo hor
Beohar : *Eken jhanti jhingawate cetem cekaea.*

316. Jhanti mak
Mane : Kicric kirin
Beohar : *Sohrae lagit jhanti mamakko senakana.*

317. Jhanti otor
Mane : Kicric banuk
Beohar : *Jhanti otorakantinte kami ban sen dareakkana.*

318. Jhaṇṭi-paṇṭi
Mane : Kicrič
Beohar : *Bapla lagit' jhaṇṭi-paṇṭile kiriń agukeda.*

319. Jhaṇṭi rebet'
Mane : Kaṛpa
Beohar : *Teheń do cet' hõ baṇuk'a, jhaṇṭi rebet'tanak' menak'khan de odokme, caolekoń kiriń aguia.*

320. Jhãńjṛa ḍaṅ
Mane : Baṅ moṭa, miyat patla
Beohar : *Hoṛmo do Jhãńjṛa ḍaṅgea, hoete uḍau idiye leka.*

321. Jhaṭa umul tumba dak'
Mane : Joto sečte kisãṛ
Beohar : *Santalko talare jhaṭa umul tumba dak' hoṛ adiko komgea.*

K

322. Kaḍa bitkilok'
Mane : Kaire ńũruk'
Beohar : *Khoj Kamanre manwako doko kaḍa bitkil cabaena.*

323. Kaḍa-bheḍa
Mane : Badão, bene bairi
Beohar : *Jumi khatirte Karu ar Dasu dokin kaḍa-bheḍawakana.*

324. Kaḍa mẽt'
Mane : Cosma
Beohar : *Kaḍa mẽt' khanem ciṭhikom ńel daṛekea.*

325. Kaḍeč
Mane : Biń
Beohar : *Nogen haṛam do kaḍečteye bajaoakana.*

326. Kakṛa
Mane : Pilcu haṛam
Beohar : *Pilcu haṛam dọ kakṛa hõ̱le metaea.*

327. Kala ṭaka
Mane : Acal ṭaka
Beohar : *Noa dọ kala ṭaka kana, noate dọ jinis bạń ẹm daṛeama.*

328. Kamar tabẹn
Mane : Ạpạṛi
Beohar : *Kamar tabẹn menak̓khan ẹm hataṛok̓me, sukrile gọje lạgit̓.*

329. Kana ṭaka
Mane : Acal ṭaka
Beohar : *Netar dọ kana ṭaka ar bań ńẹl ńamok̓kana.*

330. Kaṇṭa mũč̇ aṛak̓
Mane : Dale lạgit̓ họṛ liliạu
Beohar : *Nọṇḍẹ hẹc̓kate kạphạriedae, kaṇṭa mũč̇ aṛak̓aepe bhage lekae buja.*

331. Karam bit̓
Mane : Upạs
Beohar : *Oṛak̓re dana bańte hola dọ karamle bit̓leda.*

332. Kaskọm bọhọk̓
Mane : Pạṇḍu
Beohar : *Kaskọm bọhọk̓ akanko dọ manao ganaokope.*

333. Kasmar ṭọṭkọ
Mane : Bapla
Beohar : *Ma bạbu, kasmar ṭọṭkọle tọlat̓mea, jãhãtem sẹnok̓re hõ ṭọṭkọ dọ sạḍegea, alom begarok̓a.*

334. Katha atar
Mane : Katha pasnao
Beohar : *Hani-nhai then katha alom atar baraea.*

335. Katha ãrgom barae
Mane : Katha bean idi
Beohar : *Uni do kathae ãrgom idiyeda.*

336. Katha bahuak'
Mane : Katha hẽkak'
Beohar : *Ma ho, apeak' kathagele bahuak'kana.*

337. Katha dolao
Mane : Katha hiriń
Beohar : *Adi din hoyena, amak' katha do dolao cabawakadań.*

338. Katha beret'
Mane : Katha mone doho
Beohar : *Loba do adi ãt kathae beret' doho dareak'a.*

339. Karam bit'
Mane : Upas
Beohar : *Horo rohorlenanań daka. Bańkhan dhinań ayup' do karam bit' hoyok'talea.*

340. Katha dipil
Mane : Katha lai barae
Beohar : *Chita eńgat do jãhãeak' kathagey dipil baraea.*

341. Katha gaela
Mane : Katha oko
Beohar : *Uni do kathae gaela baraeda.*

342. Katha gulanḍ
Mane : Katha gotae
Beohar : *Mõrẽ horak' bicar sabhare katha gulanḍtege adi ńinda got'ena.*

343. Katha jo̱m
Mane : Katha aṅjo̱m
Beohar : *Uni do̱ kathage bae jo̱ma.*

344. Katha kol
Mane : Kho̱bo̱r kol
Beohar : *Bapla din neṇḍakate kathako kolkeda.*

345. Katha kathate
Mane : Glamarao lekate
Beohar : *Katha kathateko sap̀kedea.*

346. Katha kundạu
Mane : Katha benao
Beohar : *Phalna do̱ katha kundạu ạḍie baḍaea.*

347. Katha khuṇṭạu
Mane : Lạlis
Beohar : *Lo̱ bir bạisire mit' ạḍi re̱ṅge̱ċ ho̱ṛ hō̱ apnarak̇ kathae khuṇṭạu daṛeak̇a.*

348. Katha laċre pacao
Mane : Katha okoe
Beohar : *Uni do̱e baḍaekan tahẽ̱gea, me̱nkhan ona katha do̱ laċreye pacaokeda.*

349. Katha lạṭiċ
Mane : Katha lạị baṛae
Beohar : *Oṛak̇ reak̇ katha do̱ cedak̇em lạṭiċ baṛaeda?*

350. Katha purus tiạg
Mane : Katha ṭhik leka aṅjo̱m
Beohar : *Uniak̇ katha do̱ bạṅ purus tiạk̇ daṛeada.*

351. Kaṭa se̱ċren
Mane : Go̱go̱ se̱ċren
Beohar : *Ạḍi din kho̱n kaṭa se̱ċren peṛa bako hiriakat'lea.*

352. Katjibạ hoṛ
Mane : Nirmaya
Beohar : *Kạrmu ṭhen hoṛo udhạrem calaka bam ńama, ạḍi katjibạ hoṛ kanae.*

353. Kaṭ jom
Mane : Dạtạuni
Beohar : *Kaṭko dobon jom baṛawakada se bañ?*

354. Kaṭkom itil
Mane : Kisą̃ṛ
Beohar : *Uni sunḍi do aema hoṛ eṛekateye kaṭkom itilakana.*

355. Kạmi ḍeṅga
Mane : Kạmi goṛo
Beohar : *Kạmi ḍeṅga horge bako seṭerlena.*

356. Kạrigại toa
Mane : Hạṇḍi
Beohar : *Pạṭhuạ gidrạ kanam, kạrigại toa do alom ńũia.*

357. Kạrinạgin
Mane : Ạḍi bạṛič hoṛ
Beohar : *Bhusạn doe kạrinạgin kana.*

358. Kạsi gele
Mane : Gonoṅ mĩhũ
Beohar : *Mạńjhi baba, nitok do kạsi gelele ńela.*

359. Kạsi gele
Mane : Gại-ḍaṅgra
Beohar : *Ṭeraktor kol reak nahel emanko beoharokkante netar ar kạsi geleko bako ạsuletkoa.*

360. Kạuhạ ḍhab
Mane : Lạṭu bạṭi
Beohar : *Cetiń lạiama, ekalte kạuhạ ḍhabre toako emadińạ.*

361. Kạpi
Mane : Phạṛi
Beohar : *Henda hạ, kạpima co̱pe bạgiak̇kan! Idipe baṛe̱.*

362. Kạṭuṗ uduk̇
Mane : Isạra
Beohar : *Baḍaegiạṅ, kạṭuṗ alom uduk̇ạṅạ.*

363. Kicric̓teak̇
Mane : Mạhnạteak̇
Beohar : *Talamại do̱ kicric̓teak̇ n̍amakadea.*

364. Kisạ̃ṛ seta bhog
Mane : Ṭamak saḍe
Beohar : *Latar ṭola kho̱nge kisạ̃ṛ seta bhok̇ an̍jo̱m hijuk̇kana, pase̱c̓ bạriạtko oḍokok̇kana.*

365. Kisni bo̱ho̱k̇ ayo
Mane : Rạṇḍi ayo
Beohar : *Jãhãre menak̇a se̱ ban̍, me̱nkhan kisni bo̱ho̱k̇ ayo ṭhen do̱ n̍amok̇gea.*

366. Kitạ bele jo̱m se̱nok̇
Mane : Nạihạrte se̱nok̇
Beohar : *Jo̱eram do̱ halege kitạ bele jo̱me se̱nakana.*

367. Kohṇḍa do̱ṛo̱m
Mane : Duṛuṗ
Beohar : *Daka jo̱m lạgit' ma kohṇḍabon do̱ṛo̱mlege.*

368. Ko̱eḍo̱n̍ aṛak̇
Mane : Ḍan̍gra jel
Beohar : *Goḍet haṛame ho̱ho̱keda, de̱la hạ ko̱eḍo̱n̍ aṛak̇ sit'bon calak̇a.*

369. Koela sunum
Mane : Alkatra
Beohar : *N̍indir je̱mo̱n aloko lagaok̇, onate re̱n̍ge̱c̓ ho̱ṛ*

do koela sunumgeko beohara.

370. Kondoramte ṭhelaok̓
Mane : Ạuṛiak̓te jerak̓
Beohar : *Cedak̓ ado kondoramte dom ṭhelaok̓kana?*

371. Koṛam osarkate
Mane : Ạḍi sạhũskate
Beohar : *Ghạṭakat̓re hõe Bạlu do koṛam osarkateye dãṛã baṛaekana.*

372. Kuḍạm bạihạṛ
Mane : Joṇḍra baṛge
Beohar : *Holage kuḍạm bạihaṛle rohoekeda.*

373. Kumbạ oyoṅ
Mane : Oṛak̓ ńel
Beohar : *Gapa do nãhãk̓ kumbạ oyoṅle calak̓a.*

374. Kuń roṭe
Mane : Ạkil khaṭoan hoṛ
Beohar : *Bam ol-paṛhaolenkhan do kuń roṭege nãhãk̓em tahena.*

375. Koce kãṛba
Mane : Nahel
Beohar : *Nunạk̓ setak̓rege koce-kãṛba gok̓kate oka ḍạhi secem bagaoena?*

376. Koce kopal
Mane : Abhagiạk̓
Beohar : *Ạḍi koce kopal hoṛ kanae, okage baṅ purạuk̓kantaea.*

377. Kolgạḍi
Mane : Relgạḍi
Beohar : *Lord Ḍalhoji amolrege kolgạḍi cạlulena.*

378. Ko̱ṭe̱ċ sit̕
Mane : Ro̱ṛ reak̇ ạtge caba
Beohar : *Bạjun do̱ besgeye galmarao idiet̕ tahẽ̱kana, me̱nkhan cedak̇ co̱ ackagey ko̱ṭe̱ċ sit̕ena.*

379. Ko̱yo̱k̇ se̱ tirup̔
Mane : Dak̇ mạṇḍi se̱ daka
Beohar : *Mańjan bela do̱pe ko̱yo̱k̇ akada se̱pe tirup̔akada?*

380. Ko̱yo̱k̇ ho̱rre tahe̱n
Mane : Asre tahe̱n
Beohar : *Noa girạ ńam tora hijuk̇me baṛe, amak̇ ko̱yo̱k̇ ho̱rreń tahe̱na.*

381. Kuḍạm bạihạṛ
Mane : Joṇḍra
Beohar : *Niạko din kuḍạm bạihạṛre menak̇lea, joṇḍra jo̱mte bujhạu oco lạgit̕.*

382. Kuḍu
Mane : Ukil, lạlại ho̱ṛ
Beohar : *Noa kạphạriạu am do̱ bam phạisala daṛeak̇a, kuḍu ạgujo̱ńme.*

383. Kukmu aṅga
Mane : Ńe̱l aṅga
Beohar : *Hola ńindạ jạpit̕ge bạń jạpit̕ daṛeada, kukmu aṅgakidạń.*

384. Kul bo̱ho̱k̇
Mane : Lạṭu pại
Beohar : *Mahajo̱nko do̱ dhạriạ cạsi ṭhen kho̱n kul bo̱ho̱k̇tege jań hoṛoko hatao ruạṛa.*

385. Kuṭạm ḍaṅgra
Mane : Kũiṇḍi le̱n
Beohar : *Teheń do̱le kuṭạm ḍaṅgrak̇kana.*

386. Kuṭis ṭhoṇṭa
Mane : Cugliạ
Beohar : *Bạjun dọ sebel sọṛọme rọṛre hõ alom pạtiạuaea, ạḍi jọre kuṭis ṭhoṇṭaka.*

387. Kũiṇḍi piṭhạ
Mane : Kũiṇḍi kaṛe
Beohar : *Ạḍi ãṭ sikṛĩčko hoyakana, kũiṇḍi piṭhạ reak dhũạ̃ ẹmpe.*

Kh

388. Khacaṛ boṅga
Mane : Raṅgaok horọ
Beohar : *Kạru dọ alope buskuyea, uni dọe khacaṛ boṅga kana.*

389. Khajna ẹmọk calak
Mane : Dak sẹčjọṅ
Beohar : *Hana gaḍa sẹč khajna ẹmọkiṅ sẹnlena.*

390. Khakra moṭra
Mane : Pẹṭẹč
Beohar : *Sọmọere bae dakleṭte nẹs dọ jọtọ horo khakra moṭrawakana.*

391. Khaṭọ caṇḍbọl
Mane : Mẹrọm jel
Beohar : *Khaṭọ caṇḍbọlle utuakada.*

392. Khaṭọ hoṭọk
Mane : Sukri
Beohar : *Khaṭọ hoṭọk jel piṭhạ baṅkhan sakrat dọ sakrat leka baṅ bujhạuka.*

393. Khaṭọ mũ
Mane : Kul, tạrup
Beohar : *Khaṭọ mũ tahẹn jaega dọ sọtẹge bạḍaeoka.*

394. Khạrại uṭhạu
Mane : Mucạṫ
Beohar : *Ho̱po̱n mạiak̇ baplage khạrại uṭhạu bapla kantalea.*

395. Khạrại bo̱ho̱k̇
Mane : Cạḍra bo̱ho̱k̇
Beohar : *So̱mae do̱ khạrại bo̱ho̱k̇ iạte ạḍi umạrrengeye bujhạuk̇a.*

396. Khạrcạṛi
Mane : Ńũi dak̇
Beohar : *Ho̱ṛ atokore khạrcạṛi sarbhar lạgiṫ bhage be̱bo̱stha bạnuk̇a.*

397. Khạrại la
Mane : Jo̱mak̇ sapṛao
Beohar : *Khạrạiko lakeda, delabon jo̱mlege.*

398. Khe̱co̱ ṭo̱ṭko̱
Mane : Bạhu kuṛi
Beohar : *Nãwãre do̱ khe̱co̱ ṭo̱ṭko̱ bań sạḍea.*

399. Khicṛi daka jo̱m oco
Mane : Hajo̱t oco
Beohar : *Alom phuṭạnia, bańkhan khicṛi dakalań jo̱m ocomea.*

400. Khijur gạḍiạre ḍạbrạk̇
Mane : Khijur tạṛi ńũ
Beohar : *Peṛako do̱ khijur gạḍiạte ḍạbrạk̇ko se̱nakana.*

401. Kho̱l bhindạṛ
Mane : Jạpiṫ lạgiṫ gitiċ
Beohar : *Ạḍi ńindạ go̱ṫena, dela kho̱lkobon bhindạṛkak̇ge.*

402. Kho̱nta dak̇
Mane : Ạḍi bãṛti dak̇
Beohar : *Kho̱nta dak̇te ne̱s cas-abadge be̱rbadena.*

403. Khulạ duạr
Mane : Adalot
Beohar : *Netar Ạdibạsiko hõ mõṛẽ hoṛak̇ bicạr bako kusiak̇kante khulạ duạrteko calak̇kana.*

404. Khode halaṅko
Mane : Sim
Beohar : *Khode halaṅko hạṭiạre ạkhriṅkate Sumi besge paesae ṅamakada.*

L

405. Laċ ạrup̣
Mane : Upạs
Beohar : *Jãhãtis jãhãtis laċ ạrup̣lekhan hoṛmo bes ṭhik tahena.*

406. Laċ cara
Mane : Jomak̇
Beohar : *Nitge Jojo ṭola seċ laċ cara sendraṅ oḍokoka.*

407. Laċ babat
Mane : Reṅgeċ ạikạu
Beohar : *De jomak̇, ạḍi jor laċ babatidiṅkana.*

408. Laċ duhạu
Mane : Ciḍir
Beohar : *Laċ duhạu ṅamakadea, onate ạḍi jore kạhilakana.*

409. Laċ kaṭãṛkate
Mane : Ạḍi kosṭokate
Beohar : *Iṅ go-baba do laċ kaṭãṛkatekin paṛhao ocoakadiṅạ.*

410. Laċre cũṭĩạ don
Mane : Daka reṅgeċ
Beohar : : *Delabon oṛak̇ seċge, laċre cũṭĩạko dodonkana.*

411. Laċre dal
Mane : Daka baṅ e̱m
Beohar : *Nui gidrạ moca katha bae aṅjo̱mkhan laċre dalepe, bujhạujo̱ṅae.*

412. Laċ topaḱ
Mane : Jo̱maḱ bạnuḱ
Beohar : *Teheń do̱ laċ topaḱakantalea, onatege gidrạkoko raḱ baṛaeda.*

413. Laċ to̱ro̱kate
Mane : Ḍaṇḍa ḍora ḍhilkate
Beohar : *Laċ to̱ro̱kate bapla bho̱j dakako jo̱mkeda.*

414. Laga miť
Mane : Suṛe daka
Beohar : *Teheń do̱bon laga mida.*

415. Lagṛẽ̱ e̱ne̱ċ
Mane : Ḍhiṅki le̱be̱ť
Beohar : *Sumi do̱ ạḍi setaḱ kho̱n lagṛẽ̱ye e̱ne̱ċkana.*

416. Laṅga phạriạ
Mane : Hạṇḍi
Beohar : *Ma peṛako do̱ laṅga phạriạ e̱makope.*

417 Laṅtiti
Mane : Nanha sạbik ce̱hrawan kuṛi
Beohar : *Phulmuni laṅtiti do̱ tis hõ̱ bae moṭaka.*

418. Lase̱r hataṅ
Mane : Ạkilan
Beohar : *Uni do̱ ạḍi lase̱r hataṅ gidrạ kanae.*

419. Lase̱r ṭe̱ṅgo̱ċ
Mane : Bud se̱le̱ť ro̱ṛ daṛeaḱ ho̱ṛ
Beohar : *Ho̱ṛ mo̱ho̱lre Dạsu leka lase̱r ṭe̱ṅgo̱ċ ho̱ṛ do̱ ar bạnuḱkoa.*

420. Latar seċ̣
Mane : Purub seċ̣
Beohar : *Siń cando do̠ dinạmge latar seċ̣ kho̠ne rakapa.*

421. Lat̕kate se̠ sipikate
Mane : Cuṭite se̠ cun thamakurte
Beohar : *Lat̕kate se̠ sipikateń ạguapea?*

422. Lạukạ
Mane : Phuṛuk̕ buluṅ mạric
Beohar : *Lạukạ do̠ ale se̠n hõ calaope.*

423. Lạṭiċ baṛa
Mane : Lại baṛa
Beohar : *Noa katha alope lạṭiċ baṛaea.*

424. Leṅga pańjar
Mane : Era
Beohar : *Teheń ackage ceka co̠ leṅga pańjar do̠e jaṛaoakantạliṅa.*

425. Le̠be̠t̕ paro̠m
Mane : Baṅ manao
Beohar : *Noa katha alope le̠be̠t̕ paro̠ma.*

426. Le̠me̠ń gitil
Mane : Gujuk̕
Beohar : *Din kalo̠mak̕ akalre ạdi ho̠ṛ le̠me̠ń gitilko se̠nakana.*

427. Lobok̕ mũċ ge̠r
Mane : Re̠ṅge̠ċ
Beohar : *Bela hõ belawakana, ạdi jo̠r lobok̕ mũċko ge̠ge̠rkana.*

428. Lo dakare dhuṛi e̠r
Mane : Bạṛiċ, be̠rbad
Beohar : *Noṅka do̠ alom lạia, o̠ko̠eak̕ hõ lo dakare dhuṛi*

bạń e̱rakada.

429. Lo̱ho̱ť
Mane : Lugṛiċ, kicriċ
Beohar : *Kuṛại do̱ lo̱ho̱ťtegeń hataoa.*

430. Lo̱lo̱ hataṅ
Mane : Algate raṅgao
Beohar : *Lo̱lo̱ hataṅan ho̱ṛko mo̱neate bako kạmi daṛeak̇a.*

431. Lo̱ho̱ť pusi
Mane : Mirluṅ
Beohar : *Do̱sakadae tho̱! Onate lo̱ho̱ť pusi lekae ńe̱lok̇kana.*

432. Lo̱-mo̱ho̱l
Mane : Lo̱-bir bạisi
Beohar : *Santalkoak̇ do̱ lo̱-mo̱ho̱lge haiko̱ṭ kana.*

433. Lo̱lo̱ hataṅ
Mane : Algate raṅgao
Beohar : *Lo̱lo̱ hataṅan ho̱ṛko do̱ jãhãn kạmige bhage leka bako kạmi daṛeak̇a.*

434. Luṭ baṛae
Mane : Sanam ṭhen so̱ge̱k̇
Beohar : *Uni do̱ sanam ṭhene luṭ baṛak̇a.*

435. Lo̱po̱ṅ baha
Mane : Se̱ṅge̱l
Beohar : *E̱ bạbu, do se̱ oṛak̇ kho̱n lo̱po̱ṅ baha ạguime, cuṭile ńũia.*

436. Lo̱ sare̱ċ
Mane : Rạṇḍi
Beohar : *Calaoen Bhado̱r boṅgarege Sugi mại do̱e lo̱ sare̱ċakana.*

M

437. Madal joṛo khalak̓
Mane : Bā̤ṛti hĩs
Beohar : *Mõṛẽ hoṛak̓ bhạlại lạgit̓ kạmilet̓tege ato hoṛ madal joṛo khalak̓ emkate Moṅglako parganakedea.*

438. Maha jala
Mane : Bạhu gujuk̓
Beohar : *Teheńge Roton do maha jalarey paṛaoena.*

439. Maha mại
Mane : Eṅga hạti
Beohar : *Raj oṛak̓re mit̓ṭenge maha mại menaea.*

440. Mahra
Mane : Jãwãe
Beohar : *Nui kuṛiren mahra do nit hõ ạuriko oḍokok̓a.*

441. Maṅgaṛ gupi calak̓
Mane : Gujuk̓
Beohar : *Holage Budhrại apat do maṅgaṛ gupie calaoena.*

442. Maraṅ gaḍa
Mane : Lac̓
Beohar : *Maraṅ gaḍa bhataokate sahan ạgu birtebon calak̓a.*

443. Maraṅ mạńjhi
Mane : Goḍet
Beohar : *Maraṅ mạńjhi cetan bhorsakate mạńjhi bhage lekae kạmieda.*

444. Maraṅ pakhare bhorao
Mane : Jom
Beohar : *Ạḍi ãṭ reṅgec̓ledińa, onate ruạṛ tora jageń ńamleda, maraṅ pakhareń bhoraokeda.*

445. Marak̇ rak̇ o̱kte̱
Mane : Bar baja ńindạ
Beohar : *Marak̇ rak̇ o̱kte̱ń oḍokok̇a.*

446. Matabel
Mane : Ṭhik o̱kte̱
Beohar : *Hẽ̱, mit'ṭe̱n katha. matabelrege hijuk̇pe baṛe̱, bańkhan o̱ho̱pe ńamlińạ.*

447. Matko̱m mugạr
Mane : Pạurạ
Beohar : *E̱ họ, do pạurạ matko̱m mugạr ạguime, peṛako he̱ċakana.*

448. Mão
Mane : Hạkim
Beohar : *Ạḍi re̱ńge̱ċ oṛak̇re janamlenre hõ̱ aċak̇ kurumuṭute ńutuman mão lekateye lekhalena.*

449. Mãṛ bitkil kuṛi
Mane : Ạḍi moṭa he̱nde̱ kuṛi
Beohar : *Ho̱po̱n bạbu lạgit' bạhule ńe̱lkedea, ekalte mit' mãṛ bitkil leka.*

450. Mãṛ kạsi
Mane : Tạrup̣
Beohar : *Bir do̱ ekla alom paro̱ma, mãṛ kạsiko oḍokok̇kana.*

451. Mãṛ phiri
Mane : Joṇḍra daka
Beohar : *Teheń do̱ mãṛ phirile jo̱ma.*

452. Mãyãm pańja
Mane : Ạńgirakan kuṛi pańja
Beohar : *Jo̱jo̱ghuṭuren kuṛie ạńgir he̱ċakana, uniak̇ mãyãm pańjako he̱ċakana.*

453. Merateṯ ńam
Mane : Bhe̠d ńam
Beohar : *Jhogṛa reak̇ merateṯ ńamlenkhan, bicạr do̠ algate hoyok̇a.*

454. Me̠ro̠m goco
Mane : Muslạ ho̠ṛ
Beohar : *Noa atore me̠ro̠m goco do̠ bạnuk̇koa.*

455. Mẽṯ janam
Mane : Mẽdo̠k̇
Beohar : *Mẽṯ janamakawạdińa, o̠ho̠ń calaolena.*

456. Mẽṯ mãyãm lutur mãyãm
Mane : Duk-harket
Beohar : *Noa dhạrtire jo̠kho̠nem janamakana, mẽṯ mãyãm lutur mãyãm do̠ sahao hoyok̇tama.*

457. Mẽṯ lutur
Mane : No̠jo̠r e̠m
Beohar : *Ruạk̇kanae, amge mẽṯ luturaeme, bańkhan o̠ko̠ye mẽṯ luturaea?*

458. Mẽṯ ar mẽṯre do̠ho̠
Mane : No̠jo̠rre do̠ho̠
Beohar : *Ạḍi dulạṛrinić sadhe̠r ho̠po̠n, oka se̠ć hõ eskar bae se̠n ocowaea, mẽṯ ar mẽṯreye do̠ho̠yea.*

459. Mẽṯ jolok̇
Mane : Hiskạ
Beohar : *Ṭaka paesae rojgareṯte amak̇ mẽṯ cedak̇ jolok̇kantama?*

460. Mẽṯ marsal ho̠ṛ
Mane : O̠l-paṛhao ho̠ṛ
Beohar : *Kạru do̠e mẽṯ marsal ho̠ṛ kana.*

461. Mẽṯ' ṭhu
Mane : Ṅẹṅẹl daṛe at'
Beohar : *Noa hõ bam ṅẹl ṅamet' mẽṯ' ṭhuakantama sẹ cẹt'?*

462. Mit' khõṇḍre boṅgak̇ hoṛ
Mane : Bhạyạd, birạdạli
Beohar : *Sọmae ar ale dọ mit' khõṇḍre boṅgak̇ hoṛ kanale.*

463. Mit' bhugạk̇ren toyo
Mane : Mit' cạritren hoṛ
Beohar : *Jhọpọl ar Kạrmu dọ bana hoṛge mit' bhugạk̇ren toyo, unkin dọ kạmigekin eṛao idia.*

464. Mit' mạci mit' gaṇḍo
Mane : Ạḍi sotasọṅ gate
Beohar : *Sona ar Kạnu dọ mit' mạci mit' gaṇḍo hoṛ kanakin.*

465. Mit' hoṛmọ
Mane : Mit' pạris
Beohar : *Santal sọmajre mit' hoṛmọ hoṛ dọ baplak̇ baṅ ganok̇a.*

466. Mit' mãyãmte ạtuk̇ hoṛ
Mane : Bhạyạd
Beohar : *Kạruteko ar Hạruteko dọ mit' mãyãmte ạtuk̇ hoṛ kanako.*

467. Moca ran
Mane : Thamakur
Beohar : *Moca ran baṅkhan jut baṅ bujhạuka.*

468. Moca thapa oco
Mane : Cuṭi ṅũ oco
Beohar : *Moca thapa baṛa ocoṅpe.*

469. Moca oḱ
Mane : Cuṭi ńũ
Beohar : *Moca oḱ ocobonpe.*

470. Moṭa caole
Mane : Joṇḍra
Beohar : *Moṭa caolele dakawakada.*

471. Moṭa ḍarre ap̣kae
Mane : Kisãṛ oṛaḱre jãwãekae
Beohar : *Hopon mai do moṭa ḍarrele ap̣kadea.*

472. Moṭa ṭheṅga
Mane : Goḍet
Beohar : *Moṭa ṭheṅga hõ idi toraeme, jãhãn osubidha baṅ hoyoḱa.*

473. Moṭa monan
Mane : Baḍai
Beohar : *Uni do adi moṭa monan hoṛ kanae.*

474. Moṭa mũ
Mane : Taruṗ
Beohar : *Lalgaṛ birre moṭa mũko oḍoṅoḱkana mente aṅjomakana.*

475. Moloṅ daḱ joro
Mane : Kajak khaṭao
Beohar : *Go-baba do moloṅ daḱ jorokatekin paṛhao ocoakadiṅa.*

476. Mone jivi lo
Mane : Duk bujhau
Beohar : *Gidra katha bae aṅjomleťte eṅgat-apataḱ mone jivi adi jor loentakina.*

477. Mone jiviate
Mane : Miť monte

Beohar : *Paṛhaok̇khan mo̱ne jiviate paṛhao hoyok̇tama, baṅkhan ce̱ť hõ̱ bam bụja.*

478. Mo̱ne jivi to̱po̱l
Mane : Miluạ
Beohar : *Hara tora mo̱ne jivi to̱po̱lakantạkina, ho̱r do̱ mak̇ạkinpe.*

479. Mo̱ne jivi rạpuť
Mane : Aha caba
Beohar : *Unạk̇ ṭaka-paesa kho̱ro̱ckate hõ̱ ho̱po̱nte̱ť biḍạure bae pasakaťte apatak̇ mo̱ne jivi rạpuťakantaea.*

480. Mõ̱ṛẽ̱ ho̱ṛ
Mane : Bạisiren ho̱ṛ
Beohar : *Noa do̱ atoren mõ̱ṛẽ̱ ho̱ṛko bicạra.*

481. Muruť baha
Mane : Hạṇḍi
Beohar : *Po̱ro̱b jo̱khe̱ċ Santalkoak̇ oṛak̇ do̱ muruť baha so̱tege pe̱re̱jo̱k̇a.*

482. Mutul duạr se̱ goṛa duạr
Mane : Peṭhãṛ se̱ damko̱m
Beohar : *Mutul duạrgele hataoa, mũċ karhage jo̱m hoyok̇tapea.*

483. Mũċ ḍhulki
Mane : Khạjạṛi
Beohar : *Ko̱ko̱eko he̱ċakana, miť cupuťkate mũċ ḍhulki e̱makope.*

484. Mũ jeleṅ
Mane : Algate so̱ aṭkar
Beohar : *Oṛak̇re jel utulekhange bạbu apatak̇ mũ do̱ jeleṅ go̱dok̇a.*

485. Muṇḍrạ ḍaṅgra
Mane : Kul-tạruṕ
Beohar : *Birko ujạṛente muṇḍrạ ḍaṅgrako hõko ujạṛena.*

N

486. Naekeḱ
Mane : Otre gitić
Beohar : *Parkom bạnuḱte otregele naekeḱkana.*

487. Nagnạgin biń
Mane : Raṅgaoḱ hoṛ
Beohar : *Beṭka doe nagnạgin biń kana.*

488. Nahel gaḍa daḱ
Mane : Hạṇḍi
Beohar : *Abo Hoṛ moholre nahel gaḍa daḱ baṅkhan peṛage baṅ bujhạuḱa.*

489. Nanha hoṭoḱ
Mane : Pạurạ
Beohar : *Henda hạ, noṇḍe nanha hoṭoḱ ńamoḱa se?*

490. Niron
Mane : Upạs
Beohar : *Baṛka do hola khon nironre menaea.*

491. Nokol
Mane : Cakhna
Beohar : *Phạriạ daḱ soṅge jom lạgiť nokol hõ ạguipe.*

492. Nãi gaḍa tiạg
Mane : Gujuḱ
Beohar : *Ḍoman do nãi gaḍae tiạḱkeda.*

493. Nãi
Mane : Damodar gaḍa
Beohar :. *Sibu do apataḱ jaṅ baha buhel lạgiť nãiteye calaoena.*

494. Nãwã bhajan
Mane : Nãwã bạhu
Beohar : *Nãwã bhajan ńẹńẹlko sẹnakana.*

495. Nãwã peṛa
Mane : Janamen nãwã gidrạ
Beohar : *Mạńjhiko oṛaḱre hola ńindạge nãwã peṛae sẹṭẹrakana.*

Ń

496. Ńindạ daṛanko
Mane : Ḍạn
Beohar : *Noṅka ańjọmoḱa baṅma ambabạsiạ tala ńindạ jọkhẹc̀ ńindạ daṛanko ọdokoḱa.*

497. Ńindạ bạriạtko
Mane : Kombṛo
Beohar : *Ńindạ peṛakoaḱ bọtọrte jãhãnaḱ bahrere bale dọhọea.*

498. Ńindạ peṛa
Mane : Kombṛo
Beohar : *Ńindạ peṛako hẹc̀lena.*

499. Ńutum ḍubuc̀
Mane : Man-ijjạt nas
Beohar : *Bạbu, noṅkanaḱ alom kạmia je ạpumaḱ ńutum ḍubujoḱtae.*

500. Ńũt oṛaḱre hạtṛạu
Mane : Ae-umạnte kạmi
Beohar : *Ńẹlkatege kạmime, ńũt oṛaḱre alom hạtṛạu baṛaea.*

501. Ńũtren họṛ
Mane : Bhut
Beohar : *Ńũtren họṛ idikate jãhãn ghoṭna netarren họṛ dọ bako pạtiạuḱa.*

O

502. Oḍao baṛae
Mane : Hoṛ samaṅre ąuṛige ącur baṛae
Beohar : *Ekal jąnić hąṭiąre dom oḍao baṛaekana?*

503. Olḍonḍo bonḍo bohok̓
Mane : Lelha-habla
Beohar : *Olḍonḍo bonḍo bohok̓ do jagem metaea, ulṭągey kąmia.*

504. Oṛak̓ boṅga
Mane : Oṛak̓ hoṛ
Beohar : *Oṛak̓ boṅga bae monelekhan noa kąmi baṅ hoyok̓a.*

505. Oṛak̓-duąr teṅgo
Mane : Bapla em
Beohar : *Nitok̓ do oṛak̓-duąrle teṅgoet'mea; kąmiben, jomben ar ąsulok̓ben.*

506. Oṛak̓ ḍhiṅki tayan
Mane : Apnar hoṛ bąiri
Beohar : *Uni do alom pąṭiąuaea, oṛak̓ ḍhiṅki tayan kanae.*

507. Oṛak̓ gomke
Mane : Bąhu
Beohar : *Orak̓ gomketiṅ do holage apat oṛak̓tey senakana, mit' hapta bade ruąṛa.*

508. Oṛak̓ ghatra
Mane : Oṛak̓ jok̓
Beohar : *Oṛak̓ ghatra lągit' onkan kuṛi gidrą bąṅ ṅamekana, de se onkan mit'ṭen kuṛi gidrą jogaṛąṅme.*

509. Oṛak̓re bele obor
Mane : Oṛak̓re ąuṛige duṛup̓kok̓
Beohar : *Cet' ado oṛak̓re belem oborkana, kąmi do bam calak̓a?*

510. Oṛak̇re cũṭĩạ do̱n gujuk̇
Mane : Oṛak̇re anaj baṅ tahe̱n
Beohar : *Nịako din ạḍi muskilre menak̇lea, oṛak̇re cũṭĩạko do̱n gujuk̇kana.*

511. Oṛak̇ reak̇ diuhạ ĩṛĩjok̇
Mane : Oṛak̇ren bhage ho̱ṛ gujuk̇
Beohar : *Babae bạgiat'le do̱ oṛak̇ reak̇ diuhạ ĩṛĩċen lekale aṭkarkeda.*

512. Oṛak̇ ro̱ṅgo̱
Mane : Ho̱ṛmo̱ uluṅok̇
Beohar : *Oṛak̇ ro̱ṅgo̱k̇kana, kicriċ sãohãetam.*

513. Oṭaṅ baṛae
Mane : Be̱asraeok̇
Beohar : *Eṅga-apakin danaṅenkhan Mạklu do̱ bhãrṇḍo sakam lekae oṭaṅ baṛaekana.*

O̱

514. O̱ho̱ċre pạk do̱n ocoko
Mane : Jo̱ṇḍra atae
Beohar : *Re̱ṅge̱ċidiṅa mase usạrate o̱ho̱ċre pạk do̱n oco go̱t'kope.*

515. O̱k̇ oco
Mane : Cuṭi ńũ
Beohar : *Ma, o̱k̇ baṛa ocokate bidạkaeme.*

516. O̱k̇ lutur
Mane : Kala
Beohar : *Ale atore o̱k̇ lutur ho̱ṛ do̱ bạnuk̇koa.*

517. O̠k̇ toyo
Mane : Lelha
Beohar : *Am do̠ ạdi o̠k̇ toyo ho̠ṛ kanam. Ho̠po̠ntam pe̠ mãhã kho̠n noṅkae ruạk̇kana ar am do̠ nit hõ ḍakṭo̠r ṭhen bam idiakadea.*

518. O̠nto̠r o̠ṛe̠jo̠k̇
Mane : Dukre paṛaok̇
Beohar : *Babae bạgiat̓lekhan o̠nto̠r o̠ṛe̠jo̠k̇ lekañ aṭkarkeda.*

519. O̠t ar serma reak̇ tophat
Mane : Ạḍi marañ begar/phãk
Beohar : *Am ar unire do̠ o̠t ar serma reak̇ tophat menak̓a.*

520. O̠t baha
Mane : Ič
Beohar : *Gaḍa dhare kho̠n o̠t baha reak̇ so̠ hijuk̇kana. o̠nte̠ do̠ alom calak̓a.*

521. O̠t buḍạk̇ko
Mane : Sukri
Beohar : *Dinạmge o̠t buḍạk̇koko bo̠lo̠nkana bạṛgere, thoṛagan no̠jo̠r do̠ho̠eme, baṅkhan baṛge reak̇ sebel ạlugeko jo̠m cabaea.*

522. O̠t itạt̓ak̇
Mane : Tạṅgi tãṛãk̇
Beohar : *Am do̠ nit hõ daka ạurim jo̠ma? Onkoak̇ dakagem o̠t itạt̓akada.*

523. O̠t puṭkạ halaṅ
Mane : Ṭạṇḍite calak̇
Beohar : *Kạru do̠ o̠t puṭkạ halaṅe se̠nakana.*

524. O̠to̠mo̠n
Mane : Janam ṭhại
Beohar : *Pạriạṛdaha do̠ iṅak̇ o̠to̠mo̠n ato kana.*

525. O̱t uṭạ
Mane : Sukri se̱ sukri jel
Beohar : *Teheń do̱ o̱t uṭạle utuakada, jo̱mae tho̱?*

P

526. Paha tulạm
Mane : Kulại
Beohar : *Paha tulạmaǩ jel do̱ ạdi din bạń jo̱makada, ar netar ńam hõ̱ bań ńamoǩa.*

527. Pana daǩ
Mane : Ạ̃k rasa
Beohar : *Setoṅ dinre pana daǩ ạdi jut bujhạuǩa.*

528. Paro̱menae
Mane : Go̱ċenae
Beohar : *Hola ńindạ Bạjun do̱e paro̱mena.*

529. Parwa juri
Mane : Ạḍi juri
Beohar : *Nukin nãwã juri-pạri do̱ ekal parwa jurikin ńe̱loǩkana.*

530. Paṛaǩ moca
Mane : Ạthạuṛi-pạthạuṛi ro̱ṛ
Beohar : *Calaǩkanam Cunku ṭhen, buj sujkate ro̱ṛme ạdi paṛaǩ moca ho̱ṛ kanae.*

531. Patṛa raboṛ
Mane Bho̱j jo̱m
Beohar : *Ado̱ tis patṛa do̱m raboṛ ocoet'bona?*

532. Paṭ cịạ
Mane : Me̱ro̱m
Beohar : *Barea paṭ cịạ ạkhriṅkate ar tinạǩ ṭakam ńama? Onate ce̱t' bạbum ran oco daṛeaea?*

533. Pại bo̱lo̱
Mane : Jhin

Beohar : *Re̱ṅge̱ċtele tahẽ̱na. e̱nhõ̱ mahajo̱nak̇ pa̱i bale bo̱lo̱ ocoak̇a.*

534. Pa̱ṇḍu biń
Mane : Tarwaṛe
Beohar : *Jãhã se̱ċ calak̇ jo̱khe̱ċ Lo̱kho̱n do̱ aċak̇ pa̱ṇḍu biń hõ̱ cokokateye idietaea, ona bujkate je̱mo̱n so̱nto̱rte tahe̱nme.*

535. Pa̱ṇḍua̱r kaḍa
Mane : Saheb
Beohar : *Holage mit'ṭe̱n pa̱ṇḍua̱r kaḍa noa atorey he̱ċlena.*

536. Peṛa dhuṛi koṭa
Mane : Jaṅga dak̇
Beohar : *Peṛako dhuṛi koṭakate cuṭi thamakur e̱makope.*

537. Pe̱ bo̱ho̱k̇an ho̱ṛ
Mane : Khuṗ haṛam ho̱ṛ
Beohar : *Noa reak̇ bam baḍaekhan, pe̱ bo̱ho̱k̇an ho̱ṛ kulikom.*

538. Pe̱ jaṅga ho̱ṛ
Mane : Aḍi haṛam ho̱ṛ
Beohar : *Baṅ bujlekhan pe̱ jaṅga ho̱ṛ kulikom.*

539. Pe̱re̱ċ ho̱ṛmo̱
Mane : Bha̱rti ho̱ṛmo̱
Beohar : *Cando boṅga dayate Sumi do̱ nia̱ uma̱rre hõe pe̱re̱ċ ho̱ṛmo̱akana.*

540. Pe̱re̱ċ kaṇḍa dak̇ ńe̱l
Mane : Bhage sa̱gun
Beohar : *Jãhãn ka̱mi calak̇ jo̱khe̱n ho̱rre pe̱re̱ċ kaṇḍa dak̇ ńe̱l do̱ a̱ḍi bhage sa̱gun kana.*

541. Pe̱pṛẽ̱t'
Mane : Cuṭi
Beohar : *De̱ họ, peṛakoko he̱ċakana, pe̱pṛẽ̱t' ạguakope.*

542. Piọ
Mane : Haṛam/buḍhi/raebariċ
Beohar : *Piọe he̱ċakana, do parko̱m belaepe.*

543. Poṇḍ buru
Mane : Ḍaṭa
Beohar : *Kạṭiċ kho̱nge poṇḍ buru jo̱to̱n idilekhan tis hõ̱ o̱subita baṅ hoyok̇a.*

544. Poṇḍ goḍare he̱nde̱ ho̱ṛe̱ċ
Mane : Kago̱cre o̱l
Beohar : *Niạ o̱kte̱ sanam ho̱ṛ poṇḍ goḍare he̱nde̱ ho̱ṛe̱ċ e̱rtabonpe, baṅkhan o̱ho̱bo lahak̇a.*

545. Poṇḍ guṛgu
Mane : Bele
Beohar : *Poṇḍ guṛgu do̱ giḍi lekhange posagok̇a.*

546. Poṇḍ pukhri dak̇
Mane : Haṇḍi
Beohar : *E̱ họ, kạṭiċ talaṅ poṇḍ pukhri dak̇ cakhaemese.*

547. Poṇḍ sado̱mre de̱jo̱k̇
Mane : Pạuṛạte ńũ bulok̇
Beohar : *Tuskạ do̱ teheń poṇḍ sado̱mreye de̱ċakana.*

548. Poṇḍ paesa
Mane : Rupạ ṭaka
Beohar : *Paesage bạnuk̇, arhõ̱ bajarte se̱nok̇ lạgit' poṇḍ paesa okareń ńama?*

549. Potam arsal
Mane : Ḍạn, jugni
Beohar : *Ol-paṛhaoakadae, enhõ potam arsal doe pạtiạuak̕gea.*

550. Poṭor kulại
Mane : Phuṭbol
Beohar : *Gidrạko poṭor kulại lagare ạḍiko rạskạk̕a.*

551. Pusi
Mane : Deko
Beohar : *Nui Deko pusi são amak̕ cekate nunạk̕ khạtir hoyena, bạń buj daṛeak̕kana.*

552. Pusi mũ
Mane : Cepṛe mũ
Beohar : *Bạhutaema ekal pusi mũ.*

553. Pusi rag hilạk̕
Mane : Meań
Beohar : *Gapa do bań, pusi rag hilạk̕ hijuk̕me ṭakam ńama.*

554. Puṭhi hako
Mane : Kuṛi gidrạko phir-phir
Beohar : *Atoren kuṛi gidrạko do puṭhi hako lekako chil bilạu baṛaekana.*

Ph

555. Phạṇḍi
Mane : Thana
Beohar : *Phạṇḍi do ale ato khon bar mael sạṅgińre menak̕a.*

556. Phariạ dak̕
Mane : Pạurạ ńũ
Beohar : *Mit̕ botol phạriạ dak̕ lagaoama.*

557. Phoṛan
Mane : Jạribana
Beohar : *Ato hoṛaḱ bicạrre So̱mae do̱ mõṛẽ sae ṭakako phoṛankedea.*

558. Phuṛuḱ daḱre unum gujuḱ
Mane : Lajaote gujuḱ
Beohar : *Ekal phuṛuḱ daḱre unum gujuḱ lekaṅ aṭkarkeda.*

R

559. Racate calaḱ
Mane : Aḍo̱jo̱ṅ calaḱ
Beohar : *E̱ ba, racateṅ calaḱa.*

560. Raca jo̱ḱ
Mane : Dạṭạuni baṛaḱ
Beohar : *Cele hộ sumdhi, racako do̱bon jo̱ḱ baṛawakada se̱ baṅ?*

561. Rabaṅ kaṭko̱m
Mane : Rabaṅre baṅ oḍokoḱ hoṛ
Beohar : *Simạl leka rabaṅ kaṭko̱m do̱ nunạḱ setaḱ bae hijuḱa.*

562. Rae kakaṛbagoḱ
Mane : Rup bo̱do̱lo̱ḱ
Beohar : *Phalna do̱ ạdi rae kakaṛbagoḱ ho̱ṛ kanae.*

563. Rajkoaḱ mạric
Mane : Susurbaṅ
Beohar : *Rajkoaḱ mạric do̱ o̱ho̱m go̱ṫ daṛelea.*

564. Raha tunum
Mane : Baḍae poroḱ
Beohar : *Ce̱ṫkoko ṭhikạkeda ona raha tunumgeṅ se̱nlena.*

565. Rama lọhọť
Mane : Ḍạbrạk̇, topo
Beohar : *Jãwãe dọ pukhri seċ rama lọhọťe sẹnakana.*

566. Rase ạ̃ṛti
Mane : Sereń
Beohar : *Banam sabme, ar thoṛagan mase ạ̃ṛtińõk̇abonme, baṅkhan jut baṅ bujhạuk̇a.*

567. Rạskạ kuṛi
Mane : Tumdak̇
Beohar : *Nebetar atokore sedae leka rạskạ kuṛi dọ baṅko ńẹl ńamok̇a.*

568. Rạdup̀ pusi
Mane : Kul
Beohar : *Bir pakaṛ jẹmọn ujạṛakana, onko rạdup̀ pusi hõko caba hẹċakana.*

569. Rạṅgiạ ḍaṅgra
Mane : Sẹṅgẹl jẹrẹť
Beohar : *Kombṛo bako kombṛo daṛeatė rạṅgiạ ḍaṅgra aṛak̇kateko ńirena.*

570. Reaṛ hẹċ
Mane : Ḍạbrạ, topo
Beohar *Saheb dọ bandh khọne reaṛ hẹċena.*

571. Rehḍa hasare lẹńjẹdọk̇
Mane : Bạṛiċ kạmire ńũruk̇
Beohar : *Mõńjte tahẹnpe ar baṅkhan rehḍa hasarepe lẹńjẹť bọtẹjọk̇a.*

572. Rọhọṛte
Mane : Ṭakate
Beohar : *Niạ jug dọ hoṛ rọhọṛte dọ baṅko rẹbẹnkana.*

573. Ro̱ho̱ṛak̇ e̱m
Mane : Ṭheṅgate dal
Beohar : *Gidrạ katha bae aṅjo̱mlet'te ro̱ho̱ṛakiṅ e̱makawadea, onateye rarak̇kana.*

574. Ro̱ho̱ṛ dare
Mane : Bhạrti ho̱ṛmo̱
Beohar : *Sumi do̱ ro̱ho̱ṛ dare kho̱ne aosanena.*

575. Ro̱ko̱ċ mẽ̱t'
Mane : Talka reak̇ jo̱ne̱
Beohar : *Ro̱ko̱ċ mẽ̱t' do̱ ạḍige hasoa.*

576. Ro̱l se̱ meral
Mane : Ḍho̱l se̱ Ṭamak
Beohar : *Cele họ, raebar baba, to̱be̱ ce̱t'ateko hijuk̇a, ro̱l se̱ meral?*

577. Ro̱ṭe̱ ạchim
Mane : Be̱sạgun
Beohar : *Ro̱ṭe̱y ạchimlere hõ̱ teheṅ uni do̱e calak̇gea.*

578. Ro̱ṭe̱ cạuḍạl
Mane : Lạṭu lạṭu dak̇ ṭho̱p
Beohar : *Ro̱ṭe̱ cạuḍạl ṅe̱lte ar oṛak̇ kho̱n bạṅ oḍo̱ṅlena.*

579. Ro̱ṭe̱ maṛo̱m
Mane : Dak̇
Beohar : *Peṛako se̱ṭe̱rena, do ro̱ṭe̱ maṛo̱m ạgu ho̱dpe.*

580. Ro̱ṭe̱ ṭho̱ṅga
Mane : Khạjạṛi
Beohar : *Oṛak̇re ce̱t' hõ̱ baṅ tahẽ̱kante gidrạko e̱ke̱n ro̱ṭe̱ ṭho̱ṅga jo̱mkateko gitiċ baṛaena.*

581. Rutuċ sar
Mane : Pạurạ
Beohar : *Jel caṭ baṅkhan rutuċ sar do̱ jut baṅ bujhạuk̇a.*

S

582. Sada koṛa
Mane : Ḍaṅguạ koṛa
Beohar : *Nun marań atore mit̓ṭen bhage sada koṛa bae ńamlena.*

583. Saheb seta
Mane : Pulis
Beohar : *Phalna oṛak̓re saheb setako boloakana.*

584. Sakam oṛeċ
Mane : Bapag
Beohar : *Mõṛẽ hoṛ samańrege nukin bạhu-jãwãe do sakamkin oṛeċkeda.*

585. Sakam oṛeċiċ
Mane : Merom
Beohar : *Sakam oṛeċiċko goċat̓lea.*

586. Samań daparam
Mane : Samań-samań
Beohar : *Samań dapramre Dạglu do mit̓ katha hõ bae roṛlet̓a, menkhan tayomte do ạdi kajake phaṭ phaṭaoena.*

587. Samań ḍoho hoṛ
Mane : Ṭamak ruruko
Beohar : *Samań ḍoho hoṛ doko rusikagea.*

588. Sar kạpi habak̓ daram
Mane : Bạiri cãk
Beohar : *E bạbu sontorte daṛanme. Am ńutumte sar kạpiko habak̓ daramakada.*

589. Sate sạṛim boċ
Mane : Gujuk̓
Beohar : *Sạlkhu do ạdi din khone ruạk̓kan tahẽkana, teheńge uni ńutumte sate sạṛimko boċakada.*

590. Sar bạṭur
Mane : Bẹ-purạu
Beohar : *Teheńak̇ bạisi reak̇ galmarao dọ sar bạṭurena, gapa arhõ hoyok̇a.*

591. Sạmbhạuṛa
Mane : Dijok̇
Beohar : *Nọtẹ sạmbhạuṛak̇kana họ, rase ạguipe.*

592. Sạńci mạric
Mane : Golmạric
Beohar : *Khoṭ'eṭ'kanam ạḍi jọr, mocare miṭ'ṭẹn sạńci mạric kọpẹṭ'kak̇me, mõńjem ạikạua.*

593. Sạńci sunum
Mane : Tuṛi sunum
Beohar : *Nirạ sạńci sunum bajarre baṅ ńamok̇kana.*

594. Sạṛim dal
Mane : Gidrạ janam
Beohar : *Tuskạ oṛak̇re holage sạṛimko dalkeda.*

595. Sasaṅ khạṇḍite bandek̇
Mane : Baplak̇
Beohar : *Uni kuṛi dọ holage sasaṅ khạṇḍiteye bandeyena.*

596. Sãṛ
Mane : Ṭamak
Beohar : *Lagṛẽ salre miṭ'ṭẹn hõ sãṛ judi baṅ tahẹn ẹṇḍẹkhan cẹṭ' leka cọṅ bujhạuk̇a.*

597. Sebelak̇
Mane : Buluṅ
Beohar : *Sebelak̇ baṅkhan dak̇ mạṇḍi dọ cekatem jọma?*

598. Seta dọ baṅ pusi
Mane : Apaj
Beohar : *Aċ kolkede khan arhõ hạnie kolkedea. Seta dọ baṅ pusi.*

599. Seta giṛạ
Mane : Bin nẽotate
Beohar : *Seta giṛạte do̱ bapla bho̱j jo̱jo̱m do̱ bale calaka.*

600. Setoṅ ruạ
Mane : Mạriguṭi
Beohar : *Setoṅ ruạte ho̱ṛmo̱ ạdi jo̱r kạhiloka.*

601. Se̱ṅge̱l aṅgra ḍạṅae
Mane : Ạḍi maraṅ duk e̱mae
Beohar : *Ạḍi maraṅ se̱ṅge̱l aṅgram ḍạṅadea.*

602. Se̱ne̱r ńe̱lok
Mane : Pańjra ńe̱l
Beohar : *Rubi ńe̱ńe̱liń calaolena, ruạte e̱ke̱n se̱ne̱r ńe̱lokkantaea.*

603. Se̱ṅge̱l gidi
Mane : Arak dạhṛi pulis
Beohar : *Se̱ṅge̱l gidi ńe̱lte gidrạko do̱ko ńirena.*

604. Sikim
Mane : Sạt
Beohar : *Cas kạmi do̱ teheńgeń sikimkeda.*

605. Sikṛi joṛao
Mane : Bapla
Beohar : *Cando boṅgage noa sikṛi do̱e joṛaoakada, am do̱ ce̱tem cekaea?*

606. Sikṛi-mạkṛi joṛao
Mane : Bapla
Beohar : *Cando dayate sikṛi-mạkṛi joṛao kạmi do̱ mõ̱ńjge hoe paro̱mena.*

607. Sim go̱to̱m gundli tabe̱n
Mane : Buluṅ mạric
Beohar : *Ce̱t' hõ bape utuakada? De̱, sim go̱to̱m gundli tabe̱n ạgualepe.*

608. So̱bo̱t̕ jãṛĩ dipil
Mane : Paṇḍuk̇
Beohar : *Bạjun apat hõ̱ so̱bo̱t̕ jãṛĩe dipilakada.*

609. Suiạ bukạ
Mane : Bana
Beohar : *Nebetar bir-burukore suiạ bukạ hõ̱ ar baṅ ńe̱l ńamok̇a.*

610. Sui sagat̕
Mane : Hisạliạ
Beohar : *Mạnu ar Kạnutạkin do̱kin sui sagat̕gea, mit̕ ṭhen o̱ho̱m duṛup̕ ocokekina.*

611. Sui sutạm
Mane : Mit̕te taṛam
Beohar : *Bạjạltạkin do̱ sui sutạm lekakin calak̇a.*

612. Sui topa
Mane : Bumbuc̕ hako
Beohar : *Sui topa lat̕kate jo̱mlekhan ạḍi sebel bujhạuk̇a.*

613. Suk disạm
Mane : Gujuk̇
Beohar : *Tuskạ do̱ suk disạme tiạk̇keda.*

614. Sunum-sakam ńe̱l ocoe
Mane : Jan guru ṭhen boge-baṛic̕ ńe̱l ocoe
Beohar : *Phalna guru ṭhen sunum-sakam ńe̱l ocoeko calaoakana.*

615. Sunum sindur ãṛgo̱
Mane : Ho̱lo̱pnama
Beohar : *Sunum sindur ãṛgo̱ ocoem je̱mo̱n tis hõ̱ noṅka aloe kạmi.*

616. Sutạm joṛa
Mane : Bare itạť ṭakate
Beohar : *Nebetar baplare hoṛ sutạm joṛa do̠ baṅko re̠be̠nkana.*

617. Suru bạli
Mane : Gujuḱ
Beohar : *Ale hopo̠n mại do̠ ne̠sge suru bạli ńe̠le calaoena.*

618. Sunum jo̠ť jo̠ťte
Mane : Mõ̠ńjte, so̠gho̠ṛte
Beohar : *Phalna do̠ ạḍi sunum jo̠ť jo̠ťteye galmaraoa.*

619. So̠ṅ bhại
Mane : Ṭheṅga
Beohar : *Ńindạ jãhã se̠ċ calaḱ o̠kte̠ so̠ṅ bhại sabpe baṛe̠.*

620. So̠ro̠ċ hako kuṛi
Mane : Bes ṭhik nanha usul kuṛi
Beohar : *Ho̠po̠n bạhutale do̠ so̠ro̠ċ hako kuṛi kanae.*

T

621. Tala bisire ghao jala
Mane : Daka re̠ṅge̠ċ
Beohar : *Tala bisire ghao jalań ạikạueda, de̠ daka loạńpe.*

622. Tala daḱre ńũr
Mane : Ḍamạḍol, o̠ko̠e hõ̠ baṅ gan.
Beohar : *Hasa kiriń reaḱ jo̠to̠ katha hoyakana; me̠nkhan ṭaka paesa bae jogaṛ daṛeakaťte tala daḱreye ńũrakana.*

623. Tale pukhrire ḍạbrạḱ
Mane : Tale tạṛi ńũ
Beohar : *Sage̠ntako do̠ tale pukhrire ḍạbrạḱko se̠nakana.*

624. Tara kecaḱ
Mane : Go̠ċ sare̠ċ
Beohar : *Sumi do̠ tara kecaḱ menae hataṛgea.*

625. Tala koṛa
Mane : Laċ
Beohar : *Tala koṛa do̱ hola kho̱ne upạsakada.*

626. Tala koṛa ãṭo̱ǩ
Mane : Re̱ṅge̱ċ ṭoṇṭa
Beohar : *Bhado̱r boṅga do̱ tala koṛage ãṭo̱ǩkana.*

627. Tala koṛa bạhuae
Mane : Daka jo̱m
Beohar : *Delabon, tala koṛabon bạhuaege.*

628. Tala oṛaǩ
Mane : Aso̱l ho̱ṛ
Beohar : *Sạmuma onkoaǩ baplare ekalem tala oṛaǩakan!*

629. Tala pukhrire ḍạbrạǩ
Mane : Tale tạṛi ńũ
Beohar : *Tuskạ do̱ tala pukhrite ḍạbrạǩe se̱nakana.*

630. Tala pukhrire paeraǩ
Mane : Hudis baṅ ńam
Beohar : *Mamlare Bạjun do̱e haraoakana. nitoǩ do̱ tala pukhrireye paeraǩkana.*

631. Tala ṭạṇḍi
Mane : Be̱-hirlạ
Beohar : *Go̱ṛo̱m haṛam maṅgaṛ gupie calaoenkhan bạbu do̱e tala ṭạṇḍiena.*

632. Tamba-tursi
Mane : Bapla reaǩ ho̱lo̱p
Beohar : *Kạnu ar Sunitạkin do̱kin tamba-tursiakada, ạkin-ạkin chaḍa bạkin baplaǩa.*

633. Tapam dak̓
Mane : Hạṇḍi
Beohar : *Tapam dak̓ ạḍi ãṭko ńũite Santalkoak̓ o̱bo̱sta do̱ kạhilok̓kana.*

634. Tarasiń
Mane : Haraen
Beohar : *Phalna kuṛi do̱ ńel ńe̱lteye tarasińena.*

635. Taṛam gaṇḍe̱
Mane : Maraṅ kho̱n kạṭic̓ko lahare balakako.
Beohar : *Ho̱po̱n mại do̱ laharegeko baplakedete Maraṅ mại do̱e taṛam gaṇḍe̱ ocoena.*

636. Telkupi ńe̱l
Mane : Gujuk̓
Beohar : *Alom raga, toa dare do̱ telkupi bạrni ńe̱ńe̱le se̱nakana.*

637. Teṅgo ruạ
Mane : Re̱ṅge̱c̓
Beohar : *Teṅgo ruạrele paṛaoakana, onate bale peṛa daṛeamkana.*

638. Ti daka
Mane : Reaṛ daka
Beohar : *Kạmi kho̱n ruạṛkate ti daka jo̱m jo̱mte pạrkạuinạń.*

639. Ti jaṅga khaṭo̱k̓ ro̱g
Mane : Murhut̓ jo̱m
Beohar : *Ti jaṅga khaṭo̱k̓ ro̱g do̱ ucạṛ ro̱g me̱nte netar ar baṅ lekhak̓kana, tikic̓a lekhange sarak̓a.*

640. Ti jaṅga ńũr
Mane : Daṛe ńũrok̓
Beohar : *Haṛam buḍhilenkhan ti jaṅga ńũruk̓a.*

641. Ti jeleń
Mane : Kombṛo
Beohar : *Ti jeleńan hoṛkoak nojor do joto jokhenge hana-nhoa jinis cetan.*

642. Tili ḍaṅgra
Mane : Siń ńindạ khaṭaok
Beohar : *Baṛka era do mase tili ḍaṅgra lekaye khaṭaoka!*

643. Tilmiń
Mane : Kuṛi gidrạ
Beohar : *Tilmińkante iskulre bam kolekana? Noa tho ṭhik bam kạmieda.*

644. Toa dare
Mane : Janam gogo
Beohar : *Haere! Toa daretiń doe bạgiạdińa.*

645. Toa do toage, dak do dakge
Mane : Hok bicạr
Beohar : *Disạm bạisire toa do toa ar dak do dakgeko bicạra.*

646. Toa kaṭkom
Mane : Ạḍi komjori
Beohar : *Cet bepar? Toa kaṭkom lekage ńelokkana, cedak?*

647. Tok ar ukhuṛ
Mane : Koṛa ar kuṛi
Beohar : *Tok ar ukhuṛ joto porob ńelko senakana.*

648. Toṛ cupi
Mane : Cuṭi, puṅgi
Beohar : *De se toṛ cupiko menakkhan oḍokpe.*

649. Tot-racak
Mane : Bene bạiri
Beohar : *Hirạmea tot-racak menakkinạ.*

650. Toyo
Mane : Phạsiạra hoṛ
Beohar : *Tuskạ do ạḍi marań toyo kanae.*

651. Toyo dereń
Mane : Mạric
Beohar : *E họ, toyo dereń menakkhan den se mit'ṭen.*

652. Toyo sagaṛ
Mane : Taṛam
Beohar : *Toyo sagaṛtege bajarbon calaka.*

653. Tohoť hãṛak ńam
Mane : Muhimre ńũr
Beohar : *Hor birre tohoť hãṛak ńamlekhan cando boṅga ṭhenge koejoṅme.*

654. Tulạ jokha
Mane : Khond rondkate roṛ
Beohar : *Mạńjhi haṛam do tulạ jokhakategeye rora.*

655. Tuṛi
Mane : Koṛa gidrạ
Beohar : *Nahak jugre tuṛi ar tilmiń do somangea.*

656. Tuṛi baha beṅgeť
Mane : And mand, disạ caba
Beohar : *Apate goċakante uni do tuṛi bahae beṅgeťeda.*

Th

657. Thamakur iskir
Mane : Thamakur guṇḍạ
Beohar : *Gidrạko do thamakur alope iskir ocokoa.*

658. Tho caṭok
Mane : Arhõ kạmi ruạṛ
Beohar : *Ńelkedam, uni do thoe caṭok ruạṛkeda tho?*

Ṭ

659. Ṭamak guḍ guḍạu
Mane : Khoḇoḇr baḍae ocoko
Beohar : *30 Jun Bhognaḍire japarwak̇ hoyok̇ lạgiť, noa khoḇoḇr lạiako lạgiť ṭamak guḍ guḍạutabonpe.*

660. Ṭạṇḍi ạṇḍiạ
Mane : Kuṛhiạ hoṛ
Beohar : *Loba leka ṭạṇḍi ạṇḍiạ noa elakare bạnuk̇koa.*

661. Ṭạṇḍi se̱c̀
Mane : Dak̇ se̱c̀
Beohar : *Ńindạ okte̱ lalṭe̱n bańkhan ṭạṇḍi se̱c̀ alom calak̇a.*

662. Ṭạṇḍire paerak̇ ced
Mane : Be̱go̱r bujte ced
Beohar : *Noa iskulre paṛhaok̇ do̱ ṭạṇḍire paerak̇ ced leka.*

663. Ṭuńki dipil bapla
Mane : Nacar bapla
Beohar : *Re̱ńge̱c̀geteko, Chạmi do̱ ṭuńki dipilko baplakadea.*

664. Ṭe̱me̱c̀ lac̀
Mane : Ko̱m jo̱m hoṛ
Beohar : *Bisu do̱ ạḍi ṭe̱me̱c̀ lac̀ kanae, uni jo̱m oco lạgiť unạk̇ alom cintạya.*

665. Ṭipạk̇ dak̇te aṗ
Mane : Andha
Beohar : *Tipạk̇ dak̇te aṗ do̱ bań ṭhik katha, e̱nte sạri katha do̱ baco̱ okok̇.*

666. Ṭo̱ṛo̱k̇ ḍạḍi dak̇
Mane : Pạurạ
Beohar : *Ạḍi din bad mare gate tuluc̀ ńapamen khan ṭo̱ṛo̱k̇ ḍạḍi dak̇ bejaelań ńũ baṛakeda.*

667. Ṭoṭko tol
Mane : Koṛa bạhuae
Beohar : *Calaoen candoge mạṅjhikoren maraṅ koṛa do ṭoṭkoko toladea.*

668. Ṭoya cẽṛẽ
Mane : Kuṛi gidrạ
Beohar : *Ṭoya cẽṛẽ do oṛakre ekla alom bạgiaea.*

Ṭh

669. Ṭhili dak̓
Mane : Hara godok̓ kuṛi
Beohar : *Hopon mại doe ṭhili dak̓ena.*

670. Ṭheṭhepak̓
Mane : Rupạ ṭaka
Beohar : *Ṭheṭhepak̓ bạnuk̓talete siạk̓ ḍaṅgra bale kiriṅ daṛeakokana.*

671. Ṭhok̓-ṭhok̓ se ragat̓-ragat̓
Mane : Jel utu se aṛak̓ utu
Beohar : *Cet̓ lekako peṛaket̓pea, ṭhok̓-ṭhok̓ se ragat̓-ragat̓?*

672. Ṭhoṅga dak̓
Mane : Pạurạ
Beohar : *Peṛa hiri senlen khan ale bạbu apat do ṭhoṅga dak̓te peṛa do bae kusiak̓a.*

673. Ṭhuriạ ukhuṛ
Mane : Kuṛi gidrạ
Beohar : *Ale oṛak̓re ṭhuriạ ukhuṛge bạnuk̓a.*

674. Ṭhuṭki jonok̓
Mane : Dạṭạuni
Beohar : *Peṛako ṭhuṭki jonok̓ den ạguakope.*

U

675. Udmạ ḍhiṅki
Mane : Baṅ buliạ
Beohar : *Udmạ ḍhiṅki dọ, khạli daṛan ar daṛan, oṛak̇re mit̓ ghạṛi hõ bae tahẹna.*

676. Uḍạuk̇ cẽṛẽ oromko
Mane : Ạḍi husiạr hoṛ
Beohar : *Cẹt̓em bujhạueda, Kạru dọ coṭren uḍạuk̇ cẽṛẽ hõe ńẹl oromkoa.*

677. Ulạwak̇ jọm ruạṛ
Mane : Mit̓ kathare baṅ urijok̇
Beohar : *Holage am dọ onkam rọṛkeda ar teheń dọ inạ kathage ulạkatem jọm ruạṛeda?*

678. Ule siń tale siń
Mane : Koṛa ar kuṛi
Beohar : *Ule siń ar tale siń dọ tinạk̇tapea?*

679. Ulidak̇ jọrọk̇
Mane : Lebṛa, jọjọm sana
Beohar : *Cak̇ cọ jọjọ jinis ńẹllekhange ulidak̇ jọrọk̇a.*

680. Unnis-bis
Mane : Thoṛa kọm-bãṛti
Beohar : *Unkin dọ unnis-bisgekin kạṭiċ-lạṭua.*

681. Uru
Mane : Gidrạ-pidrạ
Beohar : *Sọmaeren dọ cele era-uru hõ bạnuk̇kotaea.*

682. Uṛiċ
Mane : Raebariċ
Beohar : *Bapla katha idi-ạgui lạgit̓ uṛiċbon sabea.*

683. Uṛe adar
Mane : Geḍra

Beohar : *Am do ạdi uṛe adargeam. dare reak̓ ona baha bam tiạk̓ daṛeak̓a.*

684. Utu ghanṭako
Mane : Ayo hoṛ
Beohar : *Ạdile pańja baṛaeda, menkhan utu ghanṭako do bale ńam daṛeakokana.*

ẠKIL BHAŃJAO - 22

A. Olkate jobab emok̓me :-

1. Latarre lạiakan Men Kathako reak̓ mane ol sãote kathare beoharme :-

   (a) *Ato nạihạr , bucạ cilim.*

   (b) *Bạbulen khanem kạbuk̓a. bhodrolen khanem dhodrok̓a.*

   (c) *Chạḍwi kuṛi gạhi citri, ạk̓nḍic̓gea.*

   (d) *Hirạm sikiṛ bań sahaok̓a, etka sikiṛ sahaok̓a.*

   (e) *Koe ṭańga do bań mamak̓a.*

2. Latarre lạiakan Bhenta Kathako reak̓ mane ol sãote kathare beoharme :-

   (a) *Ańcar capat̓ ced.*

   (b) *Carkha sunumak̓.*

   (c) *Duṛup̓ din tiạgok̓.*

   (d) *Hudur raj ṭhen calak̓.*

   (e) *Ponḍ sadomre dejok̓.*

JO̱TO̱ PAṬ REAK̇ RO̱Ṛ RUAṚ

ẠKIL BHAŃJAO - 1

A.

1. (b) 2. (a) 3. (a) 4. (c) 5. (d) 6. (b) 7. (a) 8.(d)
9. (c) 10. (b) 11. (d) 12. (a) 13. (b) 14. (d) 15. (a) 16. (b)

ẠKIL BHAŃJAO - 2

A.

1. (b) 2. (c) 3. (a) 4. (b) 5. (d) 6. (a) 7. (b) 8. (a)
9. (b) 10. (c) 11. (b) 12. (a) 13. (d) 14. (b)

ẠKIL BHAŃJAO - 3

A.

1. (c) 2. (a) 3. (c) 4. (b) 5. (c) 6. (b) 7. (c) 8. (c)
9. (c) 10. (c) 11. (b) 12. (b) 13. (c) 14. (d) 15. (b)

ẠKIL BHAŃJAO - 4

A.

1. (c) 2. (b) 3. (a) 4. (c) 5. (a) 6. (b) 7. (a) 8. (a)
9. (c) 10. (b) 11. (a) 12. (c) 13. (d) 14. (a) 15. (c) 16. (a)
17. (c) 18. (a) 19. (c)

ẠKIL BHAŃJAO - 5

A.

1. (b) 2. (a) 3. (b) 4. (c) 5. (d) 6. (b) 7. (c) 8. (a)
9. (b) 10. (c)

ẠKIL BHAŃJAO - 6

A. 1.(b) 2.(a) 3.(a)

ẠKIL BHAŃJAO - 7

A.
1. (c) 2. (b) 3. (d) 4. (a) 5. (c) 6. (b) 7. (d) 8. (a)
9. (c) 10. (d) 11. (c)

ẠKIL BHAŃJAO - 8

A.
1. (c) 2. (b) 3. (c) 4. (c) 5. (a) 6. (d) 7. (b) 8. (c)

ẠKIL BHAŃJAO - 9

A.
1. (b) 2. (a) 3. (c) 4. (b) 5. (a) 6. (c) 7. (b) 8. (c)

ẠKIL BHAŃJAO - 10

A. 1. (c) 2. (b) 3. (d)

ẠKIL BHAŃJAO - 11

A. 1. (d) 2. (b)

ẠKIL BHAŃJAO - 12

A. 1. (b) 2. (b)

ẠKIL BHAŃJAO - 13

A. 1. (c) 2. (d)

ẠKIL BHAŃJAO - 14

A. 1.(c) 2. (b) 3.(c)

ẠKIL BHAŃJAO - 15

A. 1. (c) 2. (a) 3.(c) 4.(a) 5.(b) 6.(c)

ẠKIL BHAŃJAO - 16

A. 1. (b) 2. (a) 3. (c) 4. (a)

ẠKIL BHAŃJAO - 17

A. 1. (b) 2. (a) 3. (b) 4. (c)

ẠKIL BHAŃJAO - 18

A. 1. (c) 2. (c) 3. (b) 4. (a)

ẠKIL BHAŃJAO - 19

A. 1. (b) 2. (a) 3. (c) 4. (b) 5. (a) 6. (b) 7. (c)

ẠKIL BHAŃJAO - 20

A.
1. (c) 2. (b) 3. (d) 4. (b) 5. (c) 6. (a) 7. (c) 8. (b) 9. (c)

ẠKIL BHAŃJAO - 21

A. 1. (b) 2. (c) 3. (a) 4. (c) 5. (b)